# 동기면담과 인지행동치료

## 치료효과 극대화를 위한 통합 전략

Sylvie Naar · Steven A. Safren 공저
신인수 · 임성철 · 강경화 · 변신철 · 강호엽 공역

*Motivational Interviewing*
*and*
*CBT*

학지사

**Motivational Interviewing and CBT:**
**Combining Strategies for Maximum Effectiveness**
by Sylvie Naar and Steven A. Safren

Korean Translation Copyright © 2022 by Hakjisa Publisher, Inc.
The Korean translation rights published by arrangement with
The Guilford Press.

Copyright © 2017 The Guilford Press
A Division of Guilford Publications, Inc.

All rights reserved.

---

**제한된 복제 허가**

## MI-CBT 통합치료, 머리와 가슴의 만남을 위하여
### ─치유를 위한 관계 진영과 기술 진영의 만남─

심리상담/심리치료를 배우기 시작할 무렵이 떠오릅니다. 칼 로저스 선생이 주창한 인간중심치료가 무척이나 가슴에 와 닿았지만 다른 한편으로 도대체 어떻게 그러한 수준에 가 닿을 수 있을까 좌절감을 느꼈습니다(양가감정!). 그러던 차에 이 책의 서문을 써 주신 윌리엄 밀러 선생이 개발한 동기면담(MI)을 접하면서 굉장히 반갑고 커다란 기쁨을 느꼈습니다. 칼 로저스 선생의 수준에 가 닿을 수 있는 사다리를 드디어 발견했다는 '사실'을 알아차렸기 때문입니다. 동기면담을 접하신 분들은 아시겠지만 MI는 정신(협동·수용·동정·유발)과 기술을 함께 강조하고 있습니다. MI 자체가 이미 인간중심치료와 인지행동치료(CBT)의 간극을 이을 준비가 되어 있는 면담 스타일이라고 할 수 있겠습니다.

몇 해 전 어느 CBT 학회에서 한 학회원께서 내담자/환자와의 치료작업을 원만하게 진행하는 일의 어려움을 토로하시는 걸 들은 적이 있습니다. 이때 제가 동기면담이 도움이 되실 거라는 말씀을 드리긴 했지만 보다 본격적인 지침서가 필요하다는 생각을 했는데 마침 이 책이 발간된 사실을 알고 여러 동기면담 훈련가들과 함께 번역 작업을 추진하게 되었습니다. 참고로 진행 사항을 간단히 말씀드리면, 신인수 1·3장과 색인, 임성철 2(전반)·6장과 서문, 강경화 2(후반)·4장, 변신철 5·7장, 강호엽 8·9장으로 나누어 번역하였습니다. 번역 초고를 상호 리뷰하며 대부분의 용어에 대한 합의를 하였습니다. 다만 신인수가 최종 윤문 작업을 진행하면서 일부 용어를 조정하였는데(예: 위계 → 순위 목록, 유지대화 → 답보대화, 유지 → 변화유지 등) 시간관계상 사전에 충분히 협의 못하고 추인받은 점 양해를 구합니다. 아울러 이 책의 출간을 허락해 주시고 번역 작업이 오래 걸렸음에도 불구하고 인내심을 갖고 기다려 주신 김진환 사장님과 백소현 차장님을 비롯한 편집진께 감사의 말씀을 드립니다.

코로나 팬데믹 사태를 접하면서 내담자/환자 분들과 온라인으로 만나는 작업의 중요성을 깨닫고『온라인 상담의 이론과 실제』(씨아이알, 2021)라는 책을 번역 소개한 적이 있는데 여기서 아넌 롤닉은 심리치료의 두 가지 접근 방식을 소개하면서 각각 관계 진영과 기술 진영이라 칭하였는데, 어찌 보면 인간중심치료는 관계 진영의 대표주자 중 하나이고 CBT는 기술 진영의 대표주자 중 하나라고 볼 수 있습니다. 동기면담은 여러 이론에 젖줄을 대고 있지만 가장 근원이 되는 접근이 인간중심치료라고 한다면 MI−CBT 통합치료는 바로 관계 진영과 기술 진영의 대표주자들이 내담자/환자 분들을 위한 만남의 시도라고 할 수 있겠습니다. 공역자의 한 사람으로서 이러한 만남의 시도가 매우 성공적으로 이루어졌다고 봅니다만 판단은 독자 여러분의 몫일 것 같습니다.

지금 우리 사회는—국내적으로나 지구적으로나—극심한 갈등과 위기로 치닫고 있는 느낌입니다. 사회·정치·경제적 위기, 지정학적 위기, 생태학적 위기, 그리고 기후 위기가 '우주선 지구호'의 탑승자들의 삶을 위협하고 있습니다. 그런데 리더십과 팔로우십 역시 위기에 처해 있는 모습입니다(아마도 이러한 리더십/팔로우십 위기가 우리가 마주하는 위기의 본질일 수도 있겠습니다). 어느 시대나 그러하겠으나 특히 우리 시대는 가슴과 머리의 만남이 중요한 시대인 것 같습니다. 로저스 선생이 세계 지도자들과 만나 세계평화와 핵전쟁 방지를 위해 노력했듯이 인간의 마음을 가장 잘 이해하고 공감하고 치유하는 우리 전문가들이 개인은 물론이고 사회도 치유하는 중요한 역할을 수행할 능력과 책임을 갖고 있다고 믿습니다. 이 책자가 우리 모두의 치유와 성장의 길로 나아가는 데 작게나마 도움이 되기를 기원합니다.

이태원 참사의 희생자들에게 애도를 표하며
그리고 역자들을 잠시 대표하여
2022. 11. 9.
신인수 올림

최종 윤문과 용어 통일 작업을 진행하면서 이 책의 독자이신 정신건강 전문가들뿐만 아니라 책의 내용을 내담자 유인물을 포함한 여러 형태로 전달받을 내담자/환자분들의 가독성을 돕고 용어의 혼란을 방지하고자 아래와 같이 하였습니다.

### sustain talk & maintenance (maintain)

가장 대표적인 게 sustain talk & maintenance (maintain)이었는데요, 둘 다 '유지'라는 말이 들어가다 보니 혼란이 불가피해보였습니다. 본문에서 '유지'는 전반적으로 긍정적인 의미로 많이 쓰였습니다. '변화를 유지한다.'는 뉘앙스로 쓰였기 때문입니다(종종 'maintenance of change'라는 표현도 나타납니다). 따라서 독자들의 혼란을 줄이기 위해서는 'sustain'과 'maintenance'의 번역어를 달리 해야겠다고 판단했습니다. 변화를 지속한다는 의미를 제대로 담기에 '유지'가 가장 적절해 보였습니다. 아울러 'maintenance'라는 용어 자체가 '변화' 유지를 함의하는 경우가 많았습니다. 그래서 대부분 '변화유지'로 옮겼습니다. 'sustain talk'의 번역어로 기존에 우리에게 익숙한 '유지대화'는 표현을 바꾸는 게 불가피했는데요, 여러 단어를 고심하다가 '답보대화'를 선택했습니다.

### antecedents

'antecedents'는 CBT에서 '선행사건'으로 굳어진 표현이긴 합니다만 본문에서는 단지 외부적 사건만이 아니라 내면의 생각/감정까지 포괄하는 의미로 쓰이기에 '선행요인'으로 옮기는 게 적절하다고 판단했습니다.

### hierarchy

'hierarchy'는 통상적으로 '위계'로 번역되지만 의미 전달이 잘 안 된다고 느꼈습니다. 그래서 맥락적 의미를 반영하여 '공포 순위 목록' '불안 순위 목록' 등으로 옮겼습니다.

### MI-CBT / MI-CBT integration

본문에서 'MI-CBT' 또는 'MI-CBT integration'은 대체로 MI-CBT 통합치료/통합전략을 의미하기에 대부분 'MI-CBT 통합치료'로 옮겼습니다. 'MI-CBT'라고만 하면 서구 독자는 별다른 이물감 없이 읽겠으나 한국 독자들에게는 모호하게 다가올 수 있을 것 같았기 때문입니다.

    동기면담Motivational Interviewing(MI)과 인지행동치료Cognitive Behavioral Therapy(CBT)를 처음 접하게 되면 두 방식이 개념적으로 서로 상반되는 것처럼 보인다. 인지행동치료는 종종 지시적인 전문가 모델directive expert model로서 현장에서 적용되고 있다. 즉, 치료자로서 나는 내담자의 부족한 부분(기술, 지식, 합리적 사고)을 알고 있고, 나의 역할은 부족한 부분을 주입하면 된다는 관점이다. "나는 당신이 필요로 하는 무언가를 가지고 있고, 내가 그것을 당신에게 줄 것입니다." 이와 반대로, 동기면담은 주입하는 방식으로 진행하지 않는다. 동기면담은 이미 내담자 자신 안에 있는 동기, 통찰, 지혜, 생각을 유발하는 방식이다. 동기면담과 인지행동치료는 상반되는 것처럼 보인다.

    그렇지만 동기면담과 인지행동치료는 양립될 수 있을 뿐만 아니라 상호보완적이라는 것이 내게는 명확하게 느껴진다. 나는 오리건대학교의 임상심리 박사과정에서 훈련을 받았는데, 여기서 우리는 '오리건 제품'으로서 근거기반 행동치료자가 되는 것이 목표였다. 훈련과정의 두 번째 해에는 내담자와 상호작용하는 방법에 대한 실습이 1년 동안 있었다. 행복한 우연의 일치로 행동치료를 가르치는 교수 중에 그 해 실습을 담당할 교수가 마침 없었다. 그래서 실제 행동치료를 실습 과정에 들어가기 전에 상담심리학 전공 교수에게 칼 로저스Carl Rogers의 인간중심 방식과 관점을 훈련받을 수 있었다(Gilmore, 1973).

    다음 해에 나는 자녀양육에 사회학습 방법을 적용한 선구자인 제럴드 패터슨Gerald Patterson(Patterson, 1975)에게 훈련받은 교수의 지도하에 부모와 작업하는 행동주의 가족치료behavioral family therapy를 힘겹게 배우고 있었다. 당시에는 부모들에게 긍정적인 강화를 중요하게 강조하며, 금색 별 차트gold star chart에 아동의 행동을 수량화하고 추적하는 방법을 가르치고 있었다(Miller & Danaher, 1976). 행동주의 가족치료에는 매우 구조화된 과제가 있었으며, 모든 것이 매우 논리적이었다. 하지만 행동치료자가 흔히 겪는 문제는 사람들이 과제를 해 오지 않는 행동을 자주 보이는 것에 있었다. 그래서 행동치료는 더디게 진행되었다.

그 이후에 우리는 현장학습을 위해 오리건연구소Oregon Research Institute로 가서 패터슨이 행동주의 가족치료를 실시하는 과정을 직접 볼 수 있었다. 일방경 뒤에 앉아 있을 때 나는 놀라운 사실을 깨닫게 되었는데, 패터슨은 자신의 여러 연구와 책에서 기술하지 않았던 많은 것들을 가족들에게 적용한다는 사실이었다. 그는 따뜻하고 호감이 가고 재미있고 매력적이었다. 그리고 그는 부모와 아이가 이야기하는 내용들을 주의 깊게 경청하였다. 사람들은 이 사람에게 무엇이든 이야기할 수 있을 것 같았다(그는 대인관계 기술이 그렇게 뛰어났다). 이어서 나는 생각했다. '오, 당신은 이런 방식으로 작업하고 있군요!' 나는 심리치료실에 돌아와서 내가 배웠던 경청기술을 사용하기 시작했고 이후 나의 행동치료는 효과가 나타나기 시작했다. 패터슨 자신도 행동치료에서 나타나는 저항과 대인관계 영향의 원리에 대하여 나중에 큰 관심을 가지게 되었고 그 주제에 대한 획기적인 연구를 수행하였다(Patterson & Forgatch, 1985; Patterson & Chamberlain, 1994).

나는 인간중심 스타일의 행동치료를 실천하는 방법을 여러 해에 걸쳐 개발하였다. 나에게는 인간중심 접근과 행동치료가 잘 맞는다는 생각이 들었다. 내가 뉴멕시코대학교에서 박사과정 수업을 가르치기 시작했을 때 학생들에게 행동치료와 인간중심 스타일 둘 다를 훈련시켰다. 행동치료를 매뉴얼대로 제공하는 동안 상담자가 내담자의 이야기를 어떻게 능숙하게 경청하는지가 중요할까? 문제 음주자를 대상으로 한 임상연구에서 우리는 무작위로 9명의 다른 치료자에게 내담자를 배정하여 일방경을 통해 그들의 작업을 관찰했다. 가장 공감적인 치료자의 내담자는 공감 수준이 낮은 치료자의 내담자보다 알코올 사용을 줄이는 데 훨씬 더 성공적이었다. 6개월 후에 우리는 똑같은 행동치료를 전달하는 치료자의 공감적 기술 수준이 내담자의 음주 변화의 3분의 2를 설명할 수 있었으며(Miller, Taylor, & West, 1980), 그 효과는 2년 동안의 추적관찰에서도 여전히 상존하였다(Miller & Baca, 1983). 다음 해 스티브 밸리(Steve Valle, 1981)는 비슷한 연구결과를 발표하였다. 즉, 2년간의 재발률을 추적 및 관찰하였는데 높은 수준의 대인관계 기능을 갖춘 상담자와 상담을 진행한 내담자에 비하여, 인간중심 기술 수준이 낮은 상담자와 상담을 한 내담자의 재발률이 2~4배가량 더 높았다.

노르웨이 심리학자 그룹이 내게 알코올 문제가 있는 사람들과 면담하는 방법을 시연해 달라고 요청했을 때 나는 자연스럽게 인간중심 스타일과 인지행동치료 방법을 통합해서 상담을 진행하였다. 면담시연에 대해 토론하는 과정을 통해 동기면담이 잉태되었다(Miller, 1983). 처음 동기면담에 대해 기술했을 때 나는 동기면담을 인지행동치료를 시작하기 전에 실시할 수 있는 어떤 것, 즉 치료의 서곡prelude으로 생각했었다(Miller, 1983). 놀랍게도 우리가 발견한 사실 하나는 간단한 동기면담 개입으로도 사람들은 종종 추가적인 치료작업 없이 행동의 변화를 시작했다는 것이다. 그 후 우리는 치료의 주류가 되어 있고 매뉴얼에 의해 진행되는 인지행동치료를 동기면담 스타일과 함께 전달하고 또 통합할 수 있는 방법을 지속적으로 연구해 왔다(Longabaugh, Zweben, LoCastro, & Miller, 2005; Meyers & Smith, 1995).

내가 서문을 쓰고 있는 이 책을 통해 동기면담과 인지행동치료의 통합은 커다란 도약을 하게 되었다. 내가 보기에 행동치료자들은 치료작업의 참여, 변화유지, 순응도, 성과를 만드는 데 있어 대인관계 기술과 치료적 관계가 미치는 중대한 영향에 주의를 거의 기울이지 않아 왔다. 이는 심리치료에서 '근거기반evidence-based' 대 '공통요인common factors'의 상대적 중요성에 대한 격렬한 논쟁을 불러왔다(예: Norcross, 2011). 그 결과 인간중심 접근의 옹호자들은 최근 수십년 동안의 경험과학에 너무 적은 관심을 기울이는 실수를 하였는데, 아이러니한 사실은 인간중심상담을 주창한 칼 로저스 자신은 심리치료 과정과 치료 성과에 대한 연구를 개척하였다는 점이다. 동기면담 관점에서 볼 때 이것은 분명히 함께 고려해야 하는 이슈이다(Miller & Moyers, 2015). 한편 근거기반 치료는 그것을 전달하는 사람과 분리될 수 없다. 그것은 경주용 자동차와 참가선수(운전자)를, 음식의 질과 요리사를 분리할 수 없는 것과 마찬가지이다. 치료자의 공감(Truax & Carkhuff, 1967)과 같이 임상 결과에 영향을 미치는 것으로 알려진 '공통common' 요인이 실무에서는 그렇게 공통적으로 보이지 않을 수도 있다. 만약 우리가 공감을 가리켜 '구체적이지 못한 것'이라고 부른다면 이는 우리가 해야 할 과제를 하지 않고 있음을 의미한다. 시간이 많이 지났지만 이제는 내담자의 임상 결과에 큰 영향을 미칠 수 있는 대인관계적 요인을 구체화하고, 측정하고, 연구하며, 가르칠 때이다.

어쩌면 동기면담과 인지행동치료는 기름과 물의 관계와도 같다. 고등학교 화학 수업시간에 나는 기름과 물이 혼합될 수 있게 해 주는 유화제에 대해 공부했었다. 그것은 앞으로 다가올 일들의 징조였다. 이 책은 바로 동기면담과 인지행동치료의 유화제이다.

윌리엄 R. 밀러William R. Miller 박사
(뉴멕시코대학교 심리학과, 정신건강의학과 명예석좌교수)

## 참고문헌

Gilmore, S. K. (1973). *The counselor-in-training*. Englewood Cliffs, NJ: Prentice-Hall.

Longabaugh, R., Zweben, A., LoCastro, J. S., & Miller, W. R. (2005). Origins, issues and options in the development of the combined behavioral intervention. *Journal of Studies on Alcohol (Supplement), 15*, 179-187.

Meyers, R. J., & Smith, J. E. (1995). *Clinical guide to alcohol treatment: The community reinforcement approach*. New York: Guilford Press.

Miller, W. R. (1983). Motivational interviewing with problem drinkers. *Behavioural Psychotherapy, 11*, 147-172.

Miller, W. R., & Baca, L. M. (1983). Two-year follow-up of bibliotherapy and therapistdirected controlled drinking training for problem drinkers. *Behavior Therapy, 14*, 441-448.

Miller, W. R., & Danaher, B. G. (1976). Maintenance in parent training. In J. D. Krumboltz & C. E. Thoresen (Eds.), *Counseling methods* (pp. 434-444). New York: Holt, Rinehart & Winston.

Miller, W. R., & Moyers, T. B. (2015). The forest and the trees: Relational and specific factors in addiction treatment. *Addiction, 110*, 401-413.

Miller, W. R., Taylor, C. A., & West, J. C. (1980). Focused versus broad spectrum behavior therapy for problem drinkers. *Journal of Consulting and Clinical Psychology, 48*, 590-601.

Norcross, J. C. (Ed.). (2011). *Psychotherapy relationships that work: Evidence-based responsiveness* (2nd ed.). New York: Oxford University Press.

Patterson, G. R. (1975). *Families: Applications of social learning to family life* (rev. ed.). Champaign, IL: Research Press.

Patterson, G. R., & Chamberlain, P. (1994). A functional analysis of resistance during patient training therapy. *Clinical Psychology: Science and Practice, 1*, 53-70.

Patterson, G. R., & Forgatch, M. S. (1985). Therapist behavior as a determinant for client noncompliance: A paradox for the behavior modifier. *Journal of Consulting and Clinical Psychology, 53*, 846-851.

Truax, C. B., & Carkhuff, R. R. (1967). *Toward effective counseling and psychotherapy*. Chicago: Aldine.

Valle, S. K. (1981). Interpersonal functioning of alcoholism counselors and treatment outcome. *Journal of Studies on Alcohol, 42*, 783-790.

# 목차

○ 역자 서문 _ 3
○ 일부 용어의 번역어에 대한 보충 설명 _ 5
○ 서문 _ 6

## 제1장
### 동기면담과 인지행동치료의 통합: 이론적 근거, 접근방식, 증거 / 13

그런데 왜 동기면담(MI)인가 _ 14          왜 인지행동치료(CBT)인가 _ 14

MI-CBT 통합치료 _ 15          근거는 무엇인가 _ 17

MI 정신 _ 19          MI의 네 가지 과정 _ 19

MI 핵심기술에 대한 간략한 개관 _ 21          이 책의 구성 _ 22

## 제2장
### 치료 초기의 동맹 및 동기 형성하기 / 27

관계 형성하기 _ 29          초점 맞추기 _ 37

유발하기 _ 40          계획하기 _ 46

MI-CBT 통합의 딜레마 _ 50

🐾 제3장

👤 **평가 및 치료계획 / 59**

🔄 관계 형성하기 _ 61          초점 맞추기 _ 68
요약하기 _ 71             유발하기 _ 73
계획하기 _ 77             MI-CBT 딜레마 _ 85


🐾 제4장

👤 **자가 모니터링 / 107**

🔄 관계 형성하기 _ 108         초점 맞추기 _ 116
유발하기 _ 118            계획하기 _ 121
MI-CBT 딜레마 _ 124


🐾 제5장

👤 **인지 기술 / 143**

🔄 관계 형성하기 _ 144         초점 맞추기 _ 153
유발하기 _ 155            계획하기 _ 158
MI-CBT 딜레마 _ 162


🐾 제6장

👤 **행동 및 정서 조절 기술 / 177**

🔄 문제해결 기술 _ 177         행동 활성화 _ 178
디스트레스 감내력 _ 179       마음챙김 _ 180
노출치료 _ 180             걱정에 대한 자극통제 _ 181
거절 기술과 자기주장 훈련 _ 183   추가 기술들 _ 183
관계 형성하기 _ 184         초점 맞추기 _ 186
유발하기 _ 188            계획하기 _ 190
MI-CBT 딜레마 _ 194

제7장

회기 사이의 실습 및 지속적인 회기 참석 촉진하기 / 217

과제의 첫 번째 규칙: 과제에 대해 이야기하지 말라 _ 218

과제를 하지 않거나 미완수하는 것 _ 220       회기 참석 _ 228

MI-CBT 딜레마 _ 230


제8장

변화유지 / 241

관계 형성하기 _ 242                    초점 맞추기 _ 244

유발하기 _ 247                        계획하기 _ 251

MI-CBT 딜레마 _ 255


제9장

MI-CBT 통합치료 지침서로서의 활용 / 263

통합치료 지침서 _ 264                  사례 예시 _ 265

MI-CBT 딜레마에 대한 요약 _ 274        MI-CBT 통합치료의 훈련 _ 275

새롭게 부상하는 이슈들 _ 278


○ 참고문헌 _ 285

○ 찾아보기 _ 303

* 책을 구입하신 분들은 이 책에 있는 '내담자 유인물'의 확대 버전을 학지사 누리집 (www.hakjisa.co.kr)에서 내려받아 인쇄해서 개인 용도 또는 내담자를 위해 사용하실 수 있습니다(상세 내용은 저작권 페이지 참조).

제1장

# 동기면담과 인지행동치료의 통합
## 이론적 근거, 접근방식, 증거

**행**동 변화behavior change 분야는 근거기반 치료들의 일반요인general factors과 공유요소shared elements를 확인하고, 이러한 것들을 다양한 행동들 전반에 적용함으로써 근거기반 치료의 다양한 형태들을 통합하는 작업을 지난 10여 년 이상 촉진해 왔다(Abraham & Michie, 2008; Chorpita, Becker, Daleiden, & Hamilton, 2007; Fixsen, Naoom, Blase, Friedman, & Wallace, 2005). 일반요인은 공통요인common factors이라고 불리기도 하는데 개인, 대인관계, 그리고 여타의 과정들로서 모든 심리사회적 치료작업들psychosocial treatments 사이에서 공유되는 요인들인데 치료동맹, 공감, 낙관주의 등이 그 예이다. '공유요소'는 별개의 치료 프로토콜들에서 공통적으로 존재하는 근거기반 임상 실무의 구성요소들인데 자가 모니터링, 인지 재구조화 그리고 거절 기술이 그 예이다(Barth et al., 2012).

과학자들은 최근 들어 질병에 영향을 미치는 과정들에 대한 연구를 옹호해 왔는데, 그것은 공유요소 및 공통요인에 의한 치료 접근과 잘 들어맞는 패러다임이다(Bickel & Mueller, 2009; Norton, 2012). 공유요소 및 관계요인relational factors을 확인하고 그것을 다양한 행동 및 증상에 적용함으로써(필요시 증상군에 대한 특정한 방식의 적용을 병행) 우리는 근거기반 치료를 보다 폭넓게 보급할 수 있고 실무와 훈련에 용이하게 적용할 수 있다. 이러한 접근은 흔히 나타나는 공존질환comorbidities을 보다 쉽게 다룰 수 있고 다양한 행동 변화를 다룰 수 있다. '초진단적인transdiagnostic' 또는 '통합된unified' 치료들은 다양한 건강 상태에 대해 상이하고 특정한 치료들을 적용하는 대신에 건강 상태나 행동 전반에 걸쳐 동일한 근본적 원칙들을 적용하는 치료로 정의된다(McEvoy, Nathan, & Norton, 2009). 그 대신에 프로토콜은 치료계획 수립과정에서 개인별로 구체화된다. 또한 '통합된'이란 용어는 우울과 약물 복용 또는 비만 및 물질 사용과 같은 정신 및 신체 건강을 다루는 통합된 치료계획을 칭하기 위

공유요소 및 관계요인을 확인하고 그것을 다양한 행동 및 증상에 적용함으로써 우리는 근거기반 치료를 보다 폭넓게 보급할 수 있고 실무와 훈련에 용이하게 적용할 수 있다.

해 사용되어 왔다. 우리는 동기면담MI과 인지행동치료CBT의 통합integration이 하나의 통일된 접근으로서 정신 및 신체 건강을 개선하는 데 기여할 수 있다고 믿기에 본서를 저술하였다.

## 그런데 왜 동기면담MI인가

동기면담Motivational Interviewing(MI)은 변화를 향한 개인 자신의 (내재적) 동기와 결단commitment을 강화하기 위하여 사용되는 협동적이고 안내하는 스타일의 대화방식이다. 30년 넘는 실증 연구를 거친 MI는 긍정적인 행동 변화를 촉진하는 최첨단에 있는 근거기반의 성공적인 개입 방식이라는 것을 증명해 왔고, 물질 남용, 정신건강, 일차보건의료 및 전문 보건의료의 여러 영역에서 그 활용이 증가하고 있다. MI는 심리치료에서 관계적 요소의 토대가 되는 의사소통 행동들을 구체화함으로써 다양한 세팅에서 내담자와 전문가 사이의 의사소통을 위한 토대를 제공하고 있다.

## 왜 인지행동치료CBT인가

인지행동치료Cognitive-Behavioral Therapy(CBT)는 증상을 지속시키고 내담자의 기능을 방해하는 부적응적인 생각 및 행동을 변화시키는 것에 초점을 맞추고 있다(Beck, 2011). CBT의 접근 방법들은 가장 널리 보급된 근거기반의 치료 요소들 중 일부이고, 또한 우울, 불안, 물질 남용, 주의력결핍 과잉행동장애(ADHD), 비만 등과 같은 많은 진단들 전반에 걸쳐 있

는 요소들을 공유하고 있다(Tolin, 2010). CBT는 사실 내담자들에게 어려운 작업이다! CBT는 회기 내 치료작업과 함께 회기들 사이의 작업인 '과제$_{homework}$'를 수행할 것을 요구하는데, 그것은 내담자가 과거에 숙달하기 힘들었던 영역에서 변화를 만들어 내는 것을 포함하는 작업이다. 이것이 MI가 내담자들로 하여금 그 어려운 작업을 해낼 동기를 구축하는 전략들을 구체화하고, 그 과정에서 치료자인 당신이 '악역'을 맡게 되는 상황을 피하도록 도와줌으로써 CBT 작업이 훨씬 잘 진행되도록 해 준다고 전문가들(Driessen & Hollon, 2011)이 말하는 이유이다.

CBT 자체가 선호하는 변화들을 가져온다는 강력한 증거들이 어느 정도 있지만 (Hofmann, Asnaani, Vonk, Sawyer, & Fang, 2012), 많은 사람이 치료에 반응하지 않거나, 치료 과제를 충실히 이행하지 않거나, 치료를 영구히 중단하거나, 초기 성과에 이어서 변화를 유지하지 못하는 것 또한 사실이다(LeBeau, Davies, Culver, & Craske, 2013; Naar-King, Earnshaw, & Breckon, 2013). CBT와 MI 양측의 전문가들은 이러한 상황이 최소한 부분적으로는 CBT의 몇몇 접근 방법들이 전문가와 내담자의 관계를 지원하는 데 필요한 기술들을 구체화하지 못하고 전문가가 CBT 치료의 초기 및 진행과정 둘 다에서 변화를 위한 동기를 강화하는 일을 도와주지 못하기 때문일 수 있다고 제안하였다(Driessen & Hollon, 2011; Miller & Moyers, 2015). 따라서 MI와 CBT를 통합함으로써 초기의 반응률$_{response\ rates}$ 및 치료가 완료된 이후의 변화유지$_{maintenance\ of\ change}$ 과정을 향상시킬 수 있다. MI는 CBT가 더 나은 효과를 내도록 할 수 있다!

## MI-CBT 통합치료

MI는 원래 변화를 위한 동기를 치료 초기에 구축하기 위하여 개발되었다. 따라서 변화를 실행하고 유지하기 위한 MI 전략들은 최근에서야 구체화되기 시작하였다(Miller & Rollnick, 2012). 밀러와 롤닉(Miller & Rollnick, 2012)은 초기에 변화를 위한 동기가 확립되면 CBT와 같이 좀 더 행동 지향적인 치료로 옮겨갈 준비가 된다는 것에 주목한다. 따라서 좀 더 행동 지향적인 치료기법들을 통합하는 작업은 MI가 시작하도록 도운 행동 변화들을 강화할 수 있다. 하지만 내담자의 동기는 변화를 실행하고 유지하는 동안 강도와 방향 측면에서 여전히 오르내리는데, 이는 MI와 CBT의 통합 실행이 전략 세트의 어느 하나만 진행하는 것보다 더욱 유력한 행동 치료기법behavioral treatment을 만들어 낼 수도 있음을 시사한다.

> MI와 CBT의 통합 실행이 전략 세트의 어느 하나만 진행하는 것보다 더욱 유력한 행동 치료기법을 만들어 낼 수 있음을 암시한다.

웨스트라와 아코위츠(Westra & Arkowitz, 2011)는 MI가 CBT와 결합할 수 있는 방식 몇 가지에 대해 논의한다. 첫째, MI는 여러 회기의 개입에서 동기를 구축하는 사전 단기치료brief pretreatment로서 수행될 수 있다. 둘째, MI는 내담자의 불화discord나 양가감정ambivalence[1]이 올라오는 CBT의 특정한 순간들에 활용될 수 있다. 셋째, MI는 CBT 전략들과 같이 여타의 개입들이 수행될 수 있는 통합적인 틀로서 기여할 수 있다. 이 책에서는 밀러와 롤닉(2012)의 개념들을 활용하여 이 세 가지 접근들을 모두 다룸으로써 다양한 행동 및 관심사에 적용될 수 있도록 한다. 이와 같이 함으로써 이 책은 MI 및 CBT 둘 다를 근본 핵심으로 삼으면서 변화의 다양한 과정들을 다루기 위한 초진단적 프로토콜의 시작으로서 활용될 수 있다. 이 책은 인지행동 접근들과 결합된 MI에 대하여 증가하고 있는 연구 및 임상 응용 실적들에 기초하고 있으며, 이러한 통합된 치료를 수행하는 데 필요한 임상 기술들을 개략적으로 살펴보고자 한다.

우리는 또한 MI-CBT 통합치료가 어떤 장면에서 실행 가능하고 쉽사리 적용할 수 있는지, 그리고 어느 부분에서 접근들 간에 갈등이 있을 수 있는지 기술하고자 한다. 모이어스와 호우크(Moyers & Houck, 2011)는 CBT를 수행하기 위한 통합적인 틀로서 MI를 활용하는 시도들 중 하나(Anton et al., 2006)에 대해 언급하면서, MI와 CBT가 언제나 완벽한 결혼은

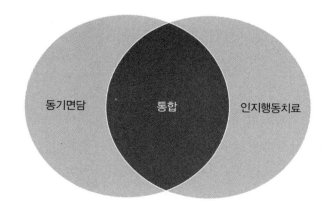

**[그림 1-1]** MI-CBT 통합

---

1) [역주] 'ambivalence'는 '양가성'으로도 번역될 수 있는데, 여기에는 '양가적인 생각' 또한 포함될 수 있기 때문이다.

아니라는 점에 주목한다. 여러 접근들이 상호 충돌하면서 전문가가 어떤 접근을 우선할지 선택해야 할 시점들이 있다. 이러한 경우 이 책은 어느 한쪽 편을 들지 않고 당신이 선택 가능한 방안들을 기술하려 한다. 2~8장의 각 끝부분에 실려 있는 'MI-CBT 딜레마'에서 이를 논의할 것이다.

# 근거는 무엇인가

많은 연구가 불안(Westra, Arkowitz, & Dozois, 2009), 물질 사용 공존질환이 있는 우울이나 없는 우울(Riper et al., 2014), 코카인 사용(McKee et al., 2007), 마리화나 사용(Babor, 2004), 금연(Heckman, Egleston, & Hofmann, 2010), 치료약물 복용(Spoelstra, Schueller, Hilton, & Ridenour, 2015), 체중 관련 행동(Naar-King et al., 2016) 등과 같은 행동 변화의 많은 영역에서 통상적인 치료보다 MI와 CBT의 결합이 더 효과적이라는 것을 시사하고 있다. 하지만 어느 한쪽 접근만의 치료가 결합된 치료 접근보다 더 효과적인지 여부에 대해서는 훨씬 덜 알려져 있다. MI와 CBT의 결합과 MI만의 치료를 비교한 소수의 연구들은 모두 물질 사용을 대상으로 하였는데, 결합된 치료가 MI만의 치료보다 항상은 아니지만 종종 더 효과적이라는 것을 시사하고 있다(Moyers & Houck, 2011). 한 메타분석(Hettema, Steele, & Miller, 2005)에서, MI 자체만 활용할 때보다 다른 적극적인 치료와 결합되었을 때 MI의 효과는 보다 강력하고 보다 오래 지속되었다. CBT의 사전치료로서 MI를 몇 회기 시행한 것과 CBT만을 시행한 것을 비교한 출판된 몇몇 실험들은 MI를 추가하는 것이 알코올 섭취(Connors, Walitzer, & Dermen, 2002), 코카인 사용(Stotts, Schmitz, Rhoades, & Grabowski, 2001), 범불안장애(Westra et al., 2009; Westra & Dozois, 2006), 그리고 아동 행동 문제child behavior problems(Nock & Kazdin, 2005)에 대한 성과를 개선한 것을 발견하였다. 지금까지 CBT 한 가지와 MI 및 CBT의 통합된 접근(즉, 여기서 MI가 단지 사전치료가 아닌 치료 전반에 걸쳐 통합되어 있는 접근)을 비교한 연구는 없다. 하지만 이에 대한 두 개의 질적연구는 알코올 사용에 대하여 행동치료를 시행하였을 때 공감 수준이 높은 심리상담자가 공감 수준이 낮은 심리상담자보다 더 효과적이라는 것을 증명하였다(Miller, Taylor, & West, 1980; Valle, 1981). 긍정적인 성과를 보다 많이 내는 CBT 치료자와 긍정적인 성과를 덜 내는 CBT 치료자에 대한 내담자의 인식을 비교한 보다 최근의 질적연구를 보면 내담자들은 보다 긍정적인 성과를 가져오는 CBT 치료자들이 더욱 유발적[2]이면서 협동적[3]이고, 내담자 자신의 전문 지식[4]을 관여시키며, 치료 과정에 더 활동적으로 참여하는 것을 경험하였다(Kertes, Westra, & Aviram, 2009). 다음에서 볼 수 있듯이 이러한 치료자들은 MI 정신을 행동으로 보여 주고 있다.

지금까지 초진단적이거나 통합된 치료에 대한 연구는 전형적으로 다양한 불안 진단 및 우울과 같은 정서 장애에 초점을 두었는데, 종종 CBT에 기반하면서 관계 형성engagement[5]을 증대하기 위한 사전치료로서 MI를 활용하였다(Folkman, 2011). 그와 같은 연구들에 대한 한 리뷰 논문(McEvoy et al., 2009)은 통합 치료가 대기명단 대조군과 비교하여 증상 개선에 관련 있다는 것을 시사하였다. 통합된 치료방식들을 검토한 결과 전형적으로 심리교육, 인지 재구조화, 대처기술, 노출, 이완 훈련, 행동 활성화 등과 같은 CBT 요소들을 포함하고 있었다. 통합된 치료들은 진단이 구체화된 치료들과 유사한 효과 크기를 지닌 것으로 보이고, 문제들을 하나의 세트로 하여 타깃으로 삼는 통합된 치료가 공존질환 상태 또는 행동 변화의 여타 영역에 긍정적인 영향을 끼친다는 것을 시사하는 증거가 여럿 있다. 맥커보이 등(McEvoy et al., 2009)의 리뷰 시점에는 어떤 통합된 치료방식을 특정 진단의 치료방식과 직접 비교하는 연구가 없었다. 하지만 보다 최근의 연구(Norton, 2012)는 불안장애를 위한 초진단적 CBT 집단(심리교육, 자가 모니터링, 인지 재구조화, 노출 등 포함)을 이완 훈련 집단과 비교하였고, 통합된 치료가 효과는 동일했지만 탈락률이 보다 적다는 사실을 발견하였다. 동반 발생하는 물질 중독 및 정동 장애를 위한 통합된 치료들이 부상하고 있다(Osilla, Hepner, Munoz, Woo, & Watkins, 2009). 이 책은 통합적이고 초진단적인 치료 영역을 정신건강을 넘어 물질 남용과 건강행동health behaviors까지 확장한다. 이 책은 관계요인들을 위한 토대로서 MI를 CBT의 공유요소들과 통합하는 접근을 제공하는 방식으로 확장하고자 한다. 이러한 통합적 접근은 정신 및 신체 건강을 향상시키기 위한 행동 변화와 증상 감소의 다양한 영역 전반에 걸쳐 활용될 수 있다.

---

2) [역주] '유발evocation'은 동기면담의 정신 중 하나인데, 내담자에게서 동기와 자원을 이끌어낸다는 의미를 지닌다. 다음에 이어지는 'MI 정신' 참조.
3) [역주] '협동partnership' 역시 동기면담의 정신 중 하나이다. 다음에 이어지는 'MI 정신' 참조.
4) [역주] 동기면담에서는 내담자가 자기 삶의 전문가이며, 또한 자기 문제에 대해서도 여러 전문 지식을 갖고 있다고 본다. 동기면담의 정신 중 하나인 '협동'은 여기에서 비롯된다.
5) [역주] '관계 형성'은 MI의 네 가지 과정 중 첫 단계에 해당된다. 'engagement'에는 '관여' 또는 '참여'의 의미도 있다.

# MI 정신

MI는 단지 여러 기술을 모아놓은 어떤 세트가 아니다. MI는 사람들과 상호작용하는 어떤 스타일이다. 엄밀히 말하면 MI의 토대는 MI 정신이다. 밀러와 롤닉(2012)에 따르면 MI 정신은 상호 연관된 네 가지 요소로 구성되어 있다. 'PACE'라는 머리글자로 표현되는 (1) 협동partnership, (2) 수용acceptance, (3) 동정compassion, (4) 유발evocation이 그것이다. 협동은 당신과 내담자가 단계적으로 협력하고 안내하는 관계로서 한 사람이 다른 사람에 앞서 있는 것과는 다르다. 수용은 자율성을 지지하는 것과 관련되는데, 내담자의 자기결정과 선택의 자유에 대한 존중을 강조하는 것이다. 수용은 또한 정확한 공감을 표현하고, 인간으로서의 가치에 대하여 내재적으로 공감하고 인정하는 입장과 함께 자기효능감을 지지하는 것과 관련된다. 동정[6]은 타인의 복지를 증진하는 것에 헌신하는 것이다. 하지만 측은히 여기는 개인적 감정이나 그런 경험의 개인화와는 구별된다. 유발은 내담자가 변화를 위한 내재적인 지혜와 힘을 지니고 있어서, CBT 접근들에서처럼 당신이 제공해야 할 어떤 잃어버린 요소가 아니라 당신이 그런 요소들을 이끌어내야 한다는 개념이다.

> MI는 단지 여러 기술을 모아놓은 어떤 세트가 아니다. MI는 사람들과 상호작용하는 어떤 스타일이다.

# MI의 네 가지 과정

앞의 네 가지 요소에 더하여 MI는 네 가지 과정이라는 개념으로 조직된다. (1) 관계 형성하기engaging, (2) 초점 맞추기focusing, (3) 유발하기evoking, (4) 계획하기planning가 그것이다. 이러한 요소들은 중복될 수 있으며 반드시 순차적이어야 할 필요는 없다. 각 회기에 네 과정 모두가 포함될 수도 있다. 우리가 MI-CBT 통합 접근 방식으로 작업할 때 CBT의 다양한 구성요소들 속에 어떻게 네 가지 과정 모두가 존재할 수 있을지에 대해 우리는 나중에 논의할 것이다. 그 과정들은 하나의 회기에 대한 우리의 생각을 체계화하는 데 도움이 된다.

---

6) [역주] '동정'에는 '남의 어려운 사정을 이해하고 정신적으로나 물질적으로 도움을 베풂'(국립국어원)이라는 의미가 있다. 'compassion'은 '자비' '연민' 등으로 번역되기도 한다.

**관계 형성하기** 과정은 라포rapport를 발달시키고 내담자의 딜레마를 이해하는 단계이다. 우리의 내담자는 변화를 왜 고려하고 있는가, 아니면 왜 고려하지 않고 있는가, 그리고 무엇이 변화를 방해하고 있는가? 관계 형성하기는 치료작업의 관계, 즉 치료동맹을 정립하는 과정이다. 강력한 작업동맹은 그 어떤 개입 접근에서든 토대가 되고 있고 CBT 문헌에서 시종일관 논의되고 있지만, 동맹을 증진하고 불화를 다루기 위하여 필요한 전문가의 의사소통 행동들은 거의 구체화되어 있지 않다. MI는 그러한 의사소통 행동들을 구체화한다.

　　**초점 맞추기** 과정은 전문가와 내담자가 대화의 방향과 목표에 대하여 명확히 하는 단계이다. 종종 방향과 이에 관련된 목표들은 행동을 바꾸는 것에 대한 것이지만 반드시 그럴 필요는 없다. 초점은 선택(예: 용서, 직업 바꾸기)이나 내적 과정(예: 관용, 수용)에 대한 것일 수도 있다. 초점 맞추기 과정은 의제 설정이나 치료계획 수립 이상의 것으로서 목표 목록이나 과제 목록이 포함된다. 초점 맞추기는 대화의 범위를 결정하는 협동적인 과정인데, 그 범위는 생각, 감정, 관심사뿐만 아니라 목표와 과제도 포함할 수 있다.

　　**유발하기** 과정은 변화에 대한 내담자 자신의 언어를 이끌어내는 단계로서, 전문가가 내담자를 위하여 변화를 옹호하는 것이 아니라 내담자 자신이 변화에 찬성하도록 하는 것이다. 이러한 유발하기 과정에서 우리는 초점이 되는 타깃 행동 또는 문제를 변화시키기 위한 내적 동기를 구축한다. MI에서 이러한 작업은 다음에 기술된 반영reflections 및 인정affirmations과 함께 변화대화를 이끌어내고 구두로 강화하는 방식으로 진행된다. 변화는 내담자 자신의 변화에 대한 욕구, 능력, 이유, 또는 필요에 의해 추동되는 것으로서 누군가 다른 이들의 변화가 아니다. 이는 MI에서 핵심적인 것이고 특히 CBT에 대해서 타당한 것이다. 전형적으로 치료 제공자는 자주 치료 구성요소에 대한 이론적 근거rationale를 제시하고 특정 기술이나 관련 과제가 왜 중요한가에 대한 이유를 제시하며/하거나 현재의 생각과 행동의 부정적인 결과를 강조하려고 노력한다. 하지만 대부분의 사람들은 누군가 다른 이가 말해 주는 것보다 자기 스스로가 얘기하는 것을 더욱 믿는 경향이 있다.

　　유발하기는 내담자를 '돕고자' 하는 당신의 자연스러운 본능을 거스를 수 있다. '자연스러운 본능'의 예를 들면, 내담자가 잘못된 추론이나 잘못된 의사결정을 하고 있다고 해석하는 것들을 교정하려 하거나 내담자가 요청하지 않았는데 조언을 해 주는 방식으로 내담자를 돕고자 하는 것이다. 밀러와 롤닉(2002, 2012)은 이러한 현상을 교정반사righting reflex라고 묘사하였는데, 그것은 잘못되었다고 인식한 무언가를 교정하고자 하는 인간의 경향을 말한다. 이러한 경향은 종종 너무 앞서서 문제해결 방안과 조언을 제공하는 것을 의미하는데 그것은 내담자로 하여금 스스로 치료 과정에 능동적으로 참여하는 것을 방해하고 관계 형성에 역행하는 여타 형태(예: 변화에 반대하는 언어의 등장, 과제물의 회피)로 이끌게 된다. 이는 CBT 전문가들의 딜레마인데, 기술 훈련을 포함한 정신건강 문제에 대한 교육은 전형적으로 치료의 핵심 요소이기 때문이다. 변화를 위한 동기motivation for change는 변화가 그 내담자에게 얼마나 중요한지 그리고 변화를 이뤄내는 것에 대한 내담자의 자신감이 얼마나 되는지 이 두 가지 요소로 구성된 함수라고 할 수 있다. MI가 제공하는 기술들은 이러한 동기화의 구성요소들 둘 다를 다룬다. 그리고 MI 기술은 제공자가 관련 정보를 내담자와 나누고 있거나 또는 기술 훈련을 진행하고 있는 중에도 변화를 위한 내담자 자신의 동기화motivation를 지원한다.

만약 양가감정이 현상 유지와 변화 사이에서 균형 상태에 있다면 **계획하기** 과정은 그 균형이 변화로 기울어지기 시작할 때 일어난다. 대화는 변화에 대한 실행 가능한 결단과 행동 계획에 대한 선택지들에 대한 진술로 자연스럽게 전환된다. 밀러와 롤닉(2012)은 변화계획을 실행하고 변화(CBT 타깃 요소the targets of CBT elements)를 실행 및 유지하는 과정을 계획하기 과정에 포함하고 있다.

## MI 핵심기술에 대한 간략한 개관

동기면담은 MI 정신의 범주 안에 있는 의사소통 핵심기술들을 활용하여 앞에서 기술한 네 가지 과정을 촉진한다. 이 핵심기술은 열린 질문하기asking open questions, 인정하기affirming, 반영 진술하기making reflective statements, 요약하기summarizing, 그리고 정보 제공하기informing 및 조언하기advising이다. 반영 진술과 열린 질문은 MI-CBT 통합에 필요한 핵심기술이다. 우리는 이러한 핵심기술들을 다양한 목적을 위하여 다양한 방식으로 활용하는 방법을 보여 줄 것이다. 반영적 진술은 정확한 공감을 전달하고 내담자가 세상을 경험하는 방식에 대한 당신의 가정을 검증하기 위하여 활용된다. 반영을 제공하는 일은 당신이 들은 내용을 내담자나 환자에게 진술하는 것인데, 여기에 어떤 강조나 의미를 추가로 부여할 수 있다. 반영은 또한 전략적 목적(예: 양가감정 탐색하기, 동기 증진하기)을 위하여 대화에서의 구성요소components를 강화 또는 강조하기 위하여 활용될 수 있다. 또한 반영 진술에는 인정하기도 포함될 수 있는데, 그것은 내담자가 말한 것 중에서 그의 강점이나 노력에 대한 반영이기 때문이다. 또한 일련의 진술을 활용하여 내담자가 말한 것을 요약할 수 있다. 그러한 일련의 진술은 이전의 논점들을 함께 묶어낼 수 있고, 양가감정에서 변화로의 전환을 강조할 수 있으며, 해당 회기에서 다른 구성요소로 전환하는 데 활용될 수 있다.

　의사소통의 상당 부분이 반영적 진술만으로도 진행될 수 있지만 열린 질문은 내담자의 관점과 관심사와 동기를 지속적으로 유발할 수 있다. MI에서는 열린 질문으로 대화를 촉진하고, 닫힌 질문은 단답식 반응을 이끌어내기 때문에 덜 강조한다. MI 스타일에서 질문과 반영은 또한 정보와 조언을 제공하는 데 활용될 수 있다. 이후 여러 장章에 걸쳐서 일련의 '묻기-알려주기-묻기-반영하기$_{ask-tell-ask-reflect}$'[7]가 이러한 목적에 기여하는 것을 볼 수 있을 것이다. 첫째, 정보를 제공하는 것에 대한 허락을 요청하여 그 주제에 대한 내담자의 흥미와 지식을 이끌어낸다. 둘째, 정보나 조언을 작고 소화 가능한 소량으로 제공한다. 셋째, 내담자의 반응을 이끌어내고 그 반응에 반영을 해 준다. 이상은 당신이 무엇을 말할지, 어떻게 그것을 얘기할지, 그리고 언제 그것을 얘기할지에 대하여 MI가 어떻게 구체화하고 있는지 간단하게 보여 준 것이다. 이후의 장들에서는 이러한 의사소통 기술들을 활용하여 CBT 작업을 어떻게 향상시킬지에 대하여 보여 줄 것이다.

# 이 책의 구성

　본 안내서는 초기의 개입방식, 사정査定 및 치료계획 수립, 자가 모니터링, 인지 및 행동 기술 훈련, 과제 완성 촉진하기, 변화유지하기 등과 같은 가장 널리 연구된 CBT 접근들의 공유요소들에 초점을 맞춘다. 치료 구성요소별로 한 장씩 배정하였고, 각 구성요소는 네 가지 MI 과정 측면에서 다루어진다. 우리는 이 책이 기존의 MI 교재들을 대체하길 기대하는 것이 아니기 때문에 MI만 다루는 교재에서와 같이 MI 기술들을 상세히 설명하지는 않는다. 그보다는 MI 기술과 CBT의 통합이라는 측면에서 다룬다. 따라서 당신은 그러한 정보를 보충하기 위해서 MI 교재들을 참고할 수 있다. 각 장은 당신 자신의 전문성 발달이나 다른 이들의 훈련을 위한 활동들을 포함하고 있다(이 장의 끝에 있는 '전문가를 위한 활

---

7) [역주] 이 책에서 '묻기-알려주기-묻기-반영하기$_{ask-tell-ask-reflect}$'는 이후 주로 '묻기-알려주기-묻기$_{ask-tell-ask}$' 또는 'ATA'로 지칭된다.

동 1-1' 참조). 마지막 장에서는 훈련 이슈들을 포함하여 앞으로 나아갈 방향을 검토한다. MI-CBT 통합 접근을 보여 주기 위하여 우리는 다양한 범위의 타깃 행동들이나 우울, 비만, 불안, 물질 남용, 복약 순응도 같은 문제와 관련된 사례들을 군데군데 싣고 있다.

MI는 결코 포괄적인 심리치료가 되는 것을 의도하지 않았고(Miller & Rollnick, 2009), 그보다는 행동 변화에 대한 접근을 의도하였다. 하지만 여러 연구는 MI가 CBT와 같은 여타의 치료 맥락에서 치료동맹과 동기화를 다루는 데 강력한 토대를 제공하는 것으로 보인다고 제안하고 있다. 따라서 우리는 MI가 단지 행동 변화를 촉진하는 하나의 도구에 불과한 것이 아니라 전반적으로 심리치료를 특징짓는 그런 함축적인 것들을 다음과 같은 방식으로 지니고 있다는 주장(Miller, 2012)을 지지한다. MI는 인간의 성장 및 변화 능력에 대한 믿음을 강조하고 있다. MI는 치료적 만남에서 내담자의 선택과 결정을 가장 우선순위에 둔다. MI는 양가성(양가감정)을 수용하고 자비로운 마음을 품도록 촉진한다. 끝으로 MI는 전문가와 내담자의 언어에 면밀한 주의를 기울이는 것을 지지하면서 심리치료의 전반적인 관계요인들을 구체화한다. 그런 의미에서 MI는 심리치료 개입의 진행을 지원하는 격자구조물[8]일 수 있다(Haddock et al., 2012). 우리는 MI를 CBT의 가장 일반적인 공유요소들과 통합함으로써 초진단적 접근을 활용하면서 근거에 기반한 실무를 실행할 수 있도록 촉진한다. 우리의 희망은 전문가들에게 지워진 짐을 줄여 주는 것이다. 당신은 다수의 지침서들을 샅샅이 살펴보면서 다수의 훈련들을 쫓아다니기보다는, MI-CBT 통합에 의하여 구체화된 핵심적인 요인과 요소들을 취하면서 자신이 처한 여러 조건과 환경에 맞추어 적용해 가면서 자신의 숙련도를 향상시킬 수 있을 것이다.

**1-1 전문가를 위한 활동**

### MI-CBT 통합 카드 분류

통합은 수많은 다양한 형태를 취할 수 있다. 치료방식의 통합은 단일한 학파의 접근들이 지닌 경계를 뛰어넘어서 다른 조망들의 이론과 기법에서 배울 수 있는 것들을 살펴보는 것이다

---

8) [역주] 격자구조물trellis을 통해 넝쿨 식물이 타고 오를 수 있다.

(Strickler, 2011). **기술 통합**technical integration은 다양한 접근의 기법을 통합하는 것으로서 방식이 근본적으로 다를 수 있는 다양한 접근들이 지닌 개념들을 함께 결합하는 과정이다. **동화 통합** assimilative integration은 다른 접근에서의 전략들을 통합하면서도 하나의 이론적 세계관에 군건한 토대를 유지하는 것을 허용하는 비교적 최근의 개념이다. 당신이 통합과 관련한 선택을 해 나가는 데 이 책이 도움이 될 것이라고 우리는 믿는다.

**활동 목표**: 여기서의 활동은 당신이 이 안내를 활용하면서 MI 및 CBT의 이론 및 기법적인 구성요소들을 고려하고, 당신에게 최선의 효과를 낼 통합에의 접근 방식을 결정해 보기를 요청한다.

**활동 지침**: 아래의 표에서 당신이 생각하기에 MI를 서술한 것으로 보이는 단어들에 대해서는 ○를, CBT를 서술한 것으로 보이는 단어들에 대해서는 △를, MI-CBT에 해당되는 것으로 보이는 단어들에 대해서는 ○와 △를 함께 표시하라. 이 활동은 카드를 분류하는 방식으로 행해질 수 있다. 즉, 표를 복사해서 각 글상자를 오려낸다. MI만 서술하는 것을 한 더미로, CBT만 서술하는 것을 다른 한 더미로, 그리고 MI-CBT를 서술하는 것을 또 다른 한 더미로 분류하라.

| 협력적인 | 피드백 제공하기 | 의제 설정 | 문제해결 | 치료동맹 |
|---|---|---|---|---|
| 동기 유발하기 | 허락 요청하기 | 노출 | 사례공식화 | 근거 제공하기 |
| 촉발요인 | 공감 | 목표 지향적인 | 사정 | 자율성 |
| 심리교육 | 촉발요인의 파악 | 기능분석 | 왜곡된 인지 파악하기 | 피드백 이끌어내기 |
| 반영적 경청 | 변화를 위한 계획 만들기 | 기술 훈련 | 선행요인과 결과 파악하기 | 개인의 성장 및 책임성 |
| 과제 | 불화 다루기 | 치료계획 수립 | 변화언어 강화하기 | 내담자의 조망 이끌어내기 |
| 선택 메뉴 | 안내하기 | 자가 모니터링 | 평가 | 결과 지향적인 |
| 활동 및 숙달 증진하기 | 비심판적인 | 가설검증 | 긍정 정서 알아차리기 | 소크라테스식 질문하기 |

**다음의 질문들에 대해 숙고하라.**

1. MI와 CBT가 자연스럽게 포개지는 부분들[○와 △가 함께 있는 글상자들]은 어떤 것들인가?

_____

_____

_____

2. MI와 CBT가 포개지지 않는 곳들은 이론적인 개념인가 또는 기법과 전략인가?

_____

_____

_____

3. 당신은 어떤 지점에서 이론적인 개념들을 창조적으로 통합할 수 있겠는가?

_____

_____

4. 만약 개념들이 통합될 수 있을 것 같지 않아 보인다면 당신의 전략 활용에 어떠한 영향을 미칠 것 같은가? 통합이 실행 가능한 것으로 보이지 않기 때문에 MI 전략과 CBT 전략 사이에서 선택할 필요가 있을 수도 있는데 이때 이는 중요한 문제가 될 것이다.

_____

_____

_____

제2장

# 치료 초기의 동맹 및 동기 형성하기

**휴**먼서비스 분야의 모든 종사자에게 서비스가 성공적으로 이루어지게 하는 중요한 요소들에 대해 물어보면 당신은 전문가와 내담자 사이의 관계(예: 동맹, 관계, 협력, 협동, 환자중심)에 대한 어떤 말을 듣게 될 것이다. 연구에 따르면 치료동맹은 확실히 행동 변화의 강력한 예측 인자로 나타나고 있으며 성공적인 심리치료와 관련된 일반요인으로서 논문 등에 일관되게 인용되고 있다(Horvath, Del Re, Flückiger, & Symonds, 2011). 의료 현장 연구들에서도 유익한 정보를 제공하고, 환자를 존중하고 지지하며, 협력을 촉진하는 전문가에게 치료를 받은 환자들이 일반적으로 만족도가 더 높으며, 치료 순응도와 건강 결과도 더 좋다는 것이 입증되어 왔다(Henman, Butow, Brown, Boyle, & Tattersall, 2002; Jahng, Martin, Golin, & DiMatteo, 2005; Kaplan, Greenfield, & Ware Jr., 1989; Ong, De Haes, Hoos, & Lammes, 1995; Stewart et al., 2000; Street Jr., Gordon, & Haidet, 2007; Trummer, Mueller, Nowak, Stidl, & Pelikan, 2006). 우울증 치료에 대한 대규모 연구(Krupnick et al., 1996)에서 치료동맹은 CBT와 대인관계치료뿐만 아니라 항우울제와 위약 치료에서도 긍정적인 치료 결과를 예측했다.

'치료동맹therapeutic alliance'에 대해 일반적으로 인용되는 두 가지 정의가 있다. 하나는 전

27

문가와 내담자의 기술skills에 초점을 두는 것이고, 또 하나는 내담자의 경험에 초점을 두는 것이다. '동맹'은 합의된 목표를 달성하기 위해 의도적으로 작업을 함께하는 전문가와 내담자의 능력이다(Greenson, 1971). 동맹은 치료 또는 관계에 대한 내담자의 경험, 그리고 전문가가 환자의 목표를 달성하는 데 도움이 되는지 여부에 관한 것이다(Luborsky, Crits-Christoph, Alexander, Margolis, & Cohen, 1983). 로저스(Rogers, 1951)는 강력한 동맹을 만드는 것은 전문가에게 책임이 있다고 하였으며, 강력한 동맹 자체가 성공적인 심리치료 작업의 요소라고 보았다. CBT 전문가들은 CBT에서 어려운 작업을 하는 동안 관계를 유지할 수 있기 위해서 전문가가 치료 시작 시점에 동맹을 형성하는 데 충분한 시간을 할애해야 한다고 이야기한다(Beck, 2011). 따라서 이 장에서는 내담자가 변화할 수 있는 관계 환경relationship conditions을 촉진하기 위한 전략을 다룰 것이다. 전문가는 강력한 동맹을 형성하고 치료 유지를 촉진하기 위해 치료 시작 시점에 이러한 전략을 활용할 수 있으며, 이후 CBT 진행과정에서 동맹에 균열이 생기거나, 행동 변화가 이루어지지 않고 치료 유지가 되지 않는 상황에 이러한 전략 일부를 활용할 수도 있다.

일부 CBT 접근에서 초기 회기는 사정査定, assessment 및 사례공식화case formulation에 초점을 둔다(Beck, 2011, p. 48). 하지만 MI−CBT 통합치료에서 이러한 요소들은 다음에 설명될 초기 회기의 과업들이 진행된 이후에 발생한다. MI−CBT 통합 접근은 치료적 관계의 형성을 촉진하고, 행동 변화의 동기와 회기 참여를 증진한다. 내담자는 종종 첫 회기에서 MI 정신을 경험한 후 희망적인 느낌과 낙관적인 기분이 상승됨을 느낀다. 내담자가 인지행동치료를 시작할 준비가 되어 있지 않다면 2회기까지 또는 더 뒤로 공식적인 사정과 사례공식화를 미루도록 한다. 인지행동치료에 준비가 되어 있지 않은 내담자로서는 치료 타깃들treatment targets이 내담자가 경험하는 임상적으로 유의미한 디스트레스distress(예: 우울증, 불안)와 비교해 보면 내담자에게 소중한 행동(예: 음주, 식사)일 때가 더 많을 수 있다. 하지만 동맹을 견고히 하고 동기를 증진시키는 초기 회기는 두 가지 맥락에서 유익한 것으로 보인다(Westra, Constantino, Arkowitz, & Dozois, 2011).

이번 장의 나머지 부분에서 우리는 치료 시작 시점에 MI의 네 가지 과정—관계 형성하기, 초점 맞추기, 유발하기, 계획하기—의 활용에 대해 논의할 것이다. 이 과정은 순차적일 필요는 없으며, 네 가지 과정 모두 단일 회기에서 수행되지 않아도 된다. 전문가가 내담자의 동기가 현저하게 줄어들었다고 느끼는 경우 치료 과정 중에 이번 장의 다른 내용으로 돌아올 수도 있다. 우리는 MI의 네 가지 과정 안에서 MI와 CBT를 통합하기 위해 반영

reflections과 열린 질문open questions을 활용할 것이다.

# 관계 형성하기

관계 형성하기engaging 과정에서 치료 회기와 과정의 기본 토대가 마련된다. 내담자에 따라, 전문가-내담자 조합에 따라, 그리고 호소 문제에 따라 이러한 토대는 대부분 즉시 마련될 수도 있고, 훨씬 더 오랜 시간이 걸려 마련될 수도 있다. 관계 형성은 내담자가 도움이 필요해 방문했을 때 보다 더 빨리 형성될 수 있다. 왜냐하면 디스트레스로 인해 이미 변화에 대한 높은 동기를 가지고 있기 때문이다. 하지만 종종 행동 변화의 준비 상태가 불확실할 때는 관계 형성에 보다 많은 시간이 걸릴 수 있다. 예를 들어, 철수(36세 남성)는 자동차 사고 후 법원으로부터 알코올 치료 명령을 받았지만, 그는 치료를 정말 받고 싶어 하지 않는다.

CBT 초기 회기에서의 관계 형성하기 과정에는 적어도 세 가지 과업이 있다. 첫 번째 과업으로 전문가는 아마 치료 초기에 제공해야 하는 정보(예: 비밀보장, 기관 정책)가 있을 것이고, 동맹을 촉진하는 가운데 이러한 정보를 제공해야 한다. 두 번째 과업으로, 전문가는 내담자가 걱정하고 있는 문제와 치료를 받으려고 하거나 받지 않으려고 하는 이유를 이해할 필요가 있다. 세 번째 과업으로, 신뢰 관계를 형성하고 이후 과정을 위한 기반을 제공하기 위해 내담자의 가치와 목표를 탐색해야 한다. MI를 활용해서 이러한 과업을 달성하는 방법에 대해 설명하고자 한다.

## 의견교환[대화]의 시작

MI는 단어 하나하나를 모두 의미 있게 여긴다. 전문가는 첫 번째 진술에서 즉시 관계 형성을 증진하면서 MI 정신(협동, 유발, 동정, 수용)을 표현해야 한다. 전문가는 메시지를 전달하는 첫 번째 진술에서 변화의 내용과 방법을 내담자에게 지시하기보다는 내담자가 원하는 변화를 전문가가 어떻게 지지할 것인지를 전달해야 한다. 전문가는 '순수한' MI에서 이렇게 말할 수도 있다. "저는 당신에게 무엇을 어떻게 바꿀지 말씀드리기 위해 여기 있는 것이 아닙니다. 저는 당신 삶에서 어떤 일이 일어나고 있는지 알아가고, 당신이 마음먹은 변화를 이루도록 돕고자 여기에 있습니다." 하지만 MI-CBT 통합치료에서 전문가는 내담자에게 정보를 제공하고 MI 스타일로 변화 방법에 대한 기술을 습득할 수 있게 도울 것이다. 따라서 치료가 어떻게 진행될 것인지에 대해 솔직하게 이야기하는 것이 중요하다. 전문가는 다음과 같이 말하며 시작할 수 있다. "저는 당신이 변화를 해야 한다거나 변화를 위해 어떤 것을 해야 한다고 말씀드리기 위해 여기 있는 것이 아닙니다. 대신 우리는 당신의 목표와 가치를 이야기하고, 목표를 달성하기 위해 필요한 것이 무엇인지 함께 결정할 수 있습니다."

> 전문가는 변화의 내용과 방법을 내담자에게 지시하기보다는 내담자가 원하는 변화를 전문가가 지지할 방법에 대해 전달해야 한다.

이제 내담자의 반응을 확인하는 것이 중요하다. 이 과업은 내담자의 반응을 기다리면서 침묵하며 간단하게 수행할 수도 있지만 다음과 같은 열린 질문으로 피드백을 이끌어낼 수도 있다. "그 방법에 대해 어떻게 생각하십니까?" 만약 열린 질문이 너무 추상적인 경우, 다중선택 질문을 다음과 같이 시도할 수 있다. "당신이 기대한 것은 무엇인가요? 당신이 기대한 것과 다른 것은 무엇인가요? 이유는?" 전문가가 경청을 하고 있고, 단지 심문을 하는 것이 아니라는 것을 보여주기 위해 내담자가 모두 대답한 다음에 반영을 하는 것이 좋다. 반영 진술은 정확한 공감을 전달하고, 내담자 경험에 대한 가설을 검증하기 위해 활용된다. 반영은 또한 전략적 목적을 위해 대화 내용을 강조하거나 강화하는 데 활용된다(예: 강점 강조, 동기 증진). 예를 들어, 내담자가 "예, 전에 그 얘길 들어봤습니다."와 같은 이야기를 하거나 "제가 무엇을 원하는지 저도 몰라요. 그런데 선생님이 어떻게 저를 도울 수 있나요?"와 같은 반응으로 치료가 도움이 될지 여부에 대한 걱정을 표현할 때는 내담자의 불신에 대해 탐색해 볼 수 있다. 또는 "아, 좋은 쪽으로 변화가 있을 것 같아요."와 같이 내담자가 이야기했다면 희망과 낙관을 강화하는 기회가 될 수도 있다. 내담자의 반응이 무엇이든 반영은 변화를 위한 진술을 강화할 수 있는 기회를 놓치지 않도록 해주며, 최소한 전문가가 주의 깊게 경청하고 있음을 보여 줄 수 있다.

### 😊 의견교환의 시작을 위한 탑: 진단명 붙이기/낙인찍기를 하지 말라

진단명 붙이기나 낙인찍기를 하지 않는 것 또는 '문제problem'라는 용어의 사용조차도 줄이는 일이 MI에서는 중요하다. 이러한 모든 낙인은 부정적인 의미를 지니고, 적대감이나 방어적 감정을 만들며, 행동 변화에 대한 자기효능감을 감소시킬 수 있다. 예를 들어, 만약 철수에게 '알코올중독자'라는 진단명이

붙어 있다면, 진단명은 바뀔 수 없기 때문에 자신의 음주문제를 바꾸기 위해 전문가가 할 수 있는 것은 거의 없다고 믿을 수 있다. 적어도 그 내담자가 타깃 행동 또는 타깃 증상의 문제 여부에 대해 여전히 양가감정을 가지고 있다면, '문제'라는 용어를 지나치게 사용하는 것이 방어적인 태도를 이끌어낼 수 있다. 대신에 타깃 행동 또는 타깃 증상을 단순화해서 이야기하는 것도 좋다. "철수 씨는 음주에 대한 논의가 필요해서 이곳에 의뢰되었습니다." 이것은 개방성과 솔직함을 증진하는 비심판적인 태도를 전달하는 데 도움이 된다.

# 정보 제공하기: 묻기-알려주기-묻기[1]

의견교환의 시작 이후에 전문가는 종종 특정 정보(예: 비밀보장 규칙, 치료 기간)를 전달해야 하는 경우가 있다. 밀러와 롤닉(Miller & Rollnick, 2012)은 『동기면담, 3판』[2]에서 전문가가 MI 정신을 유지하면서 질문과 반영 사이에 정보를 위치시키는 방법을 제안하였으며, 이 전략을 묻기-알려주기-묻기Ask-Tell-Ask 또는 ATA라고 부른다. 이 전략은 MI-CBT 통합 전반에 걸쳐 활용이 되므로 여기서는 대화 시작 전략으로서 묻기-알려주기-묻기에 대해 간단히 다루고자 한다. 첫 번째는 '묻기' 단계이다. 정보/조언을 제공하기 위한 허락을 구하거나ask(이는 협동을 증진하고 자율성을 지지해 준다), 내담자가 무엇을 알고 있는지 또는 무엇을 알고 싶어 하는지를 물어보는ask 것이다(이는 동기 유발을 증진하고 불필요한 정보 제공을 하지 않게 해 주며 자율성을 지지해 준다). 두 번째는 '알려주기' 단계이며, 내담자가 이해할 수 있는 작은 단위의 양으로 정보를 제공하는 것이다. 세 번째는 '묻기' 단계이며, "그 정보에 대해 당신에게 어떤 반응reaction이 올라오나요?" 또는 "이 정보에 대해 어떻게 생각하나요?"와 같이 전문가가 제공한 정보에 대한 내담자의 관점을 물어보는 것이다. 내담자가 대답을 하면 전문가는 반영 진술을 해야 한다. 참고로 전문가는 제공된 정보에 대

---

1) [역주] 밀러와 롤닉(Miller & Rollnick, 2012)의 『동기면담Motivational Interviewing, 3판』에서 소개된 이끌어내기-제공하기-이끌어내기Elicit-Provide-Elicit(EPE)와 같은 내용이며, 동기면담 도서에 따라 묻기-알려주기-묻기Ask-Tell-Ask(ATA), 탐색하기-제공하기-탐색하기Explore-Offer-Explore(EOE)로 기술되기도 한다.
2) [역주] 『동기면담, 3판』은 국내에 '동기강화상담'으로 소개되었으나 독자의 용어 혼란을 방지하고자 이 책에서는 '동기면담'으로 통일해서 언급한다. 참고로 동기면담 훈련가들이 주축이 되어 한국동기면담협회를 설립 및 활동하고 있다.

한 내담자의 생각이나 감정을 이끌어내지 않은 상황에서 추가적인 정보를 두세 문장 더 제공하는 행동을 해서는 안 된다.

> **전문가**: 세아 씨, 비밀보장에 대한 말씀을 드려도 괜찮을까요? [묻기]
>
> **세아** : 물론이죠.
>
> **전문가**: 자해나 타해의 위험이 없는 경우 말씀하신 내용은 기본적으로 비밀보장이 됩니다. 만약 그런 상황이 발생하면 우리는 관련 기관과 관계자들에게 이야기를 해야 합니다. [알려주기] 이 점에 대해 세아 씨는 어떻게 생각하나요? [묻기]
>
> **세아** : 음, 그 말에 일리가 있네요. 자해 관련해서 무슨 뜻으로 하신 말씀이죠?
>
> **전문가**: 제가 누군가에게 알려야 할 경우가 궁금하신 거군요. [반영하기] 만약 세아 씨가 스스로의 생명을 위험에 빠뜨릴 무언가를 할 거라고 저에게 말씀하시면 저는 세아 씨를 안전하게 지키기 위해 가족이나 주변 사람들에게 알릴 계획을 세워야만 합니다. [알려주기] 이 점에 대해 세아 씨는 어떻게 생각하나요? [묻기]

상담 회기 초반에 일반적으로 제공되는 또 다른 유형의 정보는 상담회기가 어떻게 진행될지에 대한 내용이며, 일반적으로 "오늘 당신이 이곳에 방문한 이유에 대하여 함께 이야기를 나누고 또 저의 상담접근 방법에 대해서도 조금 이야기하고 싶습니다."와 같은 식으로 전달한다. CBT에서 회기는 종종 공식적인 의제를 갖고 시작한다(Beck, 2011, p. 60). MI에서 '의제 설정_agenda setting'이란 용어는 치료 목표에 초점을 맞추는 과정을 의미한다. MI-CBT 통합을 위해 우리는 모든 회기 시작 시 ATA를 활용해서 협력적으로 회기의 의제를 설정하길 제안한다. 공식적인 CBT 과업이 아직 이루어지지 않은 경우에도 첫 번째 회기에서 이 과정을 모델로 다음의 예와 같이 시작할 수 있다. 전문가는 (1) 내담자의 허락을 구하고, (2) 계획된 회기 진행 내용에 대해 이야기를 하고, (3) 피드백을 이끌어내고, (4) 내담자의 피드백을 반영하며, (5) 내담자가 추가하고 싶은 것이 무엇인지를 묻는다.

> **전문가**: 괜찮으시다면 저는 오늘 우리가 무엇을 다룰지에 대하여 얘기하고 싶습니다.
> [허락 구하기_Ask permission] 저는 철수 씨가 오늘 이곳에 어떤 일로 오셨는지를 확인하고 또 철수 씨가 생각하는 목표들이 무엇인지 정한 다음, 만약 면담 회기를 계속 갖길 원하시면 면담 목표를 달성하기 위해서 앞으로 우리가 할 수 있는 일

들이 무엇인지에 대해 이야기하고 싶습니다. [알려주기] 이에 대해 철수 씨는 어 떻게 생각하시나요? [묻기]

철수 : 괜찮을 것 같아요. 하지만 저는 이곳에 정말 오고 싶지 않았어요.

전문가 : 여기 오신 게 강요받은 것처럼 느껴지셨군요. [반영하기] 저는 그 점에 대한 철수 씨의 이야기를 좀 더 들어보고 싶습니다. 철수 씨가 오늘 면담에서 추가로 다루 고 싶은 이야기가 있다면 어떤 건가요? [협력적인 의제 설정을 위한 열린 질문]

철수 : 저는 그저 선생님이 보호관찰에서 요구하는 서류에 서명해 주셨으면 합니다.

전문가 : 네, 보호관찰 요구사항을 철수 씨가 충족하고 있는지 확인하고 싶으신 거군요. [반영하기] 제가 상담 마지막에 그 내용에 대해 잊지 않고 다루도록 하겠습니다.

## 내담자의 딜레마, 가치관, 목표를 이해하기

의견교환을 시작하고 치료의 초기 과업을 진행한 이후인 지금이 진정으로 경청을 해야 할 때이다. MI에서 전문가는 내담자를 정확하게 공감하고 가설을 검증하기 위해서 MI 기 술인 반영과 열린 질문을 활용하여 적극적인 경청을 해야 한다. 고든(Gordon, 1970)은 관 계 형성 단계에서 내담자의 자기 탐색과 전문가의 이해를 방해하는 것들, 즉 적극적 경청 active listening에 대한 열두 가지 걸림돌을 설명하였다.

1. 지시하거나 명령하거나 지휘하기
2. 경고하거나 주의를 주거나 위협하기
3. 무엇을 해야 하는지 알려주거나 도덕적으로 가르치기
4. 동의하지 않거나 심판하거나 혹평하거나 비난하기
5. 포괄적인 찬성 또는 칭찬하기
6. 수치심을 주거나 조롱하거나 낙인찍기
7. 해석하거나 분석하기
8. 안심시키거나 불쌍히 여기거나 위로하기
9. 철회하거나 주의를 분산시키거나 비위를 맞추거나 주제를 바꾸기
10. 논리적으로 설득하거나 논쟁하거나 가르치기
11. 조언을 제공하거나 제안하거나 해결책 제공하기

## 12. 의문시하거나 탐문探問하기

MI-CBT 통합에서 위의 11번과 12번 걸림돌은 시간과 장소에 따라 효과가 있는 경우도 있지만, 이러한 전문가의 행동은 관계 형성의 과정을 방해할 수 있으며, 특히 첫 회기에 내담자가 치료의 구체적인 목표에 확고하게 동의하지 않았다면 더욱 그렇게 될 수 있다는 점에 주의하라. 마지막 걸림돌인 '의문시하거나 탐문하기'는 명료화를 요구한다. 주로 반영을 하면서 경청을 하는 동안 열린 질문은 대화를 지속해 나가는 데 필수적이다. 닫힌 질문—예 또는 아니요로 응답하게 하는 질문—은 특히 연속적으로 하게 될 때 대화를 지속하지 못하게 만들고 취조하는 것처럼 느껴지게 만들 수 있다. 취조하는 것처럼 느끼지 않게 하기 위해서는 질문 이후에 반영을 하고 그런 다음 질문을 해야 한다. 다음 대화에서 MI의 전반적인 목표인 질문과 반영 비율을 볼 수 있으며, 반영이 질문보다 두 배 이상인 것을 볼 수 있다.

> **전문가**: 철수 씨, 오늘 여기에 어떻게 오셨는지 말씀해 주세요. [열린 질문]
> **철수**: 음, 보호관찰관이 여기에 와야 한다고 해서 왔습니다.
> **전문가**: 이곳에 어쩔 수 없이 오시게 되었군요. [반영]
> **철수**: 네, 지금 제가 선택할 수 있는 것이 많지 않습니다.
> **전문가**: 선택권이 없다고 느끼시네요. [반영]
> **철수**: 맞습니다. 제가 이곳에 오지 않으면, 보호관찰이 해제되지 않을 겁니다.
> **전문가**: 보호관찰 해제가 철수 씨의 지금 주된 목표이군요. [반영]
> **철수**: 맞습니다.
> **전문가**: 보호관찰 해제가 되기 위해서 철수 씨가 해야 할 일은 무엇인가요? [열린 질문]
> **철수**: 글쎄요, 확실히 저는 금주를 해야 할 필요가 있습니다. 하지만 술을 끊기가 정말 어렵습니다. [딜레마]
> **전문가**: 보호관찰이 해제되기 위해서는 금주를 해야 하지만 금주하는 것을 상상하기조차 어려우시군요. [반영]
> **철수**: 정확합니다!

다음은 대화를 진전시킬 수 있는 질문들의 예이다.

"하루를 전형적으로 어떻게 보내시는지 말씀해 주세요."

"지금 ○○ 씨의 인생에서 가장 중요한 사람들은 누구인가요?"

"○○ 씨의 인생이 앞으로 어떻게 달라지길 바라나요?"

"○○ 씨가 인생을 어떻게 살아야 하는지에 대한 좌우명이 있다면 무엇인가요?"

"(전문가가 내담자/환자에게 가치 카드 또는 가치 목록이 작성된 시트를 제공한 후) ○○ 씨에게 중요한 가치를 세 가지 꼽는다면 무엇일까요?"

이러한 질문에 내담자가 대답을 할 때 전문가는 반영을 해 주어야 한다.

☺ **경청을 위한 팁: 반영을 질문으로 바꾸지 말라**

> 억양, 즉 진술의 끝 부분에서 전문가의 목소리 어조(즉, 목소리를 높여 질문으로 만들거나 중립적인 어조로 목소리를 낮추어 반영하는)에 따라 반영의 효과가 나타나기도 하고 사라지기도 한다. 반영할 때 전문가의 목표는 중립적이고 안정적인 억양을 유지하는 것이다. 왜냐하면 반영 진술 끝부분에서 억양이 올라가면 닫힌 질문으로 쉽게 바뀔 수 있기 때문이다. 예를 들어, 내담자가 음주 빈도를 설명한 후 전문가가 "당신은 맥주 한 상자를 마셨군요[높은 억양]?"로 반응하면, 전문가가 놀라거나 실망한 것처럼 들리기 때문에 내담자는 심판받는다고 느낄 수 있다. 이 문장을 크게 읽어 보고 소리가 어떤 식으로 나는지 들어 본다. 하지만 만약 전문가가 간단하고 중립적으로 들리게 억양을 낮춰서 "당신은 맥주 한 상자를 마셨군요."라고 하면, 내담자의 딜레마에 대한 이해를 표현하게 된다.

## 답보대화와 불화

치료동맹에서 그리고 치료 과정에서 발생하는 갈등은 심리치료에서 '저항resistance'이라고 불려왔다. 심리치료 초창기에 저항은 환자의 부정적인 상태 또는 특성으로까지 개념화되었다. 근래 들어 심리치료에서의 저항은 내담자와 전문가 양측의 변수들에 의해 영향을 받는 대인관계 과정interpersonal process으로 재개념화되었다(Engle & Arkowitz, 2006; Freeman & McCluskey, 2005).

밀러와 롤닉(2012)은 『동기면담』에서 이 개념을 보다 더 명확히 하였다. 변화에 대한 준비가 되어 있지 않은 내담자와 다투고 있다고 느낄 때 전문가들은 이러한 과정을 종종 저항으로 설명한다. 하지만 내담자가 변화에 반대되는 진술을 하고 타깃 행동의 지속을 선호하는 진술을 하는 것은 양가성(양가감정)의 통상적인 일부이다. 따라서 MI에서는 '답보대화sustain talk'와 '불화discord'를 구분한다. 불화는 전문가와 내담자의 관계와 연관된 것이며, 이는 협력 관계에서의 불협화음 또는 치료동맹에서의 파열과 비슷하다.

반영을 활용하면 답보대화와 불화에 대처하는 데 많은 도움이 될 수 있다. 답보대화를 줄이기 위한 다른 전략들에는 행동 변화에 반대하는 것들에 대해 공감적이고 비심판적으로 검토한 다음에 찬성하는 것들에 대해 검토하는 것이다. 인간은 자신의 개인적인 자유가 제한되거나 통제된다고 인식할 때 부정적인 감정(예: 심리적 저항)을 경험하는 경향이 있다(Brehm, 1966). 내담자의 자율성을 강조하면 답보대화를 줄일 수 있다. 전문가는 내담자의 선택의 자유와 개인적인 책임을 직접적으로 인정하거나 강조해야 한다. "맞습니다. 아무도 당신이 바뀌도록 강요할 수 없습니다." "여기서 당신은 자신을 가장 잘 알고 있는 사람입니다. 이 변화계획에 어떤 게 포함되어야 한다고 생각하시나요?" 이 마지막 진술은 답보대화를 줄이고, 변화에 대해 선호하는 언어인 '변화대화change talk'를 이끌어낸다(뒷부분의 '유발하기' 참조).

전문가가 내담자와 불화를 경험할 때 전문가의 전반적인 목표는 이전과는 다른 무언가를 해야만 한다! 밀러와 롤닉(2012)은 불화에 반응하는 구체적인 전략 세 가지(사과하기, 인정하기, 초점 바꾸기)를 이야기하였다. 사과하기apologizing는 단순히 "미안합니다."라고 말하면서 불화에 있어서 전문가가 수행했을 수 있는 잠재적인 역할을 구체적으로 얘기하는 것이다. 즉, "제가 당신을 가르치려 했다면 미안합니다." 또는 "제가 당신을 이해하지 못했다면 미안합니다."라고 말하는 것이다. 만약 전문가가 자신이 무엇을 했는지 정확히 모른다면 내담자가 불화를 느끼는 것에 대해 사과할 수 있다. 즉, "실망하시게 해서 미안합니다."라고 말하는 것이다. 1장에서 언급했듯이, 인정하기affirming 진술은 내담자의 긍정적인 자질 또는 강점에 대한 반영이다. 즉, "당신이 도움을 받을 수 있을지 확실치 않아도 치료를 끈기 있게 계속 받으시는군요."라고 말하는 것이다. 끝으로 초점 바꾸기shifting focus는 논쟁의 여지가 적은 주제로 대화를 돌리는 것이다. 초점 바꾸기를 위한 선택안으로 행동 변화나 중간 목표와 관련될 수 있는 내담자의 삶의 다른 영역에 대한 논의가 포함될 수 있다.

# 초점 맞추기

관계 형성하기 과정에서 전문가와 내담자는 여정을 계속하는 것에 대한 합의를 하고, 초점 맞추기 과정에서는 어디로 갈 것인지를 명확히 한다. 전문가는 지도의 세부 정보를 그리지 않을 수도 있지만(이는 사

관계 형성하기 과정에서 전문가와 내담자는 여정을 계속하는 것에 대한 합의를 하고, 초점 맞추기 과정에서 전문가는 우리가 어디로 갈 것인지를 명확히 한다.

례개념화 및 치료계획 수립 과정에서 일어난다), 전문가와 내담자는 협력적으로 목적지를 결정하고, CBT가 목적지에 우리를 데려다줄 길이라는 것에 대해 (최소한 시험적으로) 합의를 한다. 보딘(Bordin, 1979)은 치료동맹은 내담자와 전문가 사이의 긍정적인 유대일 뿐만 아니라 치료작업의 과제들에 대한 합의이기도 하다고 언급하였다.

초점 맞추기 과정에서 전문가는 이 여정에서의 안내자가 된다. 밀러와 롤닉(2012)은 안내하기를 따라가는 스타일과 지시하는 스타일의 중간쯤에 위치한 의사소통 스타일로 설명하였다. 따라가는 스타일following style에서 전문가는 주로 내담자의 말을 경청하며 가급적 질문이나 정보제공 및 조언은 하지 않는다. 지시하는 스타일directing style에서 전문가는 대부분의 경우 정보를 제공하고 약간의 질문을 하고, 경청은 잘 하지 않는다. 안내하는 스타일guiding style에서 전문가는 비교적 경청, 질문, 정보제공을 골고루 하게 된다. 우리는 이 스타일이 세 가지 핵심 기술인 반영하기, 열린 질문하기 그리고 묻기-알려주기-묻기 방식을 활용한 정보 제공하기와 어떻게 일치하는지 알 수 있다.

초점 맞추기를 할 때 가능한 세 가지 시나리오가 있다. 첫 번째 시나리오에서는 일반적인 초점이 없을 수 있다. 이 경우에 전문가는 관계 형성하기 과정으로 돌아갈 수 있으며, 전반적인 초점을 제공하기 위해 가치와 목표를 탐색하고, 보다 구체적인 치료 목표를 수립하기 위해 구조화된 대화를 해 볼 수 있다. 예를 들어, 상현(19세)은 사회불안장애가 있고 학교에서 친구를 사귀거나 이성 친구와 데이트하는 것을 어려워하는 젊은 남자 대학생이다. 그는 정말로 친구들이 없다는 점에서 매우 고립되어 있고 우울에 빠질 수 있는 상황에 처해 있다. 특히 다른 학생들이 주말에 서로 약속을 잡는 것을 바라볼 때 우울해진다. 드문 경우이긴 하지만 그는 학교 캠퍼스에서 열리는 파티에 애써서 참가하고는 하는데, 술을 마시는 게 불안감을 줄여 주어서 다른 친구들과 이야기하는 데 도움이 될 거라는 기대를 갖지만 술을 너무 많이 마시는 경향이 있다. 하지만 너무 많이 마시고 취한 상태는 결과적으

로 효과적인 전략이 될 수 없었다. 그는 수업에 거의 참여하지 않았으며 발표를 해야 하는 수업은 피했다. 상현은 자신이 느끼고 있는 디스트레스에 대해 치료가 필요하다는 것에 대해 초기에 동의하고 있었으며, 자신이 처해 있는 삶이 마음에 들지 않는다는 것을 알았다. 하지만 치료의 구체적인 초점은 불명확했다. 사회불안? 우울? 알코올 사용? 약간의 논의 뒤 협동을 통해 수립한 치료의 초점은 사회불안에 대한 것이었다. 상현(그리고 사례개념화 측면에서 치료자)은 사회불안이 우울과 알코올 과다 사용이라는 증상들을 초래한다고 생각했다.

두 번째 시나리오에서는 법원의 명령을 받은 철수가 알코올 치료를 위해 방문한 경우처럼 현장에 따라서는 초점이 명확할 수도 있다. 때때로 초점은 전문가의 전문지식에 의해서는 명확하지만 내담자는 치료 초점을 아직 숙고해 본 적이 없을 수도 있다. 예를 들어, 세아(40세 여성)는 남편 및 청소년 딸과 함께 살고 있으며 결혼생활은 그녀의 과민성과 무기력 증상으로 크게 무너지고 있었다. 그녀는 약간의 불안을 느끼는 가운데 가족과 자신의 안전(특히 운전과 관련된)과 관련해서 어떤 일이 일어날까 봐 걱정하는 데 많은 시간을 보낸다고 보고하였다. 세아는 결혼생활 실패로 인해 전문가를 만나게 되었지만 관계 형성 과정에서 그녀가 우울증으로 힘들어하는 것이 명확해졌다. 신뢰관계가 형성된 지금 전문가는 ATA 방식으로 제안을 할 수 있다. "세아 씨는 결혼생활 관계에 대해 도움을 받길 원하셔서 여기 오신 것으로 알고 있습니다. 하지만 이야기를 하는 동안 저에게 다른 생각이 떠올랐습니다. 이것에 대해 우리가 함께 이야기를 나누어도 괜찮을까요?" 내담자가 허락하면, 전문가는 다음과 같이 제안할 수 있다. "우리는 당신이 우울증과 씨름하는 것에 대해서 이야기를 나누었습니다. 그리고 저는 우울증이 당신의 여러 관계를 어떻게 방해하고 있는지에 대해 대화를 나눌 수 있을지 궁금합니다. 세아 씨의 생각은 어떠신가요?" MI 정신에서 본다면, 내담자는 전문가의 제안을 거부하거나 두 가지 문제 모두 다룰 것을 요청할 수 있고, 그러면 전문가는 반영과 열린 질문을 통해 공유할 의제를 협상할 수 있다.

세 번째 시나리오에서는 복수의 치료 목표가 있으며, 전문가와 내담자는 하나의 시작 지점에 초점을 맞추어야 한다. 다양한 문제가 있어서 내담자는 어디서(예: 우울, 불안, 마리화나 사용, 부부 갈등)부터 시작해야 할지에 대해 압도될 수 있다. 내담자가 원하는 성과를 달성하는 데 여러 단계가 요구될 수도 있다. 관계 형성 대화에서의 반영들을 함께 묶어내고 공유할 의제를 논의하는 것에 대한 허락을 구하는 지점에서 요약 반영summarizing reflection을 하는 것이 좋은 시작이 될 수 있다. 예를 들어, "우리는 우울과 불안이 줄어드는 것, 남편과 더욱 잘 지내는 것, 세아 씨의 일자리 상황, 그리고 수면제가 이 모든 상황에서 혹시 어떤 역할을 하고 있는지와 같이 당신에게 중요한 몇 가지 주제에 대해 대화를 나누었습니다. 이제 우리가 앞으로의 면담에서 어디에 초점을 맞추면 좋을까요?" 이제 전문가는 몇 가지 선택안을 갖는다. 만약 내담자의 이야기에 따라 한 가지 행동이 나머지 부분을 분명하게 발생시킨다고 한다면, 그때는 ATA 방식으로 정보 또는 조언을 부담 없이 제공한다. 대안으로, 전문가는 내담자에게 어떤 행동에 대해 시작하길 원하는지 물어볼 수도 있다. 또 다른 선택안은 내담자의 자기효능감을 높이기 위해 극복하기에 가장 쉬운 어려움을 다루기 시작하고, 그리고 나서 더 어려운 행동 목표를 다룬다.

복수의 행동을 동시에 목표로 삼는다는 것은 무엇인가? 복수의 행동 변화에 대한 연구가 제한적이지만 가장 최근의 연구(Prochaska & Prochaska, 2011)에서는 식이요법과 운동을 동시에 목표로 삼은 연구 결과는 실망스러웠지만, 두 가지 중독(흡연을 포함)을 동시에 목표로 삼은 연구에서는 참여자들이 알코올과 불법 약물을 장기간 사용하지 않았다고 설명하였다. 질병 예방 영역에서 다중 행동 변화 개입multiple behavior change interventions은 심혈관 위험 예방보다는 암 예방에 더 성공적이었다. 얼마나 많은 행동을 동시에 목표로 해야 하는지를 설명하는 데이터는 없었지만, 대부분의 연구에서는 두 개를 넘지 않았다. 순차적 행동변화 대 동시적 행동변화를 비교한 네 개의 연구만이 확인되었으며, 그 결과는 결정적이지 않았다. 따라서 현재까지 강력한 근거가 없다면 우리는 협력적인 의사결정에 의존하는 것이 최선의 선택이라고 생각한다.

😊 **초점 맞추기를 위한 탑: 시각적 도구를 활용하라**

초점 맞추기 지도Focusing Map(Miller & Rollnick, 2012, pp. 109-110; Rollnick, Miller, & Butler, 2008)는 내담자의 가치, 목표 및 딜레마의 다양한 부분들을 나타내는 원을 그리는 시각적인 공동 작업 도구이다. 중요도를 나타내기 위해 원의 크기는 다르게 할 수 있다. 어떤 문제가 다른 문제를 유발하는지 나타내기 위해 화살표를 사용할 수 있다. 거리가 느껴지는 문제보다 가깝게 느껴지는 문제에 초점을 맞추는 것이 좋다(내담자 유인물 2-1 참조; 내담자는 사전 계획 없이 그려볼 수 있는데 그렇게 함으로써 필요에 따라 다양한 여러 원들이 겹쳐질 수 있다. [그림 2-1]은 세아의 초점 맞추기 지도를 보여 준다.

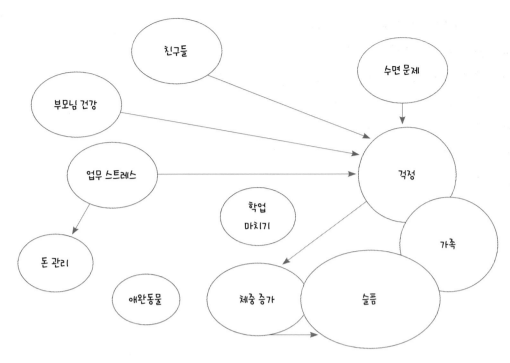

[그림 2-1] 세아의 초점 맞추기 지도

# 유발하기

MI의 핵심은 내담자에게 내재하는 변화 동기를 유발하는 것이다.

변화 목표가 마음에 있게 되면 MI의 핵심은 내담자에게 내재하는 변화 동기를 유발하는 것이다. 당신은 '변화대화change talk'를 이끌어내고 강화하기 위하여 열린 질문과 반영하기를 사용하게 된다. 변화대화는 현재 행동을 지속하는 것과는 대조되거나 변화를 원하는 내담자 진술들이다. 이러한 진술은 변화에 대한 욕구desire, 능력ability, 이유reasons와 필요need로 나타난다. 가장 강력한 변화대화는 "나는 …할 준비가 되었어요." 와 "나는 …할 예정이에요."와 같은 결단[결심] 언어commitment language를 사용하는 것이다. 치료를 시작할 때 당신은 초점 맞추기 과정에서 결정한 타깃 행동에 대한 변화대화를 이끌어내고 강화하고 싶어 한다. 그러나 CBT에서는 참석에 대한 변화대화를 이끌어내고 강화하는 것도 중요하다. 이번 장의 끝에 있는 '전문가를 위한 활동 2-1'을 연습해 보기 바란다.

## 타깃 행동에 대한 변화대화를 이끌어내고 강화하기

관계 형성하기와 초점 맞추기 과정 동안 당신은 변화대화에 귀를 기울여야만 한다. MI에서 변화대화는 반영을 통해 반응함으로써 그리고 상세히 말하도록 요청함으로써 강화된다.

명희는 1차 비만(다른 의학적 상태로 인한 2차적 비만이 아닌)을 보이는 14세 여학생이다. 명희는 어머니와 두 명의 남동생과 함께 살고 있다. 그녀의 어머니는 체중 감량 프로그램에 명희를 등록시켰다. 다음 대화는 전문가가 양가감정의 맥락에서 체중 감량에 관한 명희의 변화대화를 어떻게 강화하는지 보여 주고 있다.

> **명희**: 엄마는 언제나 저를 귀찮게 해요. 엄마가 생각하는 것처럼 쉬운 게 아니에요. 엄마가 저를 가만히 두면 더 잘할 수 있을 거예요. [변화 능력] 그러나 우리 둘의 논쟁은 너무 지나쳐요. 그런 일들이 더 먹고 싶게 만들어요.
>
> **전문가**: 명희랑 엄마가 싸움을 그만둔다면 섭식 계획을 훨씬 더 잘 따를 수 있을 거라고 생각하는군요. [능력 반영하기]
>
> **명희**: 맞아요. 하루 종일 엄마는 나한테 먹는 것에 대해 잔소리를 해요. 전부 다 그만두고 싶지만, 정말로 여름이 오기 전에 몸무게를 약간 좀 빼고 싶어요. [변화에 대한 욕구]
>
> **전문가**: 여름이 오기 전까지 명희가 체중을 줄이고 싶은 이유를 좀 더 얘기해 봐요. [변화대화를 상세하게 만드는 열린 질문]
>
> **명희**: 모든 아이들이 반바지와 티셔츠를 입고 밖에 돌아다니겠죠. 더울 때는 밖에 나가고 싶지 않아요. 살이 드러나는 옷을 입고 싶지 않거든요. [변화에 대한 이유]
>
> **전문가**: 명희는 다른 아이들과 함께 다니기 위하여 체중 감량을 하고 싶군요. [변화 이유 반영하기] 명희 몸이 보다 편안지려면 무엇을 해야 할까요? [상세히 말하기를 요청하는 열린 질문]
>
> **명희**: 글쎄요, 한 번도 그런 적이 없기 때문에 상상하기 어렵네요. 별로 신경 안 써요. 저는 친구가 충분하거든요. 그렇지만 조금이라도 여름에 편안지려면 체중을 감량할 필요는 있어요. [변화에 대한 필요]

때때로 반영하기와 상세히 말해주기를 요청하는 것은 더 많은 변화대화를 이끌어내기 elicit에 충분하고, 관계 형성하기와 초점 맞추기 과정을 통하여 자연스럽게 유발하기가 일어난다. 어떤 때는 이런 과정이 매우 어렵게 느껴진다. 대화가 자동적으로 변화대화로 기울게 되면 아래의 열린 질문들은 당신이 이렇게 동기가 담긴 언어를 더 많이 유발하도록 해 줄 것이다. 물론 이전과 마찬가지로 당신은 내담자의 반응을 반영하고 적절한 순간에 더 상세히 말하도록 요청할 것이다.

아마도 변화대화를 유발하는 가장 직접적인 방법은 변화대화에 대해 말하도록 요청하는 것이다. 예를 들면, "변화하겠다고 결심했다면 당신은 어떤 방식으로 시도해 볼 건가요?" "어떠한 이유에서 당신의 혈액 속에 있는 바이러스를 줄이고 싶은 건가요?" "당신이 더 많은 활력을 느끼려면 어떻게 하는 게 좋을까요?"라고 질문하는 것이다. 또한 당신은 이미 내담자에 대해 알고 있던 것을 바탕으로 하는 변화대화를 이끌어내기 위하여 맞춤한 질문을 해볼 수 있다. 예를 들어, 당신은 명희에게 다음과 같이 말할 수 있다. "전에 엄마랑 싸울 때 더 많이 먹는 경향이 있다고 말했잖아요. 이런 상황에서 무엇을 바꿔볼 필요가 있다고 생각하나요?"

내담자의 삶에서 중요한 사람들이 내담자의 타깃 문제들을 어떻게 인식하고 있는지에 대하여 질문함으로써 변화의 필요성을 항상 알아차리지는 못하는 내담자에게서 변화대화를 유발할 수 있다. 그러나 당신은 다른 사람들이 그들에게 말해 온 것에 대해서가 아니라 내담자의 생각에 대한 당신의 관심을 강조하는 것이 좋을 것이다. "무언가 변화해야 한다고 모든 사람이 당신에게 말하고 있군요. 당신은 무엇을 원하나요? 삶의 어떤 부분이 지금 당장 당신을 완벽하지 못하다고 느끼게 하나요?"

직접적인 질문이 충분하지 않을 때나 내담자가 심한 양가성(양가감정)을 보이고 직접 질문이 너무 강경하게 보일 때 다른 유형의 질문들이 변화대화를 이끌어낼 수 있다. 상상하기 질문imagining questions은 내담자에게 미래를 생각해 보도록 하면서 내담자가 변화를 이루어 낸 경우의 삶을 상상하게 하거나, 내담자의 특정 행동이 자신의 삶을 방해하고 있지 않았을 때의 시간으로 돌아가 보도록 요청하는 것을 포함한다. 극단 상상하기imagining extremes 는 이러한 접근을 응용한 것이다. "당신이 계속해서 술을 마실 경우 일어날 수 있는 최악의 상황은 어떤 건가요?" "당신이 매일 약을 복용하기로 결심하면 일어날 수 있는 최선의 상황은 어떤 건가요?"

가치관 질문values questions은 내담자의 가치관과 현재 행동의 목표 사이의 불일치를 탐색한다. 적극적으로 경청함으로써 당신이 활용할 수 있는 가치관에 대한 단서들을 이미 확보했을 수도 있다. 예를 들어, 유진은 23세 남성으로 1년 전에 HIV를 진단받았다. 유진은 자신보다 열 살 연상이고 지금은 교도소에 있는 이전의 남자친구에게서 병이 옮았다고 생각하고 있다. 부모님은 그가 동성애자였다는 것을 알게 되자 고등학교를 졸업한 후 집에서 나가 달라고 했기 때문에 현재는 이모와 함께 살고 있다. 유진은 최근 이모에게 HIV 감염 사실을 고백했다. 그는 현재 패스트푸드 레스토랑에서 일하며 지역 대학에서 요리 수업을 듣고 있다. 유진은 약 9개월 전에 항레트로바이러스 치료를 시작했으나 지난 달 병원 방문을 놓쳤고 처방받은 약물을 모두 사용하였다.

유진을 맡은 전문가는 가치 질문을 사용한다. "당신은 독립적으로 살아가는 게 정말 중요하군요. 당신의 건강을 돌보는 것이 어떻게 당신을 더욱 독립적일 수 있게 해 줄지 궁금하네요." 유진은 "제가 아프면 다른 사람들에게 더 의지해야만 할 겁니다."라고 대답할 수도 있다.

당신은 철수에게 이렇게 말할 수도 있다. "이번 보호관찰이 당신의 독립을 진짜 간섭해 왔네요. 당신의 음주행동을 바꾸면 어느 정도 독립을 되찾게 될까요?" 세아에게 다음과 같이 말할 수도 있다. "당신에게는 결혼생활 유지가 정말로 제일 중요하네요. 당신의 기분이 나아지면 당신의 결혼생활을 얼마나 향상시켜 줄까요?" 당신은 또한 내담자가 지향하는 가치를 방해하지 않는 선에서 변화가 어떻게 이루어져야 하는지에 대해 논의해 볼 수 있다. 예를 들어, 명희는 친구들과 어울리는 즐거움을 가치 있게 여기는데, 체중 감량 프로그램 수행을 위해 사람들과 다르게 먹어야 한다면 그러한 가치의 실현을 방해할 수도 있다. 체중 감량 계획이 그러한 가치들을 어떻게 조화시킬 수 있는지에 대해 명희에게 질문하는 것은 변화대화를 이끌어낼 수 있다. "나는 명희가 친구들과 집 밖의 음식점에 가는 걸 가능하게 해 줄 어떤 식사계획이 있는지 궁금하네요." 명희는 이렇게 대답할 수 있다. "좋아하는 음식을 더 적게 먹거나 메뉴에서 건강에 좋은 음식을 찾으려고 노력한다면 그런 식사계획을 훨씬 잘 따를 수 있을 거예요."

끝으로 개인적인 강점에 대한 질문은 자기효능감을 지지하고 능력에 대한 변화대화를 이끌어낼 수 있다. 당신은 타깃 행동에 직접적으로 관련되거나 다른 어려운 변화들에 성공했던 과거 경험에 대해 격려해 줄 수 있다. 또한 과거에 성공적으로 달성한 목표들, 개인의 강점들, 또는 도전을 극복하는 데 도움이 된 사회적 지지에 대해 질문할 수 있다(예: "누가 당신을 도와주었나요?" "당신이 한 일로 인해 무엇이 달라졌나요?").

## 회기 참석에 대한 변화대화를 이끌어내고 강화하기

타깃 행동에 대한 변화대화를 이끌어내고 강화하는 것은 MI 단독 접근으로도 충분할 수 있지만, MI-CBT 통합치료로 진행 중인 회기에의 참석(그리고 나중에는 치료 과업들)에 대한 변화대화를 이끌어내고 강화reinforce할 필요가 있을 것이다. 앞의 전략들은 타깃 행동 대신에 회기 참석에 초점을 맞추어 사용할 수 있다(예: "당신은 오늘 여기에 와야 할 필요가 있다고 생각하신 이유가 있나요?" "회기에 참석하는 것이 어떻게 목표를 달성하고 보다 독립적이 되도록 해 주나요?" "당신의 결혼생활을 향상시키기 위한 목표를 충족하는 데 회기 참석이 어떻게 도움이 될까요?"). CBT의 핵심 구성요소가 되는 추가 전략은 치료의 근거를 제공하고, 타깃이 되는 문제들에 대한 CBT의 병인 모델을 다루며, 개입에 대한 접근 방식을 설명한다. 치료기법의 근거에 대한 내담자의 수용은 치료 결과를 일관되게 예측해 왔다(Addis & Carpenter, 2000).

CBT에서 근거를 제공하는 방식은 다음과 같을 수 있다.

> "우리는 당신의 문제를 돕기 위하여 인지행동치료 또는 CBT라고 부르는 접근을 사용할 겁니다. CBT의 기본적인 개념은 우리가 생각한 것이 우리가 느끼는 것 그리고 행동하는 것에도 영향을 준다는 것입니다. 그래서 우리는 특정 생각을 유발하는 상황을 파악하기 위한 작업을 하고자 일주일에 한 번씩 만날 것입니다. 그런 다음에 우리가 느끼고 행동하는 것을 변화시키기 위하여 그러한 특정한 생각을 다루는 방법을 논의할 겁니다. 제 얘기가 이해가 가시나요?"

MI-CBT 통합 접근에서 회기 참석에 관한 동기를 유발할 때 당신은 그 근거를 '제공하는 것'이 아니라 MI 기술을 사용하여 근거를 '논의한다'. 다음의 유진의 사례에서 전문가는 ATA와 반영하기를 적용하면서 그러한 근거를 논의하고 있다. 전문가는 '당신'[2]이라는 진술로 자율성을 강조하면서 회기 참석에 대한 이유를 이끌어낸다. '문제'라는 단어를 피하고 있는 것에 주목한다. 'CBT'라는 용어의 사용은 금기사항은 아니지만 불필요하다.

**전문가**: 우리가 지금까지 이야기한 것을 토대로 유진 씨가 결정한 목표는 처방약을 지속적으로 복용함으로써 건강을 향상시키는 것이네요. [초점 맞추기로 반영하고

---

2) [역주] 이 역서에서는 적절한 한국어 어감을 고려하여 '당신'과 'OO 씨'를 병용하였다.

'당신'[이름] 사용으로 자율성을 강조] 유진 씨는 그러한 목표를 달성하기 위해 나와 함께 만남을 갖는 게 어떨까요? [묻기]

유진 : 글쎄요, 잘 모르겠네요. 단지 그런 일에 대해 이야기하는 것으로 도움이 되지는 않을 것 같거든요.

전문가: 그러니까 유진 씨는 단순히 자신의 목표에 대해 이야기하는 것만으로는 충분하지 않다는 사실을 알고 있네요. [반영하기] 제가 진행하는 작업을 설명하자면 우리는 회기에서 상황과 생각과 감정과 행동이 어떻게 함께 움직이는지에 초점을 맞추고 다루게 됩니다. [알려주기] 유진 씨의 약물 복용에 영향을 미치는 상황이나 생각이나 정서에 대한 어떤 사례가 있나요? [묻기]

유진 : 무얼 말씀하시는지 모르겠네요.

전문가: 음, 어떤 사람들은 특정 장소에 있을 때나 그들이 특정 방식으로 느끼거나 생각할 때 약물 복용을 더 잊어버리는 경향이 있습니다. [알려주기]

유진 : 음, 예, 저는 보통 남자친구 집에서 잘 때 잊어버리곤 합니다. 그리고 때때로 HIV 감염에 대처할 생각이 없기 때문에 건너뛰기도 하고요.

전문가: 유진 씨는 HIV 치료약을 잊어버리는 경향이 더 많을 때의 상황이나 생각이나 느낌을 이미 생각해 낼 수 있네요. [인정 반영] 우리 회기에서 단지 그것들만 이야기하는 것이 아니라, 다른 상황을 관리하는 방법을 바꾸는 데 도움이 되는 기술skills과 유진 씨의 행동에 영향을 미치는 생각과 느낌에 대해 작업하게 됩니다. [알려주기] 그러한 접근법에 대해서 유진 씨는 어떻게 생각하나요? [묻기]

유진 : 납득이 되는 것 같아요. 그런데 기술이라는 건 무슨 뜻인가요?

전문가: 사고, 정서 및 행동에 대하여 작업한다는 개념이 어떤 것이고 유진 씨가 다양한 상황에서 어떻게 반응하는지가 스스로 이해는 되지만, 기술에 대해 작업한다는 게 어떤 것인지는 아직 확실하지 않군요. [반영하기] 기술이 의미하는 바는 우리가 회기에서 상황에 대처하거나 행동을 바꾸는 전략을 실습한다는 걸 뜻합니다. 그리고 나서 다음 회기까지 스스로 그러한 전략들을 시도해 보게 될 겁니다. 우리가 다음 번에 만날 때, 그런 실습들이 어떻게 되었는지 함께 살펴보고 실습이 더 필요한지 아니면 다른 방법을 시도해 봐야 하는지 논의할 겁니다. [알려주기] 자, 이제 유진 씨가 질문했던 기술에 대한 의미가 이해되었나요? [묻기]

유진 : 무언가를 바꿀 수 있는 도구를 선생님이 가르쳐 줄 거라는 것을 의미하는 거네요.

**전문가**: 네, 저는 유진 씨의 삶에 타당하고 유진 씨가 변화하고 싶은 것과 어울린다면 몇 가지 제안을 해드릴 수 있습니다. [자율성 강조하기]

**유진**: 그렇게 시도해 볼 수 있을 것 같아요. 평생 동안 매주 와야만 하나요? 제가 정신적인 문제가 있는 것 같지는 않거든요.

**전문가**: 기술이 어떻게 자신에게 도움이 될 수 있는지 알 수 있지만, 특히 정신건강 문제는 유진 씨의 주된 관심사가 아니기 때문에 얼마나 자주 그리고 얼마나 오랫동안 와야 하는지 분명치 않으시군요. [반영하기] 이상적으로는 우리가 함께 매주 작업한다면 대부분 문제에서 진전을 이루어 낼 수 있을 겁니다. 특히 기술이 새롭거나 유진 씨의 목표에 도달하기 어렵다는 걸 발견할지라도 우리는 앞으로 나아가는 게 가능합니다. [알려주기] 유진 씨는 왜 매주 회기를 진행하는 것이 진전을 이루어 내는 데 가장 좋을 거라고 생각하나요? [묻기]

**유진**: 제가 연습을 더 많이 할 것 같고 잊어버릴 가능성이 적을 것 같아서요.

**전문가**: 기술을 더 자주 연습할수록 유진 씨는 그것들을 습관으로 만들 수 있게 되죠. [무언가 알려주면서 반영하기] 얼마나 오랫동안 우리가 만나느냐는 유진 씨가 도달하려는 목표가 어디인가에 따라 매우 달라집니다. 유진 씨의 질문에 대한 대답이 되었나요? [묻기]

# 계획하기

당신은 내담자가 치료에 계속해서 참여할 것임을 나타내는 변화대화를 충분히 듣고 있다고 느낄 때 계획하기 과정으로 이동하게 된다. 아니면 당신은 내담자가 여전히 양가감정을 보이는 상태에서 회기의 마지막을 향하고 있을 수도 있는데(예: 단지 10분가량 남았을 때), 그러면 당신은 내담자가 적어도 한 번 이상 더 방문하도록 계획하게 된다. 계획으로 전환하는 방법으로서 일련의 반영하기를 활용하여 이 시점까지의 논의 내용을 요약한다. 이러한 요약은 먼저 양가감정에 대한 논의 내용을 통합하고, 변화대화를 강조하며, 핵심 질문으로 마무리한다. 세아의 사례에서, 당신은 이런 방식으로 요약해 볼 수 있다.

> 계획으로 전환하는 방법으로서 일련의 반영하기를 활용하여 논의 내용을 요약한다.

"우리는 당신의 결혼생활, 활동 수준 그리고 기분에 대해 다양한 많은 얘기를 나누었어요. 당신은 변화할 준비가 되어 있고 문제들이 그대로 지속되기를 원하지 않습니다. 당신이 덜 우울해질 때까지 얼마나 많은 작업을 해야 할지 걱정하고 있죠. 그리고 당신은 그러한 작업을 하는 동안 결혼생활이 파탄 나지 않기를 확신하고 싶어 하죠. 당신의 남편이 회기에 올지 확신하지 못하지만 당신은 꽤 빨리 어떤 변화를 볼 수만 있다면 매주 오고 싶어 하죠. 이제 당신이 다음에 해야 할 것이 무엇이라고 생각하나요?"

핵심 질문은 내담자가 어떻게 변화를 시도하고 다음 단계들에 참여할 것인지 안내하는 데 초점을 맞춘다.

MI는 관계 형성을 놓치지 않도록 지속적으로 동기를 유발하면서, 성공 가능성을 증가시키기 위하여 충분히 자세하게 변화계획을 만들어야 한다고 강조한다. 첫 단계는 타깃 행동과 회기 참석을 포함하도록 목표를 설정하는 것이다. 그러나 내담자가 전혀 변화할 준비가 되어 있지 않다면 단지 회기 참석이라는 하나의 목표로도 충분하다. 철수의 사례에서 그는 음주 행동을 그만 둘 준비가 되어 있지 않았다. 따라서 그의 목표는 단기간 금주와 매주 회기 참석을 포함한 보호관찰 요건을 따르는 일로 결정되었다.

변화를 위한 정보나 조언이나 선택안 메뉴를 제공하기 위하여 당신은 반영, 질문 그리고 ATA를 활용하여 내담자가 목표에 도달하는 단계들(예: 다음 약속을 적어 놓기, 교통편 숙지하기, 잊어버리는 것을 방지하는 전략 개발하기 등)을 기술하도록 안내하고, 또 지금까지 논의한 내용에 토대를 둔 목표에 도달해야 할 이유들을 검토한다(이유들을 이끌어내는 것과 그것들을 반영을 통해 강화하는 것을 기억할 것!). 마지막으로 잠재적인 방해물을 파악하고 그것들을 극복하기 위해 무엇을 할 것인지 결정하는 것(방해물 대처계획)이 중요하다. 예를 들어, "베이비시터가 아프게 되면 나는 어머니에게 아기를 봐 달라고 한다. 그녀에게 응급 상황에서 나를 도와줄 수 있는지 사전에 확인해 둘 것이다." (허락을 받아서) 당신의 전문성을 활용하는 것과 이러한 잠재적 방해물들에 대한 선택안들을 제공하는 것에 대하여 망설이지 않는다. 마찬가지로 걱정되는 방해물들이 아직 확인되지 않았다면 당신은 내담자가 그것들을 표현하도록 ATA를 사용할 수도 있다.

"당신이 괜찮다면 제가 이전에 경험한 어떤 다른 방해물들에 대해 언급하고 싶네요. 어떤 내담자들은 그들의 문제를 다루고 싶지 않은 기분이 들 때는 회기에 오고 싶지 않다고 말하더군요. 그게 당신에게도 해당될 수 있다는 것에 대해 어떻게 생각하나요?"

변화계획은 구두 계약으로 수립될 수 있지만, 그 의도를 기록하기 위하여 계획을 서면으로 작성하는 행동(내담자 유인물 2-2 참조)은 실행 가능성을 증가시킨다(Gollwitzer, 1999). 아니면 당신이 내담자를 위한 계획을 기록해 놓고 회기가 끝날 때 내담자에게 사본을 넘겨줄 수 있다. 변화계획 단계들을 마무리한 뒤 당신은 내담자의 아이디어들을 확인하고, 희망과 낙관성을 표현하면서 자기효능감을 북돋으며, 논의 내용을 요약하면서 마무리한다.

---

### 나의 계획

내가 이루고자 하는 변화들:

친구를 사귈 수 있는 것.

사람들과 대화를 시작하는 것을 너무 불안해하지 않는 것.

우울한 기분을 줄이는 것.

이러한 변화들은 나에게 중요하다. 왜냐하면:

나는 평생 혼자 살고 싶지는 않다.

나는 여자 친구를 사귀고 싶다.

내가 술에 취했을 때 내가 저지르는 행동이 싫다.

나는 외롭게 살고 싶지 않다.

나는 이러한 단계를 수행할 계획이다(무엇을, 어디서, 언제, 어떻게):

불안에 대하여 행동치료를 시도해 본다.

회기에 참석하고 노출이 어떻게 되어갈지 걱정하지 않고 노출에 대해 논의한다.

| 만약(If) 계획대로 되지 않으면 | 그러면(Then) 이렇게 시도한다. |
|---|---|
| 나는 너무 불안해서 노출을 시도할 수 없다. | 공포 순위 목록에서 보다 낮은 방법을 작업하는 것에 관해 박사님과 대화한다. |
| 나는 회기에 오고 싶지 않다. | 내가 변화하기 원하는 이유들, 그리고 내가 가지 않았던 이유에 대해 박사님에게 말할 수 있다는 것을 기억하려고 노력한다. |
| 나는 심란해서 일상에서 어떠한 연습도 하고 싶지 않다. | 내가 이러한 치료를 받고 있는 이유들을 기억하려고 노력한다. (위 참조). |

[그림 2-2] 상현의 변화계획

상현의 경우, 그의 세 가지 현존하는 걱정들(사회적 상황에서 친구를 사귀지 못하고 불안해짐, 우울함을 느낌, 술을 과도하게 사용함)은 모두 사회불안과 관련이 있어 보였다. 그는 이러한 것을 이해하는 것처럼 보였지만, 변화에 대한 잠재적 방해물 중 하나는 노출에 관여하는 것에 대한 불안과 관련이 있었다. 따라서 그의 목표는 친구를 사귈 수 있도록 불안감을 줄이는 것이었다. 이렇게 되면 그의 우울감이 줄어들고 그가 사회적 상황에 있을 때 그렇게 폭음을 할 필요가 없게 된다. 상현이 완성한 변화계획은 [그림 2-2]에서 보여 주고 있다. 전문가는 내담자의 아이디어를 확인하고, 변화대화를 강조하고, 희망을 표현하며, '당신'이라는 진술을 사용하여 자율성을 강조하는 최종적인 요약을 발전시킨다. "사회불안에 대한 치료가 당신에게 스트레스가 될 수도 있지만 그러한 치료를 생각해 볼 충분한 이유가 당신에게 몇 가지 있네요. 당신은 회기에 참석해 두려운 상황에 자신을 점진적으로 노출하면 자신의 목표를 성취하는 데 어떻게 이로울지 알고 있고, 가능한 방해물을 극복할 수 있는 방법들을 고안하는 데 매우 창의적이었어요. 우리가 함께 작업을 해내고 당신이 자신을 위해 설정한 목표들을 성취할 수 있다는 희망을 저는 품고 있습니다."

### 😊 변화계획을 위한 팁: 결단 언어를 이끌어내는 전략을 사용하라

결단과 행동 실천에 대한 언어를 직접적으로 유발하는 열린 질문은 치료에 대한 결단도 강화할 수 있다(예: "당신은 어떤 이유로 회기 참석이 당신이 해야만 하는 일이라고 느끼십니까?" "당신은 지금 어떤 이유로 누군가를 만나고 변화해야 한다고 느끼십니까?"). 앞에서 기술한 대로 항상 구체화를 촉진하기 위한 반영과 질문들을 통해 그러한 답변들을 강화해 준다. 또 다른 전략은 결단 척도 질문 또는 측정 척도를 활용하는 것이다(내담자 유인물 2-3 참조). 당신은 내담자가 자신의 계획에 어느 정도 결단하고 있는지 점수화하도록 질문한 다음에, 내담자가 왜 그러한 답을 하였는지 그리고 어떤 이유로 더 낮은 점수가 아닌지 물어봄으로써(예: "당신은 '어느 정도 결심한 편'이라고 응답했어요. 어떤 이유로 결심을 전혀 하지 않은 게 아니라 어느 정도 결심하신 건가요?") 변화대화를 이끌어내도록 한다. 만약 당신이 어떤 이유로 더 높게 응답하지 않았는지 질문한다면 당신은 변화반대대화를 이끌게 될 것임을 주의한다.

> **전문가**: 철수 씨한테는 정기적으로 회기에 참석하는 방법에 대한 아이디어가 많이 있군요. 철수 씨는 자신이 이 계획을 따를 거라고 얼마나 확신하나요? 어느 정도 확신, 매우 확신, 또는 완전히 확신?
>
> **철수**: 내가 계획을 따를 거라고 매우 확신해요.

> 전문가: 매우 확신하는군요. [반영] 철수 씨가 약간이 아니라 매우 확신하는 이유는 무엇인가요?
> [이것은 결단을 이끌어내는 열린 질문인데, '더 많은 것'을 묻는 것—이것은 변화반대대화를
> 이끌어 냄—에 반대되는 것임]
>
> 철수: 글쎄요, 그렇게 하지 않으면 더 곤경에 빠질 걸 알고 있거든요. 그리고 저는 정말 독립을
> 회복하고 싶거든요.
>
> 전문가: 그래서 철수 씨는 이러한 계획이 자신의 미래를 위해 중요하다고 생각하기 때문에 그 계
> 획에 따라 계속해서 행할 거라고 매우 확신하는군요. [자율성을 강조하는 반영]

# MI-CBT 통합의 딜레마

전문가가 초기 회기들에서 MI와 CBT를 통합하는 데 직면하는 딜레마는 무엇일까? 즉, 이때 MI와 CBT는 잠재적으로 어느 지점에서 조화를 이루지 못하게 되는 것일까? MI에서 내담자가 아직 '준비'되지 않았다면 당신은 동기를 계속해서 구축해 가고 계획하기 및 행동하기 과정을 연기할 수도 있다. 하지만 양가성(양가감정)이 완전히 해결되지 않은 상태에서 CBT에 들어가게 될 수도 있다. 우리는 내담자가 다음 단계로 이동할 준비가 되기 전에 동기를 구축하는 데 1회기나 2회기 이상을 사용하도록 제안한다. 어떤 시점에서는 CBT의 다음 단계로 넘어갈 것을 제안할 필요도 있다. 만약 양가감정이 심한 상태라면 그 내담자는 나중에 치료로 복귀하는 게 필요할 수도 있다. 후속 CBT 회기 동안에 양가감정이 진전을 방해할 때 당신은 관계를 형성하고, 초점을 맞추고, 타깃 행동 바꾸기와 회기 참석에 대한 동기를 유발하는 작업을 지속해야 한다.

또 다른 딜레마는 기관의 요구사항들과 관련이 있다. 첫 회기 동안 꼭 해야만 하는 서류작업이나 사정과 관련하여 요구되는 어떤 것들이 있는가? 이러한 요구사항들은 관계 형성을 방해할 수 있다. 반면, 이상적으로 어떤 요구사항들은 첫 방문 이후에 생길 수도 있겠지만, 기관 또는 프로토콜의 필요한 요구사항들에 주의를 기울이기 전에 적어도 10~15분은 관계 형성에 투입하는 것을 고려하라고 우리는 제안한다. 어떤 치료 접촉을 추가로 진행하기 전에 접수 사정이 필수적이라면, 반영과 질문의 균형을 고려하면서 다음 장에서 논의되는 전략을 검토해 본다.

## 작업절차: 회기 참석을 위한 변화대화를 이끌어내고 강화하기

앞에서 기술되었듯이 '변화대화'는 타깃 행동을 변화시키고 회기에 참석하게 하기 위한 욕구, 능력, 이유, 필요, 그리고 결단의 언어를 의미한다. 당신은 타깃에 초점을 둔 열린 질문으로 변화대화를 이끌어낸다. 반영을 통해 대화를 지속하는 것이 충분하지 않다면, 반영 및 구체화를 위한 묻기로 변화대화를 강화한다. 따라서 MI에 기반한 대화를 청취할 때 다음과 같은 순서로 진행해야 한다: (1) 전문가의 질문, (2) 내담자의 변화대화, (3) 반영 그리고 가능한 후속 질문을 통한 전문가의 강화.

**활동 목표**: 이러한 활동은 변화대화를 이끌어내고 강화하기 위하여 위와 같은 순서를 인식하는 것과 전문가 전략을 실행하는 것을 촉진한다.

**활동 지침**: 다음의 세 가지 예제를 따라가면서 항목 1~6의 빈칸을 채우고, 사례의 세부내용을 필요한 만큼 작성한다. 당신은 진행작업들의 세 가지 구성요소의 각각을 완성하는 연습을 하게 된다. 첫 번째 부문에서, 당신은 진행작업들의 세 가지 구성요소(변화대화를 이끌어내는 질문, 내담자의 변화대화, 변화대화의 반영) 중 하나를 완성한다. 두 번째 부문에서는 당신의 창의성을 발휘하여 세 가지 구성 요소 중 두 가지를 완성한다.

예제 A

- 변화대화를 이끌어내는 전문가 전략: 오늘 어떻게 여기에 왔나요?
- 내담자의 변화대화: 글쎄요, 엄마가 저를 여기에 등록해 주셨어요.
- 전문가의 강화(반영/질문): 어머니 잔소리를 그만 들으려고 온 거군요. 그렇게 된다면 상황은 어떻게 나아질까요?

예제 B

- 변화대화를 이끌어내는 전문가 전략: 미래에 대해 생각해 볼 때 이러한 회기들이 당신의 결혼생활을 어떻게 향상시킬 수 있습니까?
- 내담자의 변화대화: 글쎄요, 선생님께서 제가 더 많은 활력을 되찾도록 해 주신다면 남편의 취미 생활에 제가 함께할 수 있을 것 같아요.

- 전문가의 강화(반영/질문): 우울증에 대한 작업으로 당신이 더 많은 활력을 갖게 된다면 당신의 결혼생활을 향상시킬 수 있겠군요.

예제 C
- 변화대화를 이끌어내는 전문가 전략: 자신의 삶을 돌이켜보면서 당신이 술을 줄였던 시기에 대해 말해 주세요.
- 내담자의 변화대화: 이전에 10킬로미터 달리기를 위해 훈련할 때 한 번 술을 끊었습니다.
- 전문가의 강화(반영/질문): 그래서 운동 목표를 포함하는 계획이 당신을 위해 효과가 있을 수도 있겠네요.

**당신 차례입니다!**

항목 1
- 변화대화를 이끌어내는 전문가 전략: 더 건강해지는 것은 어떤 이유로 당신이 해야만 할 것인가요?
- 내담자의 변화대화: 아픈 느낌이 싫고 남자친구에게 어떤 부담도 주고 싶지 않아서요.
- 전문가의 강화(반영/질문): _____
  _____
  _____

항목 2
- 변화대화를 이끌어내는 전문가 전략: 아내가 당신의 음주에 대해 뭐라고 말해 왔습니까?
- 내담자의 변화대화: _____
  _____
  _____
- 전문가의 강화: 술 마시는 것을 줄이면 당신의 결혼생활에 어떤 영향들을 끼칠 수도 있겠네요.

항목 3
- 변화대화를 이끌어내는 전문가 전략: _____
  _____
  _____

- 내담자의 변화대화: 저는 스트레스 관리 방법을 해 보는 게 도움이 되리라 생각합니다.
- 전문가의 강화: 우리가 스트레스 관리를 개선할 수 있다면 이러한 회기들이 당신에게 효과가 있다는 것을 알 수 있습니다.

항목 4
- 변화대화를 이끌어내는 전문가 전략: 당신은 지금 당신의 가족을 돌보는 것이 가장 중요한 일이라고 말했어요. 덜 우울해지도록 우리가 함께 작업한다면 그러한 목표를 달성하는 데 어떻게 도움이 될까요?
- 내담자의 변화대화: _____

  _____

  _____
- 전문가의 강화: _____

  _____

  _____

항목 5
- 변화대화를 이끌어내는 전문가 전략: _____

  _____

  _____
- 내담자의 변화대화: 만약 선생님께서 여기에서 보호관찰을 끝내도록 저를 도와주신다면 저는 다시 독립할 수 있을 겁니다.
- 전문가의 강화: _____

  _____

  _____

항목 6
- 변화대화를 이끌어내는 전문가 전략: _____

  _____

  _____

• 내담자의 변화대화: _____

_____

_____

• 전문가의 강화: 당신은 정말로 다른 종류의 옷을 입고 싶어 하는군요. 몸무게를 줄이면 그 러한 목표를 이루는 데 도움이 될 거예요.

# 초점 맞추기 지도

동그라미 안에 가치, 목표, 딜레마, 또는 중요한 관계와 상황들을 써넣는다. 중요도가 보다 높은 경우에 좀 더 큰 동그라미를 사용한다.

Rosengren (2009)을 수정함. Copyright © 2009 The Guilford Press

# 변화계획

## 나의 계획

내가 이루고자 하는 변화들:

_____

_____

_____

_____

이러한 변화들은 나에게 중요하다. 왜냐하면:

_____

_____

_____

_____

나는 이러한 단계를 수행할 계획이다(무엇을, 어디서, 언제, 어떻게):

_____

_____

_____

_____

만약(If) 계획대로 되지 않으면                 그러면(Then) 이렇게 시도한다.

_____          _____

_____          _____

_____          _____

_____          _____

## 결단 측정 눈금(자)

눈금 1에서 10 사이의 점수에서 1은 '전혀 결단하지 않은' 상태이고, 10은 '매우 결단한' 상태라고 할 때, 당신이 원하는 변화를 위해 매주 회기에 참석하는 것을 얼마나 결단하였나요?

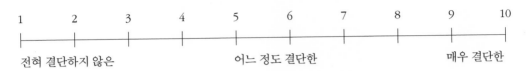

당신은 _____을/를 선택했습니다. 이보다 낮은 숫자가 아닌 이 숫자를 선택한 세 가지 이유를 적어 보세요.

1. _____
_____
_____
_____

2. _____
_____
_____
_____

3. _____
_____
_____
_____

제3장

# 평가 및 치료계획

**초**기 회기에서의 과제(치료동맹 발달시키기, 내담자의 딜레마 이해하기, 치료 초점 결정하기, 동기 구축하기, 그리고 치료 참여를 계획하기)가 완료된 뒤에는 그다음 단계로서 사정, 사례공식화, 치료계획을 구체화하게 된다. 이때 내담자는 행동 변화에 대해 여전히 양가성(양가감정)이 있을 수도 있다. 우리는 네 가지 과정이라는 맥락 속에서 평가, 사례공식화, 치료계획을 한 장 안에서 논의한다. 하지만 이러한 치료 과제들은 한 회기 안에 발생할 수도 있고 아닐 수도 있는데 그것은 앞서 언급했듯이 각 과정은 순차적이 아니라 중첩적이기 때문이다. 당신은 평가를 하는 동안 획득한 정보를 처리하기 위하여 회기 사이에 별도의 시간을 잡거나 내담자와 치료계획을 논의하기 전에 슈퍼바이저나 팀과 관련 정보를 논의하는 것을 선호할 수도 있다. 그런 경우라면 평가 및 초기의 사례개념화를 한 회기 안에 완료하면서 치료 참여를 위한 동기를 구축하기로 결정할 수도 있지만, 관계 형성하기를 계속 촉진하면서 특정한 치료계획을 다룰 다음 회기까지 기다릴 수도 있다.

CBT에서 초기 사정의 목적은 초기 치료계획을 협동하여 발전시키기 위한 충분한 정보를 획득하는 것이고, 이는 당신과 내담자가 진행 과정에서 정보를 공유하면서 잠재적으로 계획을 개정할 수 있음을 아는 가운데 이루어진다. 전통적인 인지 모델(Beck, 2011, pp.

29-39)에 따르면, 상황과 사건은 자동적 사고로 이어지는데, 그러고 나서 자동적 사고는 정서, 행동, 생리 반응으로 이어진다. 그 결과 이러한 반응들은 계속되는 부정적인 자동적 사고로 이어지고, 이러한 순환은 현재의 문제를 계속해서 지속시키게 만든다. 이러한 자동적 사고들은 사람들이 어떻게 상황을 해석하는가를 명확히 보여 주고 또 어떻게 반응할 것인지를 결정한다. 그리고 사람들은 신념—핵심 신념 및 중간 신념(태도, 규칙, 소전제) 둘 다—에 영향을 받는다. 따라서 CBT 사정의 목적은 이러한 요소들의 상호작용의 윤곽을 그려내는 것이다. 그 순환을 깨는 일은 현재의 상황에 대해 좀 더 적응적으로 (그리고 현실적으로) 생각하고 행동하는 것을 배우는 것을 포함하고, 따라서 자동적 사고를 추동하는 신념들과 그로 인한 반응들을 바꾸는 것을 포함한다. 행동의 활성화를 강조하는 CBT 형식은 내담자들이 즐거운 활동이나 숙달을 촉진하는 활동들에 참여하도록 도움으로써 회피를 감소시키고 부정적인 감정을 일으키는 순환을 깨뜨린다(Martell, Dimidjian, & Herman-Dunn, 2010, p. 197). 그러므로 평가 및 치료계획 회기들은 매일/매주 수행하는 반복적인 일들과 그것들이 치료목표와 어떻게 관련되는지에 대한 분석을 포함한다.

　　많은 CBT 접근이 기능 사정[분석]functional assessment을 활용한다(Martell et al., 2010, pp. 64-69; Miller, Moyers, Arciniega, Ernst, & Forcehimes, 2005; Naar-King et al., 2016; Parsons, Golub, Rosof, & Holder, 2007). 기능 사정의 목적은 타깃 행동target behavior의 선행요인antecedents과 결과consequences를 이해하거나 왜, 무엇을, 어디서, 언제, 누가, 즉 다섯 가지 'W'에 의한 관련 증상들을 이해하는 것이다. 예를 들면, 음주 삽화, 섭식 삽화, 우울한 기분, 또는 약물 복용을 놓치는 경향을 유발하는 특정한 장소나 사람이나 하루 중 특정 시간이 있을 수 있다. 그 대신, 타깃 행동에의 관여 또는 디스트레스distress 경험에 선행하거나 후행하는 생각, 감정, 행동, 또는 생리 증상들이 있을 수 있다. 타깃 행동에 관여하는 것(디스트레스를 경험하는 것) 및 타깃 행동을 회피하는 것(스트레스 감소를 경험하는 것)과 관련되는 선행요인과 결과를 분석하는 것이 중요하다. 당신은 내담자의 선행요인과 결과를 이해함으로써 내담자의 강점과 자원을 탐색할 수 있고, 그 결과는 치료와 변화를 위한 개인별 계획을 개발하는 데 활용될 것이다.

# 관계 형성하기

치료에서의 초기 평가 단계 동안의 치료동맹은 취약한 상태여서 내담자가 심문받고 있다고 느끼거나 민감한 영역들에 대해 너무 빨리 질문을 받게 되면 쉽게 파괴될 수 있다. 주의 깊게 진행하라! 이것이 바로 CBT 전문가들이 사정 단계를 종종

> 치료에서의 초기 평가 단계 동안의 치료동맹은 취약한 상태여서 내담자가 심문받고 있다고 느낀다면 쉽게 파괴될 수 있다.

'사전치료pretreatment'로 간주하는 이유이다. 우리는 MI에서 그리고 MI에 기반하는 CBT에서 모든 상호작용이 내담자를 치료에 참여engage시키고 행동 변화를 위한 동기를 구축하는 기회가 된다고 생각한다. 따라서 평가 및 치료계획 수립 과정은 그 자체로 하나의 개입 전략이 된다.

## 의견교환 시작하기

세 가지 구성요소는 후속되는 MI-CBT 통합치료 회기들과 마찬가지로 평가 회기를 위한 관계 형성하기에서 반복되는 부분이다. 즉, 이전에 내담자가 세웠던 변화계획에 대한 점검, 회기 의제의 설정, 그리고 회기 목표에 대한 근거의 논의가 그것이다.

### 점검하기

개입 양식에 관계없이 대부분의 전문가들은 전형적으로 내담자가 지난번 만남 이후 어떻게 지내왔는지 '점검하기checking in' 작업을 통해 매 회기를 시작한다. 이 단계는 열린 질문을 통해 진행될 수 있는데, 몇몇 전문가들은 우울 검사와 같은 간단한 성과 측정을 선호한다. 예를 들어, 당신과 내담자는 부정적 정서의 측정에 대해 합의하고, 매 회기마다 시작 시점에 내담자가 그것을 완료함으로써 그러한 측정 결과를 점검하며, 이어서 실행된 전략의 결과를 검토할 것이다.

MI-CBT 통합치료에서 당신은 지난 회기에서 내담자에게 요구되었던 변화계획과 모든 전략들에 대해 특정해서 질문한다. 먼저 당신은 내담자가 그들이 세웠던 목표에 대해 기억할 수 있는 것들과, 그 실천을 위한 단계들과, 방해물을 다루는 '방해물 대처계획if-then plans'을 이끌어낸다. 그러면서 당신은 계속해서 내담자의 반응에 대해 반영해 주고 변화계

획을 회상하는 내담자의 능력을 인정해 준다. 크든 작든 그 어떤 변화의 증거든지 이끌어 내고 인정하라. 인정 반영affirming reflections을 제공해서 작은 단계와 덜 중요한 과정들에 대해서 내담자를 강화시키도록 한다. 이 과정은 일반적인 칭찬과 구별된다. 1장에 언급했듯이 반영 진술은 또한 내담자가 자신의 강점이나 노력을 강조하는 방식으로 말한 것을 반영할 때 인정해 주는 것이 될 수 있다. 현재 회기에 참석한 것은 강력히 인정해 주는 반영(예: "당신은 치료가 도움이 될 것인지 확신을 못 하는 가운데 오늘도 꿋꿋하게 참석해 주셨군요.")을 해 줄 충분한 이유가 된다. 내담자가 자신의 목표를 달성할 수 없는 것과 타깃 행동이 지속되는 것에 대하여 공감을 표시하라. MI 스타일을 일관되게 유지하여 내담자를 위한 대처 전략을 처방하는 행동을 하지 않도록 한다. 그보다는 점검check-in을 활용하여 지난 회기에 논의되었던 변화를 위한 내담자의 욕구, 능력, 이유, 필요, 결단을 다시 떠올리게 함으로써 동기를 새롭게 하라. 반영과 함께 타깃 행동 및 회기 참석을 다루기 위한 변화대화와, 숙고를 촉진하기 위한 열린 질문을 계속해서 강화하라.

### 회기 의제를 합의하기

CBT 회기는 전형적으로 해당 회기의 의제를 설정하면서 시작된다. MI-CBT 통합치료를 위하여 우리는 ATA를 활용하여 협력적으로 회기 의제를 설정하는 것으로 매 회기를 시작할 것을 다음과 같이 제안하였다. (1) 허락을 요청한다, (2) 계획된 회기 구성요소를 진술한다, (3) 피드백을 이끌어낸다, (4) 피드백을 반영한다, (5) 내담자에게 자신이 추가하고 싶은 것을 물어본다. 평가 회기(들)session(s)의 경우 다음과 같이 말할 수 있다.

> 전문가: 괜찮으시다면 [허락 구하기] 오늘 우리 회기를 위한 계획을 세워 보고 싶습니다. 보통 여기서 우리는 세아 씨의 감정, 생각, 행동, 그리고 무엇이 그런 것들을 촉발하는지에 대해 좀 더 상세하게 알게 됩니다. [알려주기] 제 말씀이 어떻게 느껴지시나요? [묻기]
>
> 세아: 옳은 말씀 같아요. 제가 항상 기억하는 건 아니기 때문에 제가 모든 걸 선생님께 말씀드릴 수 있을지는 모르겠어요.
>
> 전문가: 무엇이 촉발요인들인지 그리고 무엇이 반응들인지 정확히 기억하는 것에 대해 세아 씨는 확신이 없으시군요. [반영하기] 이건 우리가 함께 작업해 나갈 수 있는 어떤 일입니다. [희망 제공] 오늘의 우리 의제에 세아 씨는 그 밖에 무언가 추

가하고 싶으신 게 있나요? [협동적인 의제 설정을 위한 열린 질문하기]

**세아** : 별다른 건 없지만, 어제 남편과 한바탕했어요.

**전문가** : 세아 씨는 결혼생활을 힘겹게 이어가고 계시군요. 어제도 그렇고요. [반영하기] 우리는 그 문제에 대해, 그리고 그 문제가 어떻게 세아 씨의 촉발요인과 반응에 관련되는지에 대해 분명히 얘기를 나눌 수 있습니다.

## 회기 목표에 대한 근거 논의하기

의제를 설정한 다음의 단계는 근거를 논의하는 것이다. MI-CBT 통합치료의 접근방식을 회상해 보라. 당신은 근거를 '제공'한다기보다는 ATA와 반영을 통해 근거를 '논의'하게 된다. 그 목적은 회기의 여러 과제에 참여할 이유(근거)들을 당신만 제공하는 대신에 내담자의 이유(근거)들을 이끌어내는 것이다. 새로운 기술에 대한 근거를 논의할 때 그리고 평가 또는 기능 사정을 완료할 때 그 과제가 왜 중요한가에 대한 생각만큼이나 그 과제가 무슨 의미를 갖는지에 대한 내담자의 생각들을 이끌어내는 일이 중요하다. 그 과제가 왜 중요한가라는 요소는 내담자를 회기 의제에 참여시킬 때 유발하기 과정의 여러 측면과 섞이게 된다.

**전문가** : 저는 유진 씨가 약 복용을 놓치게 하는 촉발요인에 대해 면밀한 사정을 진행하는 것이 어떤 의미를 지닌다고 생각하시는지 궁금합니다. [묻기]

**유진** : 음, 그건 제가 복용하는 걸 언제 가장 잘 놓치게 되는지에 대한 것 같네요.

**전문가** : 맞습니다. 우리는 그게 언제인지, 어떤 타이밍인지 알고 싶습니다. [반영하기] 하지만 또한 유진 씨가 약 복용을 놓칠 때 어떤 상황에서 그런지, 그리고 그때 혹시 어떤 생각이나 감정이 올라오는지 궁금합니다. [알려주기] 유진 씨는 어떻게 그 모든 게 함께 맞아떨어지는지 면밀히 숙고하는 일이 왜 중요할 거라 생각하나요? [묻기]

**유진** : 제 생각엔 그때 선생님이 제가 무엇을 해야 할지 알 수 있도록 도와주실 수 있기 때문인 것 같아요.

**전문가** : 유진 씨는 우리가 이러한 촉발요인들을 어떻게 다룰지 알 수 있기를 바라는군요. [반영하기] 우리가 약 복용을 놓치게 하는 여러 촉발요인들을 파악하게 되면, 유진 씨의 남자친구의 집이라든지, 또는 생각과 감정들, 유진 씨가 HIV 문

제를 다루길 원치 않거나 자신에 대해 울적한 기분을 느낄 때와 같은 여러 상황들에 대한 적합한 계획들을 우리가 도출할 수 있습니다. [알려주기] 면밀한 사정을 진행하는 것에 대한 이러한 근거들에 대해 어떻게 생각하시는지요? [묻기]

**유진** : 이해가 됩니다.

## 협동적 사정

사정査定, assessment은 보통 질문—답변의 면담 형식 속에서 이루어진다. 사정할 때 위험 요소는 내담자로 하여금 심문받는 것처럼 느끼게 하여 MI 정신(협동, 수용, 동정, 유발)을 잃어버리는 것이다. 다음의 지침은 형식 유무를 떠나 평가를 완성해 가는 동안 MI 정신 및 기술들을 지원하는 것이다. 첫째, 당신이 이미 사정 과정에 대한 허락을 요청하였다면 그것은 더 나아가 다른 형식이나 다른 사정 도구들(사정 도구를 위한 내담자 유인물 3-1~3-3 참조[1])을 사용하기 위한 허락 요청에 대한 내담자의 자율성을 지원해 준다. 거절과 대안을 위한 공간을 허용하라. 둘째, 이전 회기들에서 내담자가 했던 진술들, 특히 평가(예: 초기 초점 맞추기 지도)를 지지할 수 있는 앞서의 변화대화와 정보에 대해 반영해 주도록 한다. 셋째, 열린 질문을 사용해서 보다 풍부한 정보를 이끌어내도록 한다. 넷째, 각각의 모든 질문에 대한 답변에 대해 반영해 주도록 한다. 최소한 이러한 방식은 1 대 1 비율을 보장할 것이다—다만 반영과 질문의 비율은 2 대 1이 권장된다(Moyers, Martin, Manuel, Hendrickson, & Miller, 2005).

사정 회기에서 어떻게 2 대 1 비율을 달성할 것인가? 반영을 한 다음에 잠시 멈추도록 하라. 종종 반영에 뒤따라오는 정보를 더 많이 얻게 될 것이고, 대화가 끝나기 전까지 당신의 다음 질문을 보류할 수 있을 것이다. 뒤이어 질문하기 전에 다섯을 세는 것이 도움이 될 수도 있는데, 이는 당신이 대화를 이끌 필요 없이 내담자가 생각하고 상세히 설명할 수도 있

---

1) 내담자 유인물 3-2는 다양한 행동들에 대한 원인—결과 관계를 탐색하는 데 활용될 수 있다. 그것은 자극 통제에 대한 내담자 지각을 사정하는 것뿐만 아니라 개연성이 낮은 행동들에 대해서도 유용하다. 게다가 이 양식은 보다 복잡한 기능 사정의 실시에 선행하여 초점 맞추기 도구로서 사용될 수 있다.

내담자 유인물 3-3은 바람직하지 못한 행동을 촉발하고 지속시키는 요소들 간의 상호관계성을 탐색하는 데 활용될 수 있다. 그것은 또한 보다 복잡한 기능 사정의 실시에 선행하여 초점 맞추기 도구로서 사용될 수 있다. 특히 시각적 안내에 도움을 받는 내담들에게 유용할 수 있다.

는 여지를 허용하게 된다. 끝으로 하나의 비결로서, 요약 반영summarizing reflection 없이는 (중간에 반영을 했더라도) 질문을 세 개를 초과하여 잇달아 던지지 말라. 1장에서 우리는 내담자가 말한 것을 요약하는 일련의 반영으로서 요약 반영에 대해 기술하였다. 밀러와 롤닉(Miller & Rollnick, 2002)은 꽃송이들을 뽑아내어 내담자에게 부케로 돌려주는 것으로 요약하기를 묘사하였는데, 사정의 여러 부분들을 함께 모아서 다음 단계의 사례공식화 및 치료계획 수립을 제안하는 방식으로 그 부분들을 제공하는 것으로 요약하기를 활용할 수 있다.

> **전문가**: 명희가 최근 과식한 게 언제인지 얘기해 줄래요?
>
> **명희**: 음, 지난 금요일에 피자를 너무 많이 먹었어요.
>
> **전문가**: 그러니까 피자를 너무 많이 먹은 게 명희가 체중 계획과 씨름할 때였네요. [반영하기] (잠시 멈춤)
>
> **명희**: 네, 우리는 금요일 밤에 피자를 먹으면서 영화를 보곤 해요.
>
> **전문가**: 금요일 밤은 피자의 밤이군요. [반영하기] (잠시 멈춤. 내담자 반응 없음) 피자와 영화의 밤에 연관된 사람이 누구인가요? [열린 질문하기]
>
> **명희**: 제 엄마하고 오빠요. 엄마는 언제나 피자 두 판을 사오죠.
>
> **전문가**: 그러니까 명희의 촉발요인 중 하나는 금요일 밤의 관습이군요. 가족과 함께 영화를 보면서 피자를 먹고, 엄마는 언제나 피자를 많이 사오는데, 그게 명희를 유혹하는군요. [요약하기]

당신은 이 과정을 계속 진행함으로써 다른 촉발요인들을 탐색해 볼 수 있다. 치료약 복용하기, 음주 피하기, 우울감 덜 느끼기 등과 같은 긍정적인 행동들(즉, 내담자가 타깃 행동을 변화시킬 가능성이 가장 많은 시기의 상황, 전략, 사회적 지원)에 대한 선행요인들을 반드시 사정하도록 한다. 당신이 추정하기에 관련되어 있다고 생각되거나 다른 내담들에게서 인지했던 여타의 촉발요인들을 제시하는 것에 부담을 갖지 말라. ATA를 활용해서 이러한 제안들을 제공한다. 선택 메뉴를 제공함으로써 내담자를 특정 촉발요인 쪽으로 지시하기보다는, 어떤 촉발요인이 가장 두드러지는지 선택할 내담자의 자율성을 지지해 주는 일을 고려하라. 누락 부분에 대한 반영(Resnicow & McMaster, 2012)은 내담자가 제한된 정보를 제공하고 있을 때 유용할 수 있다. 여기서 당신은 내담자가 명백하게 언급하지 않았던 것에 대해 다음과 같이 반영한다. "저는 당신이 부인과 다투었는데 그 일이 당신의 음주에 어떠한 영향을 미치는지에 대해 언급하지 않았다는 사실을 알아차렸습니다. 우리가 촉발요인에 대해 얘기를 나눌 때 당신이 그 점에 대해서 왜 언급하지 않았는지 그 이유가 궁금합니다." 하지만 그 반응이 회피나 불화(예: "그건 제 문제가 아닌데요." 또는 "그 점에 대해 얘기하고 싶지 않아요.")

😊 **평가에서 관계 형성하기를 위한 탑: 전형적인 하루에 대한 실습**

전형적인 하루에 대한 실습Typical Day Practice(Rollnick et al., 2008)은 내담자가 촉발요인을 단독으로 확인하려고 애쓸 때 열린 방식으로 정보를 수집할 수 있게 해 준다. 당신은 내담자가 어떤 전형적인 하루 동안 경험하는 활동, 상호작용, 연합된 감정을 차례차례 보여 줄 것을 요청한다. 예를 들면, 당신은 "어제 하루를 생각해 보시고 저를 거기로 데려가 주세요. 단지 무슨 일이 일어났는지 얘기해 주시고, 원하신다면 당신이 그런 일들에 대해 어떻게 느꼈는지 말씀해 주세요."라고 요청할 수도 있다. 전형적인 하루에 대한 실습을 활용할 때 주말뿐만 아니라 주중의 경험에 대해서도 질문하는 것이 도움이 될 수 있는데, 그 이유는 고통을 주는 행동 습관과 패턴들이 분명히 서로 다를 수 있기 때문이다. 허락 구하기 및 반영과 질문의 균형을 맞추는 MI 전략을 포함하라.

**전문가:** 우리는 불안이 상현 씨에게 얼마나 강한 영향을 미치고 있는지에 대해 얘기를 나눴습니다. 그게 상현 씨에게 가장 긴급한 관심사인 것 같습니다. [반영하기]

**상현 :** 물론이죠. 사람들과 어울리고 있을 때나 어울리는 것에 대해 생각할 때는 언제나 무척 불안해져요.

**전문가:** 상현 씨의 불안의 주요 근원이 사람들이군요. [반영하기] 상현 씨에게 그것이 그렇게 고통스럽다니 안타깝네요. [공감 표현하기] 그 불안에 대해 조금 더 잘 이해하기 위해서인데요, 저를 상현 씨의 전형적인 하루로 데려가 주신 다음 제가 그러한 시점에서의 상현 씨의 불안에 대해 물어봐도 될까요? [허락 구하기]

**상현 :** 물론이죠. 보통 저는 10시쯤 일어나서 제 방에서 아침을 먹습니다.

**전문가:** 아침을 10시에 드시는군요. [반영하기] 우리가 사용해 온 1에서 100까지의 척도로 할 때 상현 씨의 불안은 얼마인가요?

**상현 :** 5 정도요.

**전문가:** 아주 꽤 이완된 상태군요. [반영하기] 좋아요. 그다음은요? [열린 질문하기]

**상현 :** 그러고 나서 오전 수업이 있으면 준비하기 시작해야죠.

**전문가:** 그다음에는 수업을 준비하는군요. [반영하기] 그럴 때는 상현 씨의 불안이 어느 정도죠? [열린 질문하기]

**상현 :** 음, 제가 집을 떠나야 할 때에 가까워지게 되면 약간 늘어나기 시작해요.

로 계속된다면 뒤로 물러설 준비를 한다. 끝으로 사정 과정 동안 획득된 정보가 너무 제한적이어서 사례공식화와 치료계획에 적절히 초점을 맞출 수 없다면, 평가를 진전시키기 위해서 자가 모니터링 활동(다음 장)을 고려하라(협동적 사정 지침에 대해서는 〈표 3-1〉 참조).

표 3-1  협동적 사정 지침

**1. 그 어떤 양식이나 다른 도구를 활용하기 위해서는 허락을 구하라.**

"많은 원인 때문에 발생하는 당신의 경우와 같은 상황들을 이해하고자 할 때 활용하는 데 도움이 되는 양식이 있습니다. 이 양식에 있는 몇 가지 질문이 우리가 지난 몇 달 동안 진행해 온 것들을 요약할 수 있도록 해 줄 겁니다. 우리 작업을 진행하기 위해 그 양식을 사용해도 괜찮으시겠어요?"

**2. 이전 회기에서의 내담자 진술을 반영하라. 특히 사정을 지지할 수 있는 변화대화와 정보를 반영하라.**

"우리의 지난 첫 만남에서 당신은 여름에 친구들과 밖에서 편하게 시간을 지내기 위해서는 몸무게를 줄일 필요가 있다고 말씀하셨어요. 당신의 목표를 달성하기 위해 무엇인가 할 필요가 있다고 생각하신 걸 말씀해 주세요."

**3. 열린 질문을 활용하라.**

"약을 제때 복용할 때는 보통 무슨 일이 일어나는지요?"

**4. 각각의 질문에 대한 답변에 반영을 하라.**

"남자친구와 밤을 보내지 않을 때는 약을 좀 더 자주 복용하는군요."

- 후속 질문을 하기 전에 5초 정도 멈추라.

"왜 그렇게 되리라 생각하시나요?"

- 요약 반영 없이 질문 세 개를 초과하지 않도록 하라.

"당신이 규칙적인 수면 계획을 갖고 있을 때 당신은 집에서 아침을 맞이하고, '이게 내가 할 일이야, 변명의 여지가 없어.'라는(변명이 용납되지 않는다는) 태도를 갖게 되는군요. 즉, 그때가 당신이 매일 제시간에 약을 복용할 가능성이 높아질 때이군요."

**5. MI 전략으로 제약된 반응을 확장시키도록 하라.**

- 묻기-알려주기-묻기Ask-Tell-Ask

"사람들이 사회불안과 관련하여 보통 겪게 되는 도전들에 대해 알고 계신 게 있다면 무엇인가요? [내담자의 반응을 위해 멈춘다.] 맞습니다. 사람들을 앞에 두고 식사하는 것 그리고 사람들 앞에서 발언하는 일은 사회불안의 공통적인 원인이죠. 그런 사람을 몇 사람 알고 있는데, 그 얘기를 듣는 데 관심 있으신지 모르겠네요. [내담자의 반응을 반영한다.] 어떤 사람들은 다른 이들과의 눈맞춤, 파티에 가기, 관리자와 같은 권위자에게 말하기, 또는 데이트하러 가기와 같은 일들에 어려움을 겪습니다. 제가 열거한 그런 일들이 당신을 불안하게 하는 상황과 얼마나 비슷한가요?"

- 선택 메뉴
"자신의 불안을 다루기 위해 음주를 하거나 학생들 앞에서 얘기해야만 하는 상황을 회피한다고 말씀하셨지요. 그중에서 어느 것을 먼저 말씀하고 싶으세요? 아니면 무언가 최우선으로 말씀하고픈 게 마음속에 있나요?"

- 누락 부분 반영
"저는 당신이 초조해질 때 남편이 어떻게 반응하는지는 언급했지만 따님이 어떻게 반응하는지는 말씀하지 않았다는 걸 알게 되었습니다."

- 다음 회기 전의 자가 모니터링
"오늘 우리가 얘기를 나눈 것에 덧붙이자면, 당신이 가족이나 자신의 안전에 대해 걱정을 하는 날과 시간을 파악해 보는 일에 대해 어떻게 생각하시는지 궁금합니다. [내담자 반응을 반영한다.] 어떤 분들은 불안해지기 시작할 때 무슨 일이 벌어지고 있는지 적어 보는 게 자신을 걱정하게 만드는 일들이 무엇인지 스스로 이해하는 데 도움이 된다고 합니다. 그것은 또한 제가 당신을 돕는 일을 더 잘 수행하게 해 줄 겁니다. 그걸 해 보는 것에 대해 어떻게 생각하시나요?"

# 초점 맞추기

전통적인 CBT에서 인지 개념화cognitive conceptualization는 인지 모델(상황 → 자동적 사고 → 반응/결과 → 자동적 사고)에 따라 내담자를 이해하기 위한 틀을 제공한다. CBT의 여타 (짧거나 좀 더 행동적인) 변형들에서 초점은 타깃 문제target problem로 이끌거나 타깃 문제를 회피하도록 돕는 촉발요인(누가, 언제, 무엇을, 어디서)에 있다. 이러한 촉발요인은 자동적 사고와 믿음(신념)을 포함하지만 훨씬 더 범위가 넓을 수 있다. 접근 방식에 관계없이 목표는 동일하다. 어떤 사이클을 형성하고 문제를 지속시키지만 개입 타깃intervention targets으로 설정할 수 있는 생각, 감정, 행동, 상황 간의 연계, 또는 여타 촉발요인들 간의 연결고리가 무엇인지 협력해서 결정하는 것이다. 이전 장에서 치료자와 내담자는 타깃 행동 또는 증상에 초점을 맞추고 있었다. 이제 그들은 개입 타깃과 과제에 초점을 맞춰서 치료계획 개발의 방향을 잡는다.

이 과정은 '왜'에서 '어떻게'로 옮겨가는 것으로 생각해 볼 수 있다(Resnicow, McMaster, & Rollnick, 2012). 지금까지 우리는 CBT 내에서 왜 변화해야 하는지 그리고 왜 관계 형성을 해야 하는지에 대해 주로 논의해 왔다. 당신이 변화에 대한 내담자의 '왜'에 대해 명확하지 않다고 여긴다면 이전 장에서 묘사된 전략으로 되돌아갈 것을 고려해 보라. 양가감정이 지속되는 와중에도 내담자가 왜 변화하길 원하는지에 대한 변화대화를 당신이 듣게 되는 한, 그 다음에는 분명히 어떻게 변화할 것인가에 대해 내담자는 상세히 말하게 된다. MI-CBT 통합치료에서 당신은 내담자의 지식과 선호를 당신의 근거 있는 지식—이는 연구 결과물뿐만 아니라 출판된 지침들과 임상 경험 또한 포함한다—과 통합하면서 어떻게 변화할 것인가를 협동해서 탐색하게 된다(Stetler, Damschroder, Helfrich, & Hagedorn, 2011). 이 작업은 ATA(촉발요인에 대한 가능한 개입들에 대해 내담자가 알고 있는 것을 물어보고asking, 효과가 있을 것으로 당신이 알고 있는 것을 알려주며telling, 이어서 피드백을 요청하는 것asking)를 활용하거나 아래에 기술된 것처럼 실행 반영과 함께 행해질 수 있다.

## 실행 반영

조언으로 뛰어들기 전에, ATA를 활용하는 일관된 MI 방식에 있어서도 실행 반영action reflection을 시도하라(Resnicow et al., 2012). 실행 반영은 실현 가능한 미래 실행 또는 개입 전략을 당신의 반영에 새겨 넣는 것이다(예: "당신은 다이어트가 잘 안 될 거라고 말씀하셨는데, 식사 계획과 더 비슷해져야 할 것도 같네요."). ATA는 전문가가 새로운 조언을 제공하는 것인데 반하여, 실행 반영은 새로운 아이디어나 가능성 있는 근거기반 개입전략을 소개하기 위해 내담자가 얘기해 온 것을 활용한다. 실행 반영은 여전히 내담자의 조망에 대한 반영으로 간주되기 때문에 ATA에서와 같은 허락을 필요로 하지는 않는다.

> 실행 반영은 새로운 아이디어나 가능한 근거 기반 개입 전략을 소개하기 위해 내담자가 얘기해 온 것을 활용한다.

실행 반영은 세 가지 하위유형—행동 제안, 인지 제안, 행동 배제 등—으로 나누어 생각할 수 있다. 행동 제안behavioral suggestion을 수반하는 실행 반영에서 당신은 내담자의 장애물을 반영해 주고 그것을 실행 진술로 재구성한다. 내담자 철수는 알코올 갈망에 대해 걱정하고 있다. 당신은 그것을 반영하고 나서 예를 들어 이렇게 말할 수 있다. "갈망을 다루는 기술을 익히려고 애쓰는 것은 보호관찰 기간 동안 당신이 맑은 정신으로 깨어있게 도와줄 수 있는 무언가가 됩니다." 더 이상 아무것도 즐겁지 않다고 느끼고 있는 명희에게 당신은 이렇게 말할 수 있다. "어떤 활동들이 명희 씨를 행복하게 해 주곤 했는지 기억을 떠올려 보는 것이 이제부터 어떻게 하면 명희 씨 삶에 그런 감정을 되돌려 줄 수 있을지 알아내는 데 도움이 될 수도 있습니다."

인지 제안cognitive suggestion은 유사한 구조를 따르지만 행동 대신 생각과 관련된 해법을 끼워 넣는다. "당신은 아무것도 제대로 할 수 없다고 느끼고 나서 포기를 하게 되는데, 이런 생각들이 떠오를 때 어떻게 계속 견뎌낼 것인가 하는 그 방법을 알아내는 것이 도움이 될 수도 있습니다." CBT의 제3의 물결 접근을 고려하면서 이렇게 얘기할 수 있다. "당신은 과거에 생각을 바꾸려는 노력을 해 왔다면, 이제는 생각은 수용하지만 행동은 변화시키는 것과 같은 접근이 당신에게 더 맞을 수도 있습니다."

때로는 내담자의 진술이 개입전략이 효과적이지 않을 것 같다는 점을 보여 준다면, 행동 배제behavioral exclusion를 제안하는 실행 반영이 정당화된다. 일반적인 행동 배제 실행 반영은 다음과 같은 양식을 활용한다. "X가 효과가 없는 것으로 보인다면, 우리는 X를 목록에서 지워야 합니다." 예를 들면, 명희는 계속해서 좌절감을 느끼는데 그것은 어머니가 그에게 살을 빼라고 지겹도록 얘기하기 때문이다. "명희 씨가 말한 것으로 보면, 어머니 말씀을 이용해서 스스로 상기하려는 노력은 아마도 잘 통하지 않을 겁니다. 만약 그게 잔소리라면 말이죠." 당신은 내담자가 고려하길 원치 않는 개입방식에 대해 당신이 주의 깊게 경청하고 있다는 점을 전달하기 위하여 이런 유형의 실행 반영을 활용할 수 있다. 유진은 때때로 마리화나를 피우면서 이런 행동이 그의 약물치료 순응을 방해한다는 생각을 하지 못하고 있다. 이때 실행 반영은 이렇게 할 수 있을 것이다. "유진 씨는 마리화나 사용이 유진 씨가 치료약물을 복용하는 것에 어떤 영향을 미치는지 생각하지 못하고 있군요. 따라서 우리는 지금 당장은 그것에 초점을 맞추지는 않을 겁니다." 이러한 방식으로 당신이 내담자의 선호에 대해 주의 깊게 경청하고 있다는 것을 전달하면서 당신의 제안에 대한 내담자의 반응에서 "그래요, 하지만…"과 같은 내담자 불화client discord를 피하게 된다. 여기서 실행 반영이 사례공식화의 일부로 기술되고 있지만, 당신은 초기 및 후속 회기 전반에 걸쳐 이러한 전략을 활용함으로써 개입 타깃들이 내담자의 경험과 밀접하게 연결되어 있고, 내담자는 단지 당신의 아이디어로서가 아니라 자기 자신의 아이디어로서 개입 전략을 경험한다는 점을 확실히 할 수 있다.

실행 반영은 반영 안에 제안이나 조언을 새겨 넣기 때문에 '교정반사righting reflex', 즉 잘못되었다고 지각되는 것을 교정하고 싶은 유혹을 피하는 데 도움이 된다. 앞서 언급했듯이 이러한 교정반사는 내담자 자율성에 대한 지지가 부족하다는 점을 전달하게 되고 종종 협동이 감소하는 결과를 초래한다. 이러한 상황을 피하면서 불화의 가능성 또는 답보대화의 증가—예를 들어 "그건 결코 효과가 없을 거예요." "그래요, 하지만 지금 당장은 그것에 대해 정말 작업하고 싶지 않군요."—를 줄이는 몇 가지 방법이 있다. 첫째, 당신의 어조는 평시와 같고 조심스럽게 알리는 것이어야 한다. 예를 들면, "확실하진 않지만 이렇게 하는 것이 잘 될 것 같습니다." "잔소리 없이 어떤 지지를 얻을 수 있는 방법이 있었다면 당신은 아마도 부인께서 당신을 돕도록 허용할 수 있었을 겁니다." 둘째, '당신'이라는 단어를 강조함으로써 ("당신이 말씀하신 것에 토대를 두고…") 자율성을 지지하라. 셋째, 조언이나 제안을 좀 더 전반적인 것으로 유지하라(예: "당신의 남편께서 상담 회기에 오도록 하는 것"처럼 특정하는 것보다는 "당신의 남편께서 어떻게 도울 수 있을지 알아보는 것"). 아니면 선택 메뉴를 제공하라("당신은 자신의 남편이 좀 더 도움이 되었으면 하고 생각하신다면, 남편이 당신에게 상기시키는 것들을 제공하거나, 잠깐의 나들이를 계획하거나, 아니면 차후에 상담 회기에 오시거나 하는 것을 생각해 보실 수도 있겠습니다.").

# 요약하기

당신과 내담자가 치료계획으로 옮겨갈 수 있을 정도로 충분히 초점 맞추기를 하였을 때, 개입 타깃에 대한 동기를 유발하고 이어서 계획의 세부사항을 진전시키는 방향으로 이행할 적기이다. CBT에서 이러한 이행은 진단에 따른 사례공식화의 공유와 인지행동 모델(Beck, 2011)에 대한 교육, 또는 증상, 촉발요인, 내담자의 삶에 미치는 영향을 포함하는 문제 진술problem statement을 표현하는 작업을 포함한다(Papworth, Marrinan, Martin, Keegan, & Chaddock, 2013). MI-CBT 통합치료에서 그 초점이 개입 타깃을 근거기반 치료 전략에 조화시킬 수 있을 정도로 충분히 분명하다면 공식 진단을 내리는 일은 불필요하다. 즉, 내담자가 자신의 증상과 촉발요인을 파악할 수 있도록 당신이 안내할 수 있다면 '주요 우울'이라는 진단을 사용할 필요는 없다. 문제 진술은 진단을 피하면서 증상과 촉발요인에 초점을 맞출 수 있지만, 잠재적인 개입 타깃들을 포함하지 못해서 희망과 낙관주의를 증대시킬 기회를 놓칠 수 있다. 하지만 몇몇 내담자에게는 그들의 진단을 아는 것이 그들의 문제를 정상화하고 효과적인 치료방식을 활용할 수 있다는 사실을 가리킨다는 점에서 도움이 될 수 있다.

MI-CBT 통합치료 과정에서 개입 타깃들을 위한 동기 유발하기와 치료계획의 세부사항을 진전시키는 방향으로 이행하는 데 요약 반영을 활용할 것을 고려한다. 요약은 사정과 공식화의 요소들을 확보하면서, 내담자가 이러한 정보를 통해 무엇을 하고 싶은가에 대한 핵심 질문으로 끝맺게 된다. 예를 들면, 다음과 같이 요약할 수 있다.

> "우리는 당신의 감량을 방해하는 것들에 대해 이야기를 많이 나누었습니다. 당신은 그런 상황 때문에 우울해지고, 그래서 주변에 더 거짓말을 하고 운동을 기피하게 되죠. 당신은 우울할 때 더 많이 먹게 되고, 당신의 가족이 통상 즐겨 먹는 것들에는 건강치 못한 음식들이 포함되어 있지요. 당신은 어떻게 하면 재밌으면서도 칼로리를 태울 수 있는 운동을 찾을까, 어떻게 우울한 생각과 감정을 다룰까, 어떻게 당신의 가족이 잔소리하지 않으면서도 더 지지적일 수 있게 할까에 대해 생각하고 있지요."

이 요약에는 치료계획에서 다음 단계들에 대한 핵심 질문이 뒤따를 수 있다. "다음 단계는 뭐라고 보시나요?" 대안으로서 당신은 다음 절에서 기술되듯이 변화대화를 이끌어내기 위한 질문으로 끝맺을 수 있다. "당신이 즐길 수 있는 활동을 발견하게 된다면 상황이 얼마나 더 좋아질 거라고 생각하시나요?"

개입 타깃들에 대한 선택안을 어떤 양식이나 도표에 기록하는 일을 고려할 수도 있다 (Miller, 2004). 어떤 이들은 회기 동안 정보를 기록하는 것을 선호하지만, 우리는 종종 그로 인해 진행과정이 산만해질 수 있다는 사실을 알고 있다. 그 대신 당신은 요약할 때 양식이나 도표에 기입하는 것을 선호할 수도 있다(내담자 유인물 3-4 참조).[2] [그림 3-1]의 예에서 섭식 및 신체 활동의 선택과 관련한 명희는 어려움을 겪고 있는데, 이러한 선택들을 촉발하는 타깃 행동들과 요인들을 그 상자 안에 기록한다. 치료계획은 뒤이어 주요한 촉발요인primary triggers을 다룬다. 어떤 전문가들은 촉진요소facilitators와 방해물에 대해 분리된 도표를 사용하는 것이 도움이 된다고 보지만, 또 어떤 전문가들은 모든 것을 하나의 도표에 넣는 것을 선호할 수도 있다.

---

2) 내담자 유인물 3-4는 다양한 행동들에 대한 원인-결과 관계를 요약하는 데 활용될 수 있다. 그것은 또한 초점 맞추기 및 계획하기에 활용될 수 있고, 특히 시각적 안내를 통해 도움을 받는 내담자들에게 그렇다.

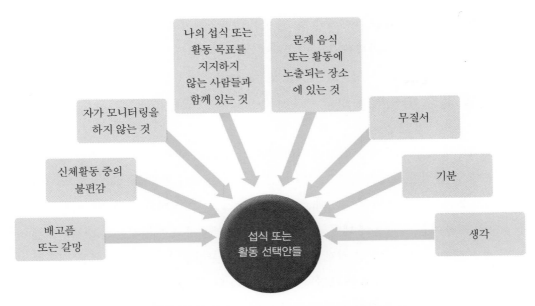

**[그림 3-1]** 초점 맞추기의 예: 명희의 개입 타깃들 요약하기

# 유발하기

이전 장에서 우리는 변화대화를 어떻게 이끌어내고 강화할지 논의하였는데, 변화대화는 타깃 행동을 바꾸는 방향으로 나아가는 욕구, 능력, 이유, 필요, 결단대화를 의미한다. 이제 유발하기 단계에서는 비록 행동변화에 대한 양가감정이 여전히 올라오고 탐색이 필요할 수도 있지만, 변화할 것인지 여부에 대해서는 어떻게 변화할 것인가에 대해서만큼 그리 많이 강조하지는 않는다. 따라서 우리가 여기서 기대하는 변화대화는 어떻게 변화할 것인가에 대한 욕구, 능력, 이유, 필요, 결단대화일 것이다. 예를 들면, "어떻게 하면 설탕이 든 음식들을 거절할지 알고 싶어요." 또는 "저 스스로 이런저런 활동들을 어떻게 더 늘릴 수 있을지 알아볼 필요가 있어요."와 같다. 변화대화를 이끌어내기 위한 열린 질문과 같이 이전 장에서 기술된 전략들은 이제 적용 가능한 치료 구성요소들을 필요로 할 것이다. 당신은 관계 형성하기 및 초점 맞추기 단계에서 활용된 어떤 양식이든 언급할 수 있고 가능한 개입 타깃들에 대한 변화대화를 다음과 같이 이끌어낼 수 있다. "당신이 예전에 재밌어 했던 활동들로 스케줄을 짜보는 것을 생각해 봤으면 하는 이유는 뭔가요?" 또는 "진단을 회피하려는 당신의 생각을 다루는 것을 배운다면 당신에게 일어날 수 있는 가장 좋은 일은 어떤 것일까요?" 이

러한 과정을 빠트리지 않는 것이 중요하다. 또한 사례공식화와 치료계획을 공유하는 것만으로 치료 참여를 위한 동기를 구축하는 데 충분하다고 추정하지 않는 것도 중요하다.

## 개인별 맞춤 피드백

사정 결과에 대한 피드백을 결합시킨 MI가 피드백 없는 MI보다 변화를 위한 동기를 유발하는 데 더 강력한 효과가 있다고 제안하는 증거들이 있다(Walters, Vader, Harris, Field, & Jouriles, 2009). 개인별 맞춤 피드백personalized feedback은 치료계획의 실행을 위한 동기를 구축하기 위하여 타깃 행동에 대한 관심과 그 촉발요인들에 대한 자각을 증대시키고자 하는 목적과 함께 사실에 입각한 정보를 제공하는 일을 포함한다. 그러한 정보는 객관적 사정(예: 실험 결과, 소변 검사) 또는 내담자의 자기보고에서 도출된다. ATA를 활용하면서 당신은 해당 결과에 대한 심판이나 분석 없이 오직 사실만을 제공할 것이다. 당신은 사례공식화 관련 피드백에 대한 내담자의 해석을 이끌어내면서 치료계획을 위한 동기를 구축할 것이다. 피드백에 유용한 사정은 타깃 행동의 수준, 객관적인 건강 정보를 포함한 타깃 행동의 문제 또는 결과, 타깃 행동의 유혹 또는 촉발요인, 그리고 치료 목표들을 포함한다(예: 「내가 원하는 것―치료 질문지What I Want from Treatment questionnaire」: https://casaa.unm.edu/inst/What%20I%20Want%20From%20Treatment.pdf).

> **전문가**: 우리가 다음으로 넘어가기 전에, 저는 철수 씨가 완성한 질문지에 대해 무엇을 알고 싶어 하시는지 궁금하군요. [묻기]
>
> **철수**: 도대체 이게 다 뭔가 싶었습니다. 저는 정말 그렇게 많이 마시지 않거든요.
>
> **전문가**: 철수 씨는 자신이 지나치게 마시지 않는다고 생각하시는군요. [반영하기] 철수 씨가 보고하신 바에 따르면, 술 드신 날을 모두 더하면 최근 30일 중 20일 동안 술을 드셨고, 술잔 수로는 100잔을 드셨다고 했습니다. [알려주기] 그런 사실이 철수 씨의 음주에 대한 자신의 생각과 얼마나 잘 일치하나요? [묻기]
>
> **철수**: 음, 저는 제가 그렇게 거의 매일 많이 마셨다는 걸 생각하지 못했던 것 같아요.
>
> **전문가**: 철수 씨가 알던 것보다 더 많이 마시고 있다는 것에 대해 놀라고 계시군요. [변화대화 반영하기]
>
> **철수**: 예, 음주와 관련해서 저는 문제가 없지만 매일 술을 마셔대는 인간이고 싶지는

않거든요.

　　전문가 : 매일 술마시는 인간은 철수 씨가 되고 싶은 사람과 일치하지는 않는군요. [변화
　　　　　　대화 반영하기] 또한 철수 씨는 친목 모임이라는 상황에 처했을 때, 그리고 강한
　　　　　　갈망을 느낄 때 자신의 음주를 통제하는 것에 대해 자신감이 아주 작아지는 것
　　　　　　을 느낀다고 보고하셨어요. [알려주기] 철수 씨의 치료계획에서 우리가 그 문제
　　　　　　를 어떻게 다루어야 할까요? [묻기]

　　　　철수 : 제가 보호관찰을 벗어나려면 분명 그런 문제들에 대처하는 일에 도움이 필요합
　　　　　　니다. [변화대화]

　　전문가 : 철수 씨는 치료계획에 친목 모임에 대처할 기술과 갈망을 다룰 방법을 포함해
　　　　　　야 한다고 생각하고 계시군요. [치료계획과 관련된 변화대화 반영하기]

　이 내담자는 객관적 사정이나 자기보고 질문지에 따른 결과에 대해 의문을 제기할 수도
있다(예: "이건 적절하지 않은데요. 질문들이 어쨌든 바보 같네요."). 모든 형태의 답보대화에서
처럼 당신은 이러한 진술을 단순 반영하거나 이전 장에서 기술된 다른 전략들을 활용하면
서 내담자가 그 상황을 어떻게 바라보는지 더 탐색해 본다. 예를 들면, 다음과 같이 말할
수 있다. "좋아요. 당신이 보시는 대로 그 사정은 적절하지 않았군요. 당신은 자신이 얼마
나 많이 마셔 왔다고 생각하시나요? 그리고 당신의 목표를 달성하는 데 가장 큰 방해물들
은 무엇이라고 생각하시나요?" 이러한 방식으로 당신은 내담자의 관점에 대해 존중한다는
사실을 강조하면서 치료계획을 위한 동기를 쌓아가는 작업을 계속해 나간다(피드백을 제공
하는 추가 전략들에 대해서는 〈표 3-2〉 참조).

---

**표 3-2** **피드백 논의를 위한 팁**

**1. 개인별 맞춤 피드백을 활용하라.**
　"당신이 그 치료실에 들어가기 전에 치렀던 검사와 사정에 대한 전체 결과 중 일부를 우리가 살펴
보자고 말씀드린 것을 기억하실 겁니다."

**2. 내담자의 참여에 대해 인정하고 자율성을 강조하라.**
　"많은 일들이 있었고 애를 많이 쓰셨던 것을 제가 압니다. 그래서 당신이 시간을 내준 것에 대해 우
리는 감사드립니다. 괜찮으시다면 저는 그 정보를 함께 나누고 싶습니다. 그리고 당신은 그 정보가
자신에게 어느 정도 유용한지에 대해 제게 알려주실 수 있습니다."

**3. 피드백 자료는 맥락에 맞게 소개하라.**

"이것은 당신이 작성했던 사정에 대한 결과를 요약한 자료입니다. 지금까지 당신에게 상황들이 어떠했었는지 그리고 당신의 삶에 어떤 일들이 일어나고 있었는지에 대한 정말 중요한 정보를 우리에게 주셨습니다. 이러한 정보들 중에서 제게 아주 분명해 보였던 것을 당신과 나누어도 괜찮으실까요?"

**4. 내담자에게 특정 결과를 보여 주는 세부 척도에 대해 상기시켜 주고, 그 도구가 무엇을 사정하려고 하는 것인지에 대해 설명하라**(자기보고 또는 관리되는 사정 도구assessor administered, 질문의 유형[예: 다중 선택, 예/아니요], 요청된 질문의 사례, 마약 사용과 관련된 문제 사정하기, 치료약 복용을 하지 않은 정도, 우울한 기분의 촉발요인).

**5. 측정 체계에 대한 개략적인 설명을 제공하라.**

"이 점수는 당신에 대해 …을 말해 줍니다."

**6. 점수 또는 결과를 언급하라.**

"여기서 볼 수 있듯이 총 43점에 이르는 당신의 점수는…"

하지만 비심판적으로nonjudgmentally 전달하고 비동의disagreement를 수용하라. 저항과 함께 구른다.[3] 내담자의 반응을 이끌어내라.

"이러한 사실이 당신에게는 어떻게 들리시나요? 이 사실이 지금까지의 당신의 삶과 얼마나 맞아떨어지나요?"

그리고 관련된 정보를 제공하는 것을 허락 받은 뒤 전달하라.

"당신이 원한다면 클라미디아chlamydia[4]가 당신의 HIV 상태에 어떤 영향을 미치는지에 대한 정보를 제가 좀 알고 있습니다."

**7. 내담자의 뚜렷한 반응에 대해 반영하고 요약하라. 양면 반영은 이 장면에서 종종 도움이 된다.**

"이러한 모든 정보가 들어맞는 것처럼 느껴지지는 않습니다. 다른 측면에서, 그중 일부는 당신이 약 복용을 놓친 것에 의해 강력한 영향을 받았던 것에 대해 당신으로 하여금 생각해 보도록 해 주고 있네요. 당신이 병원에 계셨을 때처럼 말이죠."

**8. 내담자의 비언어적 반응들을 반영하라.**

"제가 그것에 대해 말했을 때 당신의 눈이 잠시 커지는 걸 봤습니다. 지난달에 당신이 얼마나 많은 양의 마리화나를 피웠는지에 대해 듣는 것이 어땠나요?" 또는 "제가 당신의 기분이 중간 수준의 우울 범위에 있다고 말했을 때 정말 뭔가가 생각나신 듯하다는 것을 느꼈습니다."

---

3) [역주] 치료자가 내담자와 맞서지 않는다는 의미. 밀러 박사는 "씨름을 하지 말고 춤을 춰라"라고 권유한다.
4) [역주] 성병의 일종

**9. 다음 결과로 이행하도록 하라.**

"지금까지 우리는 바이러스가 어느 정도 있는지에 대해 초점을 맞추었습니다. 이어서 알려드릴 정보는 당신의 물질 사용이 어떻게 전체적인 상황과 관련된 중요한 뭔가를 우리에게 말해 줄 수 있을 겁니다." 또는 "당신이 두려워하는 상황을 회피하는 것이 어떻게 당신의 불안을 유지시키는지에 대해 우리는 초점을 맞춰왔습니다. 이제 당신이 이러한 유형의 상황에 어쩔 수 없이 있게 되면 어떤 일이 일어나는지에 대해 질문하고 싶습니다."

**10. 중간 요약을 제공하라.**

"우울한 상태가 당신에게 중요한 것들을 처리하는 일을 방해했을 뿐만 아니라, 매일 약에 취해 있는 것이 당신으로 하여금 포기하는 것에 대해 생각하게 만들었지요."

**11. 최종적인 요약을 제공하라.**

"그래서 당신이 작성하신 사정 내용은 당신이 치료약 복용을 반 시간 정도 뒤늦게 하고 있고, 바이러스 수치가 높고, 음주를 하실 때 종종 복용하지 못한다는 사실을 보여 줍니다. 동시에 당신은 의료처치를 받기 전에 음주를 줄이는 일에 흥미를 보이기는 하지만 금주를 하는 것에 대해 좀 복잡한 감정이 있으시죠. 맞나요?"

**12. 이러한 행동들이 전반적인 삶의 목표에 얼마나 일치하는지에 대해 질문함으로써 변화대화를 이끌어내도록 하라.**

"당신이 이런 상태로 두 차례 되돌아온 사례 중 하나는 당신이 아이들에 대해 더욱 능동적으로 되는 것이 얼마나 중요한가를 보여 줍니다. 이러한 결과들을 함께 살펴보고 나서 이제 이 점에 대해 어떤 생각이 드시나요?"

# 계획하기

당신이 앞서의 세 과정에 대한 지침을 따라왔다면, 촉발요인을 사정하고, 개입 타깃들에 초점을 맞추며, 그것들을 다루기 위한 동기를 구축하는 평가 회기(들) 전반에 걸쳐 이미 계획하기의 일부를 작업해 온 것이다. 계획하기 과정에서 당신은 다음 회기를 위한 계획뿐만 아니라 치료를 위한 계획도 더욱 구체화한다. 다음의 요소들은 치료에 대한 평가 구성요소의 계획하기 과정에서 다루어져야 한다.

## 허락 구하기

첫째, 치료계획에의 참여engage를 승낙해 달라고 요청하라. 첫 회기와 마찬가지로 모든 회기가 변화계획으로 끝마친다는 것을 내담자가 알아챌 수 있겠지만, 내담자는 전체 치료계획에 대해, 특히 실험 연구와 보험 목적으로 전형적으로 작성되는 서면 계획에 대해 준비가 되어 있지 않을 수 있다. 평가 회기의 이러한 지점에서, 해당 과정의 나머지 부분이 잘 진행되었다면 내담자는 대부분 이러한 과제에 참여할 준비가 되어 있다. 하지만 필요하다면 ATA를 활용하는 이론적 근거에 대해 논의하고, 앞 장에서 논의된 것처럼 불화 또는 늘어난 답보대화에 응답하도록 한다.

## 개입 타깃의 검토 및 우선 사항 결정

그다음에 당신은 확인된 타깃 영역들과 완성된 양식들을 모두 검토하면서 요약 반영을 활용하고 현 시점에 빠진 것이 있다면 보완을 위해 질문한다. 이어서 당신과 내담자는 그러한 구성요소들의 우선순위를 결정하면서, 우선순위를 제안하는 증거뿐만 아니라 내담자 자신의 선호 또한 내담자가 고려하도록 다시 한 번 안내한다.

> **전문가**: 우리는 세아 씨의 촉발요인에 대해 얘기를 나눴습니다. 그리고 세아 씨는 자신의 생각들이 증상들과 어떻게 연결되어 있는지 이해한다면 도움이 될 거라고 생각하고 계시죠. 세아 씨의 활동을 늘리고 남편과의 관계를 개선하는 것 또한 다음 회기들에서 우리가 함께 작업하게 될 것입니다. 세아 씨는 그 밖에 어떤 것을 우선 타깃 영역으로서 추가하고 싶으신가요?
>
> **세아** : 음, 저는 여전히 학교로 돌아가고 싶어요.
>
> **전문가**: 학교가 세아 씨에게 우선 사항이군요. 우리는 세아 씨의 계획에 학교 복귀를 추가할 수 있습니다. [알려주기] CBT 치료의 관점에서 보면 이것은 세아 씨의 활동 수준을 늘리는 것과 같은 범주에 속할 수 있습니다. 왜냐하면 그것은 아침에 일어나기, 밖에 나가기, 학교 숙제하기, 그리고 다른 이들과 상호작용하기 등을 포함할 것이기 때문이죠. 세아 씨는 어떻게 들리시나요? [묻기]
>
> **세아** : 그게 좋은 것 같아요.

**전문가**: 좋아요. 자, 앞으로 몇 주 동안 우리가 어떤 목표들에 대해 작업해야 할지 함께 정해 봅시다. 먼저 어느 것이 세아 씨에게 가장 중요한지 논의해 봅시다. 그러면 유사한 목표를 지닌 다른 내담자들에게 도움이 되곤 하는 정보를 제가 알려 드릴 수 있습니다.

**세아**: 저는 제 결혼생활에 대해 다루고 싶어요. 하지만 여러 가지 걱정과 에너지가 떨어지는 것 같은 다른 문제들이 정말 저를 꼼짝 못하게 하고 있어요.

**전문가**: 세아 씨의 결혼생활이 우선 사항이긴 하지만, 관계 문제를 제대로 다루기 위해서는 다른 것들에 대해 우선 작업할 필요가 있다고 생각하시는군요. 걱정거리들을 다루는 것과 활동을 늘리는 것은 둘 다 중요합니다. 무엇을 먼저 작업하길 바라는지는 세아 씨에게 달려 있습니다. 우리는 확실히 둘 다 하게 될 겁니다.

**세아**: 여러 가지 걱정과 생각 속에서 길을 잃는 문제를 다루는 게 먼저인 것 같아요. 어떤 새로운 활동이 설사 재밌는 것이라 할지라도 지금 당장 제가 그걸 할 준비가 되었는지 확신이 서지 않네요.

## 협동을 통해 치료계획 구체화하기

세 번째 구성요소는 앞서의 논의에 기초한 우선순위에 따라 치료계획을 구체화하는 것이다(내담자 유인물 3-5 참조).[5] 치료계획은 가급적 내담자의 허락과 함께 작성하는 것이 좋다. 자율성을 지지하기 위한 좋은 전략은 내담자에게 스스로 치료계획을 작성해 나갈 선택권을 주거나 내담자의 허락하에 당신이 작성하는 것이다. 치료계획의 모든 항목들이 회기에서 다뤄져야 하는 것은 아니고, 그중 일부는 내담자 스스로 다룰 수도 있고(예: 의사 면담 예약하기, 딸과 시간을 좀 더 보내기) 또는 리퍼referral될 수도 있다(예: 지지모임). 각 타깃에 대하여 당신과 내담자는 다뤄야 할 문제들, 폭넓은 범위의 목적들goals과 특정한 목표들objectives, 그리고 계획된 개입 전략들을 협동하여 구체화할 수 있다([그림 3-2] 치료계획 예시 참조). 당신은 열린 질문, 반영, ATA를 활용하여 내담자의 지식과 선호를 당신이 근거기반 치료들에 대해 지닌 정보와 함께 통합한다(예: 자가 모니터링, 기술훈련, 활동계획 세우기).

---

5) 내담자 유인물 3-5는 사정 및/또는 치료 동안 떠오르는 현존하는 문제들과 여타 주제들을 다루는 데 활용될 수 있다. 이 유인물은 원래 계획하기를 위한 도구이지만 초점 맞추기 과정을 지원할 수 있다

| 타깃 행동/증상/관심사 | 목적 및 목표 | 치료계획 |
|---|---|---|
| 1. 알코올 사용 | a. 알코올 검사에서 양성이 나오지 않게 되어 보호관찰 완료하기 | 알코올에 대한 자가 모니터링<br>갈망 다루기<br>거절 기술 |
| 2. 우울함 | a. 슬픔을 느낄 때 마시지 않기 (0~100 점수 척도에서 20 이상)<br>b. 매일 최소한 한 가지 즐거운 활동을 하기 | 2a. 기분에 대한 자가 모니터링<br>2b. 활동계획 세우기 |
| 3. 부부 갈등 | a. 아내와의 관계 개선하기 | 의사소통 기술<br>사고 다루기—흑백논리<br>분노 관리 |

이 계획이 내게 중요한 이유 세 가지:

1. 나는 감옥에 가고 싶지 않다.

2. 나는 내 아내와의 결혼을 유지하고 싶다.

3. 나는 더 이상 치료를 받지 않게 되어 돈을 절약하고 싶다.

**[그림 3-2]** 철수의 치료계획 예시

특정한 촉발요인을 타깃으로 삼아야 하는 개입 전략의 근거가 명확하지 않다면(예: 인지 재구조화, 수용 기반 접근, 또는 행동 실험), 선택안을 제시하여 내담자와 함께 우선순위를 결정할 수 있다. 당신이 시행하는 치료가 모듈 형식을 활용한다면, 특정한 모듈 및 그 진행 순서는 마찬가지로 협동을 통하여 선택할 수 있다. 당신이 아주 중요하리라 생각하는 개입 목적들 및 전략들을 내담자와 함께 이끌어내고 토의하지 않았다면, 다음과 같이 ATA 및 선택안 메뉴와 함께 이끌어내는 것이 좋다. "어떤 이들은 자신의 진단을 그 누구도 알게 하고 싶지 않아서 때때로 HIV 치료를 받지 못하게 된다고 말합니다. 잠재적인 촉발요인으로서 그 점에 대해 어떻게 생각하시는지요?"

불안에 대한 CBT 치료에서 전문가와 내담자는 치료 그 자체, 즉 내담자가 매우 불안을 불러일으키고 커다란 정신적 고통distress을 받게 되는 원인 행위 바로 그것을 해 보는 노출exposure 회기들에서 어려운 과제에 직면한다. 전문가가 어려운 난관들에 대해 이해하고 효과 있는 사례개념화를 발전시켰다면, 그 치료가 어떻게 작동될 것인지 설명해 주고 내담자가 이 치료에 참여하는 것이 장기적으로 내담자의 심리적 고통을 분명히 경감시킨다는 사실을 납득하도록 도와야 한다. 내담자는 그들이 노출에 대해 갖는 공포 순위 목록_fear hierarchies_에서 높은 위치에 있는 항목들에 직면해야 한다는 생각만으로도 치료에 대한 흥미를 잃어버릴 수도 있다.

> **상현** : 아이쿠, 우리가 이걸 논의하고 있기는 한데, 선생님이 말씀하고 계신 것들을 제가 어떻게 하기를 기대하고 계신지 제게는 확실하지 않네요.
>
> **전문가**: 그래요, 제가 얘기하고 있는 게 어렵게 보일 수 있습니다. 특히 상현 씨의 공포 순위 목록에서 보다 위쪽에 있는 상황들은요. [반영하기]
>
> **상현** : 맞아요. 참여할 경우 등급을 매기는 곳에서, 그리고 제가 발표를 해야만 하는 그런 곳에서 수업을 받는 걸 상상조차 할 수 없는 거죠.
>
> **전문가**: 그런 걸 하는 생각만 하면 굉장히 불안해지는군요. [반영하기]
>
> **상현** : 그런 것에 대해 말하는 것조차 땀을 흘리게 돼요.
>
> **전문가**: 알았습니다. 그래서 이러한 두려움들과 씨름할 준비가 되었는지 여부는 정말 상현 씨에게 달려 있습니다. 그 목록의 훨씬 아래에 있는 항목들 중에서 시작하는 건 어떨까요? 그리고 목록의 상위에 있는 것들과 씨름하는 건 상현 씨가 좀 더 준비가 되었다고 느낄 때까지 기다리는 것은 어떨까요?
>
> **상현** : 그렇게는 해볼 수 있겠어요.
>
> **전문가**: 상현 씨는 이러한 두려움들에 자기 자신을 점차적으로 노출하는 것이 도움이 될 수도 있다는 걸 아시는군요. [반영하기] 상현 씨는 이 목록 어디쯤에서 시작하길 원하시나요? [개인의 선택 강조하기]
>
> **상현** : 여기요, 제 방 대신에 학생센터에서 식사를 하는 건 어떨까요?

## 치료계획에 대한 결단의 공고화

끝으로, 당신은 요약 반영과 함께 내담자가 결단/결심_commitment_을 공고히 하도록 안내하기 시작하는데, **왜** 변화해야 하는지 그리고 **어떻게** 변화해야 하는지에 대한 변화대화를 요약해 주고 치료계획에서의 다음 단계들을 통합해 간다. 예를 들면, 다음과 같이 말할 수 있다.

"유진 씨, 우리는 유진 씨가 왜 치료약을 복용하길 원하는지에 대해 얘기해 왔는데, 그건 유진 씨의 건강과 독립을 유지하기 위한 것이죠. 유진 씨는 자신이 얼마나 자주 약을 복용하는 걸 놓치는지 기록을 계속 해나가기, 남자친구의 집에서 밤을 보내는 계획을 개선하기, 그리고 자신의 상태에 대해 갖는 부정적인 생각들을 다루는 일의 중요성을 알고 있습니다. 유진 씨는 자신이 얼마나 자주 약 복용을 놓치는지 기록하는 것과 외박에 대한 계획을 세우는 것으로 시작했으면 합니다. 제가 빠트린 게 있나요?"

내담자가 추가 사항이나 변경 사항을 답한다면, 그것들을 반영하고 필요하다면 치료계획을 수정한다. 이제 내담자가 결단대화를 말하도록 요청해서 계획이 앞으로 진전되도록 한다. 몇 가지 예는 다음과 같다. "이 계획에 대한 당신의 결단에 대해 어떻게 생각하시나요?" 또는 "이 계획을 왜 당신이 수행해야만 한다고 느끼시나요?" 항상 반영을 통해 또는 상세히 말하기를 요청하기를 통해 결단 언어를 강화하라. 앞 장에서 기술한 '결단 측정 눈금'을 고려하도록 한다.

## 다음 회기를 위해 계획하기

MI-CBT 통합치료에서 당신은 매 회기를 다음 주의 목표를 포함하는 그 주의 구체적인 변화계획, 그 목표를 달성하기 위한 구체적인 단계, 그리고 목표 성취를 방해하는 방해물을 다룰 '방해물 대처계획if-then plans'을 개발하면서 끝맺는다. 치료의 이 지점에서 내담자는 문제 행동을 감소시키는 목표를 선택할 수 있지만, 이 목표는 내담자가 그렇게 수행할 기술을 지니고 있지 않다면 시기상조일 수 있다. 대안으로 작은 행동 변화들을 만드는 것일 수 있다("독한 술을 그만 마시려고요." "내일 강아지 산책을 시키려고요."). 하지만 MI-CBT 통합치료에서 우리는 치료 초기에 내담자들을 회기와 회기 사이의 실습practice이라는 개념에 적응시키는 것을 시작해 볼 수 있다. 이러한 과제들은 변화계획의 구체적인 단계들로 생각해 볼 수 있고, 이러한 지점에서 치료계획을 검토하거나, 추가적인 정보를 획득하거나(예: 문제 행동, 증상, 또는 상황을 기록한다, 가족 구성원을 면담한다), 다음 개입 전략을 준비하거나(예: 실행 가능한 즐거운 활동 목록을 만든다), 자기계발self-help 개입을 완수한다(예: 지지모임 참석하기, 관련된 장章 읽기, 또는 5분 명상하기). 어떤 치료 과업이든 ATA(이번 절節 윗부분 참조)를 활용하여 과제와 이론 근거를 논의하면서, 당신이 정보를 제공하기 전에 내담자에게서 최대한 이끌어내도록 하라. 관련된 장들의 끝에 그 장과 연관된 과업들을 위한 변화계획 양식이 있다(내담자 유인물 3-6 참조). 세아가 한 사정 회기에 특정된 변화계획 Change Plan 양식을 완성한 것이 [그림 3-3]에 있다. 과제를 해 오지 않았을 때 과제에 대한 동기를 어떻게 증대시킬 것인지, 그리고 불화와 답보대화를 어떻게 다룰 것인지와 같은 과제 관련 문제에 대해서는 7장에서 더 진전된 논의를 한다. 하지만 이 장의 별도의 변화계획은 각 장의 변화계획에 포함된 과제들처럼 적용 가능하지는 않다.

---

### 나의 시작 계획

**내가 이루고자 하는 변화들:**

내 생각들과 내 증상들이 어떻게 관련되는지 이해한다.

활동을 늘린다.

남편과의 관계를 개선한다.

**이러한 변화들은 나에게 중요하다. 왜냐하면:**

내 생각들과 걱정들이 나를 통제하는 것을 원치 않기 때문이다.

먼가 나쁜 일이 일어날 거라는 걱정 없이 내가 운전할 수 있기를 바라기 때문이다.

나는 학교에 돌아가고 싶기 때문이다.

결혼생활은 내게 중요하기 때문이다.

나는 다시 활력을 얻고 싶기 때문이다.

**나는 이러한 단계를 수행하면서 시작할 계획이다(무엇을, 어디서, 언제, 어떻게):**

나의 걱정을 촉발하는 것들에 대한 목록을 다음 회기 전까지 만든다.

아이들이 아무런 활동도 하지 않는 수요일에 나는 이 목록을 만들 것이다.

나 혼자 다음 회기에 올 수 없다고 생각되면 남편에게 데려다 달라고 요청한다.

**(자발적으로 제시되지 않을 경우의 회기 참석에 대한 질문)**

| 만약(If) 계획대로 되지 않으면 | 그러면(Then) 이렇게 시도한다. |
|---|---|
| 촉발요인 목록 작성을 잊어버렸다. | 잊어버리게 되기 전에 내 전화기 일정란에 상기할 수 있게 기록해 둔다. |
| 내 촉발요인을 생각해 낼 수 없다. | 남편과 딸에게 도와달라고 요청한다. |
| 남편이 다음 회기에 차로 데려다 줘야 할 것 같은데 그렇게 못한다. | 언니/동생이나 내 이웃에게 차량 지원을 요청한다. |

**[그림 3-3]** 세아의 변화계획

**전문가**: 자, 지금까지 우리는 상현 씨를 불안하게 만드는 다양한 상황들에 대해 논의해 왔는데요, 제가 의도한 것은 우리가 만나는 회기들 밖에서 진전을 이루어 내는 것에 대한 아이디어를 도출하는 것이었습니다. 제가 지금 얘기하고 있는 것이 상현 씨는 이해 가시나요?

**상현**: 네, 이해할 것 같아요. CBT가 '과제'를 포함한다는 얘기를 들었거든요.

**전문가**: 음, 기본적으로 그렇습니다. 저는 그것을 '회기 사이의 실습'이라고 부르고 싶은데요, '과제'라고 하면 좀 학교처럼 들리거든요. 하지만 어쨌든 상현 씨는 이것에 대해 좀 더 논의해 볼 수 있을까요?

**상현**: 물론이죠. 그러면 어떤 걸 부과하려고 하시는지요?

**전문가**: 그렇게 물어보시니 기쁩니다. '과제'라는 이슈는 제가 부과하는 과제물처럼 느껴지는데요, 그보다는 우리는 함께 결정해야 합니다. 우리가 상담실에 함께 있지 않은 동안에도 진전을 계속하기 위하여 상담실 밖에서 어떠한 다음 단계들을 밟을 수 있을지에 대해서 말이죠. 상현 씨는 그것이 어떻게 다르다고 생각하시는지요?

**상현**: 음, 어떤 과제를 할 것인지에 대해 제게 발언권이 있다고 말씀하시는 것 같네요.

**전문가**: 그보다 훨씬 더 이상입니다. 상현 씨는 말할 권리가 있을 뿐만 아니라, 우리가 상현 씨를 위해 최선인 게 무엇인지 우리는 함께 얘기해야만 합니다.

**상현**: 그렇군요. 알겠습니다.

**전문가**: 불안을 치료하는 데 이 작업이 왜 중요할 수 있는지에 대해 상현 씨는 이해 가시나요?

**상현**: 음, 하나 말씀드리자면, 선생님께서 제게 요구하시는 게 어려울 것 같다는 생각이 드네요.

**전문가**: 음, 그럴 수 있어요. 하지만 제가 상현 씨로 하여금 그런 것들을 그 자체로서 하도록 하는 것이 아니라, 과제가 너무 어려워서 상현 씨가 그것들을 하지 않거나 못하는 것이 아닌, 그리고 또 너무 쉬워서 상현 씨의 발전에 별로 기여할 것이 없는 것이 아닌, 그렇게 실습을 하는 대신 어떤 적절한 다음 단계들을 우리가 함께 도출해 낸다는 것을 정말 분명히 한다면 어떨까요?

**상현**: 음, 그건 훨씬 괜찮게 들리는군요.

# MI-CBT 딜레마

양가감정이 여전히 현존하고 있을 때 어떻게 진행해야 할 것인지는 계속되는 딜레마이다. 이 문제는 내담자가 치료계획에 참여하지 않을 때 아주 분명해질 수 있지만, 답보대화와 불화가 수반되는 여타 과정들을 통해서도 알아차릴 수 있다. 당신은 이전 장에서의 지침들을 따르는 MI만으로 계속 진행하기로 선택할 수도 있고, CBT로 빠르게 나아가면서 무엇이 일어나는지 지켜보기로 결정할 수도 있다. 변화에는 언제나 어느 정도 양가감정이 있기 마련이지만, 치료계획에 대한 어떤 합의를 얻을 수 있다면 CBT가 진행되어야 한다고 우리는 믿는다. 내담자가 전체 계획에 참여할지 결정하기 전에 하나 또는 두 개의 치료 전략(예: 자가 모니터링, 신체 활동)을 시도해 보는 것에 참여할지 확인해 보는 방법도 있다. 때로는 시한을 두는 방식이 내담자의 참여에 도움이 될 수 있는데, 이는 계속 진행을 결정하기 전에 몇 주 동안 한 가지 개입 전략을 시도해 보는 것이다. 만약 내담자가 CBT 작업 참여를 단호히 거절할 경우 우리는 몇 번의 MI 회기를 통해 양가감정을 변화의 방향으로 전환시킬 수 있다고 믿는데, MI 관련 연구의 대부분은 몇 회기 이상을 포함하고 있지는 않다(Lundahl & Burke, 2009). 따라서 우리는 동기증진치료motivational enhancement therapy(Miller, Zweben, & DiClemente, 1994) 접근을 권장하는데, 여기서 당신은 한 달 동안 몇 차례의 MI 회기와 후속 조치follow-up를 진행하면서 내담자를 관찰하고, 내담자가 CBT에 참여할 준비가 되었는지 아니면 내담자 자신이 하던 걸 계속하길 선호하는지 살펴보도록 한다.

또 다른 딜레마는 치료계획에 대한 내담자의 선호가 당신이 근거에 기반하여 알고 있는 것과 배치될 때 일어난다. 때때로 내담자의 아이디어들을 치료계획에 단순히 추가할 수 있는데, 예를 들면 내담자가 영양 공급이 우울 문제를 돕는다고 믿을 경우가 그렇다. 다른 경우에는 내담자의 목표가 명백하게 증거와 어긋날 때이다. 예를 들면, 내담자는 목표로서 음주 절제를 선호하지만, 근거에 따르면 금주 접근이 성공할 가능성이 보다 더 높다. 우리는 당신이 ATA를 통해 정보를 제공하지만 궁극적으로는 내담자의 선호를 받아들인다고 생각한다. 당신과 내담자는 목표에 대한 내담자의 선택을 하나의 가설로서 고려할 수 있고, 양자는 그 계획이 설정 기간(가설을 검정할 만큼 충분히 긴 기간이지만 치료 실패를 초래할 정도로 긴 시간은 아닌 기간) 동안 효과적인지 살펴볼 근거를 모아볼 것이다. 우리는 소기의 성과를 이루지 못할 경우 다른 선택들을 고려할 수 있다. 우리는 윤리적으로 낙관주의를 전달할 수는 없더라도 내담자의 선호가 효과가 있을 것이라는 희망을 여전히 전달할 수 있는데, 동맹을 구축함으로써 내담자가 여전히 분투하고 있을 때 당신의 조언이 향후에 고려되도록 할 수 있을 것이다. 내담자의 선호가 금지된 것이라면(예: "전 HIV 약을 하루걸러 복용하고 싶을 뿐이에요."), 윤리적으로 당신은 ATA를 통해 이러한 정보를 제공해야만 하고 내담자의 접근방식을 따를 수는 없다.

끝으로, 당신은 과제를 고려하길 거부하는 내담자를 만날 수 있다. 당신은 과제에 대한 근거를 이끌어내고, 관련성이 있고 취향에 맞으며 실현할 수 있는 과제에 대한 내담자의 아이디어들을 이끌어내도록 시도할 수 있다. CBT 접근들에서는 회기들 사이의 시간에 진전이 많이 일어난다는 것, 그리고 과제작업이 그러한 진전을 위한 운반수단이라는 생각을 강조한다. 만약 내담자는 과제 수행을 단호히 거부하지만 당신은 과제 없이는 CBT가 진행할 수 없다고 믿는다면, 내담자가 과제에 대해 준비가 되어서 앞에서 기술한 동기증진치료로 넘어가지 전까지는 CBT를 실시할 수 없다는 점을 설명해 줄 수 있다. 대안으로, 당신은 CBT의 몇몇 구성요소들을 제공하기로 결정할 수 있는데, 그 구성요소들은 과제작업 없이는 효율적인 효과를 내지 못할 수도 있지만 당신이 그 내담자와 작업하면서 시도할 의향이 있다는 점을 내담자에게 설명해 준다. 여기에 정답은 없다. 모든 치료 구성요소들이 개입되지 않으면 성과가 강력하지 않을 수도 있다는 이유로 당신이 치료의 효능에 대한 내담자의 신념을 훼손하지만 않는다면, 어떤 치료든 하는 것이 아무런 치료도 하지 않는 것보다 더 낫다고 우리는 생각한다.

## 기능 사정[분석]의 세 가지 방식

전통적인 기능 사정[분석]functional assessment은 질문－답변의 면담 형식을 따른다. 두 가지 대안이 MI 정신과 기술들을 유지하면서 치료계획에 대한 동기를 구축해 준다. 한 가지 방식은 각각의 열린 질문에 반영을 하나씩 하고, 세 번의 질문을 할 때마다 이어서 요약을 하는 것이다. 보다나은 방법은 당신이 앞서의 대화에서 이미 획득한 정보를 반영하고, 멈춤과 열린 질문을 활용해서 내담자가 숙고하도록 안내함으로써 그러한 정보들을 통합해 내는 것이다.

**활동 목표:** 이 활동을 통해서 당신은 MI－CBT 통합 접근에서 기능 사정을 어떻게 완수할 것인지 실습한다.

**활동 지침:** 체중 감량, 특히 과식을 타깃으로 삼은 실험에서의 기능 사정에서 발췌한 다음의 다섯 항목의 질문에 대해 생각해 보라. 절식節食이나 식이계획을 따르는 것에 대해서도 당신이 동일한 질문을 할 수 있다는 점에 주목하라. **버전 2** 와 **버전 3** 의 빈칸을 채워 보도록 한다.

**버전 1** 면담

1. 사람들: 명희가 접시를 가득 채우고 나서 잠시 후 또다시 채우거나, 칼로리를 낮추고 싶다면 먹지 말아야 할 과자를 먹는다든지 할 때와 같이 명희가 많은 양의 음식을 먹을 때 일반적으로 특정한 사람들이 주변에 있나요? 예를 들어, 명희가 특정한 친구들, 급우들, 형제자매, 또는 가족들과 있을 때 좀 더 과식하는 경향이 있나요?

   **명희:** 저는 가족들과 있을 때 분명 더 먹곤 해요. 특별한 경우에 나가서 먹을 때를 제외하곤 친구들과 어울려서 너무 많이 먹는 건 좋아하지 않아요.

2. 장소: 명희가 덜 먹는 걸 어렵게 만드는 어떤 장소가 있나요? 예를 들면, 학교, 교회, 친척이나 이웃집, 또는 패스트푸드점에서 그런가요?

   **명희:** 친구들과 밖에서 먹을 때 보통 맥도날드나 동네 가게에 가요. 그리고 나서 더 무력감을 느끼게 되죠.

3. 정서: 명희가 적정량보다 더 먹게 될 때 어떤 특정한 정서, 기분, 또는 감정에 빠져 있는 걸 알고 있나요? 여기에는 슬픔, 분노, 피로감, 지루함 등이 포함될 수 있어요.

**명희**: 슬프고 지루할 때 더 먹게 돼요. 체중 때문에 우울해져서 움직이지 않을 때 같은 경우죠. 그러면 아무것도 할 게 없어서 지루해져요.

4. 시간대: 명희가 일주일 중에 덜 먹는 게 어려운 날이나 시간대가 있나요? 예를 들면, 야간, 학교 점심시간, 어머니가 일터에 있을 때, 또는 명희가 TV를 볼 때 과식을 더 하게 되나요?

**명희**: 학교 방과 후에 시간이 많이 있을 때, 그리고 금요일 밤에 엄마와 피자를 먹으면서 영화를 볼 때 그래요.

5. 사고: 명희가 과식할 때 머릿속을 스치는 특정한 생각이 있나요? 예를 들어, 절망감, 거절에 대한 생각?

**명희**: 모르겠어요. 아마도 제가 무력감을 느낄 때 멈출 수 없는 것 같고 그래서 제가 뭔가 잘못된 것같이 느껴져요.

**버전 2** 묻기-반영하기-묻기-반영하기 및 요약하기

우선 질문을 열린 질문으로 바꾸도록 한다. 이어서 각 질문 사이에 반영을 추가하고 질문을 세 번 하고 난 다음에는 요약을 한다. 당신의 반영은 단순한 바꿔 말하기일 수도 있고 실행 반영에서와 같이 좀 더 복합적일 수도 있다. 우리는 첫 질문으로 시범을 보이고자 한다.

1. 사람들: 명희가 접시를 가득 채우고 나서 잠시 후 또 채우거나, 칼로리를 낮추고 싶다면 먹지 말아야 할 과자를 먹는다든지 할 때와 같이 명희가 많은 양의 음식을 먹을 때 일반적으로 특정한 사람들이 주변에 있나요? 예를 들어, 명희가 특정한 친구들, 급우들, 형제자매, 또는 가족들과 있을 때 좀 더 과식하는 경향이 있나요?

**전문가** [열린 질문]: 평소에 명희가 많은 양의 음식을 먹게 될 때 명희의 주변에 어떤 사람들이 있곤 하나요? 예를 들어, 친구나 가족과 같이 말이죠.

**명희**: 저는 분명 가족들과 있을 때 더 먹곤 해요. 특별한 경우에 나가서 먹을 때를 제외하곤 친구들과 어울려서 너무 많이 먹게 되는 걸 좋아하진 않아요.

**전문가** [반영]: 가족들이 과식하게 되는 주요한 사람들이고 친구들은 특별한 경우군요.

**실행 반영**: 가족들이 과식하게 되는 주요한 사람들이고 친구들은 특별한 경우라서, 사람들이 어떻게 명희를 도와줄지 알아내는 게 유익할 것 같네요.

2. 장소: 명희가 덜 먹는 걸 어렵게 만드는 어떤 장소가 있나요? 예를 들면, 학교, 교회, 친척이나 이웃집, 또는 패스트푸드점에서 그런가요?

   **전문가** [열린 질문]: _____

   _____

   **명희**: 친구들과 밖에서 먹을 때 보통 맥도날드나 동네 가게에 가요. 그러고 나서 무력감을 더 느끼게 되죠.

   **전문가** [반영]: _____

   _____

3. 정서: 명희가 적정량보다 더 먹게 될 때 어떤 특정한 정서나 기분이나 감정에 빠져 있는 걸 알고 있나요? 여기에는 슬픔, 분노, 피로감, 지루함 등이 포함될 수 있어요.

   **전문가** [열린 질문]: _____

   _____

   **명희**: 슬프고 지루할 때 더 먹게 돼요. 체중 때문에 우울해져서 움직이지 않을 때 같은 경우죠. 그러면 아무것도 할 게 없어서 지루해져요.

   **전문가** [반영]: _____

   _____

   **요약**: 지금까지 보면 명희는 일반적으로 가족들과 있을 때 더 먹게 되고, 맥도날드나 동네 가게에 갈 때 친구들과 과식을 더 하게 된다는 것을 알고 있어요. 이럴 경우 명희는 무력감과 함께 자신이 뭔가 잘못되었다고 느끼게 되는 거군요.

4. 시간대: 명희가 일주일 중에 덜 먹는 게 어려운 날이나 시간대가 있나요? 예를 들면, 야간, 학교 점심시간, 어머니가 일터에 있을 때, 또는 명희가 TV를 볼 때 과식을 더 하게 되나요?

   **전문가** [열린 질문]: _____

   _____

   **명희**: 학교 방과 후에 시간이 많이 있을 때, 그리고 금요일 밤에 엄마와 피자를 먹으면서 영화를 볼 때 그래요.

   **전문가** [반영]: _____

   _____

<u>5. 사고</u>: 명희가 과식할 때 자신의 머릿속을 스치는 특정한 생각이 있나요? 예를 들어 절망감, 거절감, 또는 사랑받지 못한다는 느낌?

**전문가** [열린 질문]: _____

_____

**명희**: 모르겠어요. 아마도 제가 무력감을 느낄 때 멈출 수 없는 것 같고 그래서 뭔가 잘못된 것같이 느껴져요.

**전문가**: [반영]: _____

_____

**전체 요약**: _____

### 버전 3

그 어떤 질문도 하지 않으면서 대화에서 어떤 답변을 수집할 수 있는지 살펴보자.

**전문가**: 명희 양, 우리가 최상의 계획을 만들기 위해서는 너무 많이 먹도록 촉발하는 사람들, 장소, 생각, 기분에 대해 좀 더 알아내는 것이 도움이 될 겁니다.

**명희**: 음, 분명 기분이 저하되어 있을 때 더 먹게 돼요. 모든 게 희망이 없어 보일 때처럼요. 그리고 나서 엄마가 영화를 같이 보려고 피자를 갖고 오시고, 그럼 전 아주 미쳐버리죠.

**전문가**: 명희는 절망감과 압도감을 느낄 때 가족들과 함께 더 먹게 되는군요. 특히 영화를 보는 밤에요.

**명희**: 네. 저는 맥도날드나 뭐 그런 곳에 가지 않는 이상 친구들과 있을 때는 정말 과식을 하지 않아요. 정말 어쩌다 한 번 그러죠.

당신은 사람들에 대해 무엇을 배웠는가? _____

장소에 대해서는? _____

기분에 대해서는? _____

생각에 대해서는? _____

시간대에 대해서는? _____

어떤 질문이 남았는가? _____

## 평가에서의 MI 정신

**활동 목표:** 이 활동을 통해서 당신은 어떤 접근이 MI 정신과 가장 일치하는지 결정 내릴 것이다.

**활동 지침:** 파트너와 함께 활동 3-1의 기능 평가의 각 버전을 역할 연습role-play으로 해 보라. 아래의 척도 양식을 활용하여 MI 정신의 네 가지 구성요소들(협동, 수용, 동정, 유발) 측면에서 역할 연습을 수치로 평가하라. MI 정신과 CBT 평가 목표 사이의 상충되는 측면에 대해서 논의하라.

### 기능 평가 버전 1: 면담

| 협동 | | | | | | |
|---|---|---|---|---|---|---|
| 우리는 서로 대항하고 있다. [씨름하는] | | | 우리는 협동적으로 작업하고 있다. [춤추는] | | | 우리는 함께 있지만 그다지 성과가 없다. [멈춰 있는] |
| 1 | 2 | 3 | 4 | 5 | 6 | 7 |
| 수용 | | | | | | |
| 나는 내담자의 선택에 대해 다투고 있고/있거나 내담자가 변하도록 압력을 넣는다. [지시하는] | | | 나는 내담자의 선택— 변화 없음을 포함—을 인정하고 존중한다. [수용하는] | | | 나는 내담자의 소망이나 선택에 대해 무관심한 것 같다. [관망하는] |
| 1 | 2 | 3 | 4 | 5 | 6 | 7 |
| 동정 | | | | | | |
| 내담자의 욕구보다 성과가 더욱 중요하다. [분리된] | | | 나는 능동적이고 주체적으로 내담자의 욕구를 지지해 준다. [공감적인] | | | 내담자의 욕구에 대하여 나는 정서적으로 영향을 받는 반응을 보인다. [측은해하는] |
| 1 | 2 | 3 | 4 | 5 | 6 | 7 |

| 유발 | | | | | | |
|---|---|---|---|---|---|---|
| 나는 변화에 대한 이유를 제시하고 있다.<br>[주장하는] | | | 나는 변화에 대한 내담자의 관점을 이끌어내고 있다.<br>[안내하는] | | | 나는 회기가 어디로 가든지 그저 내버려 둔다.<br>[따라가는] |
| 1 | 2 | 3 | 4 | 5 | 6 | 7 |

## 기능 평가 버전 2: 묻기-반영하기-묻기-요약하기

| 협동 | | | | | | |
|---|---|---|---|---|---|---|
| 우리는 서로 대항하고 있다.<br>[씨름하는] | | | 우리는 협동적으로 작업하고 있다.<br>[춤추는] | | | 우리는 함께 있지만 그다지 이뤄지는 게 없다.<br>[멈춰 있는] |
| 1 | 2 | 3 | 4 | 5 | 6 | 7 |

| 수용 | | | | | | |
|---|---|---|---|---|---|---|
| 나는 내담자의 선택에 대해 다투고 있고/있거나 내담자가 변하도록 압력을 넣는다.<br>[지시하는] | | | 나는 내담자의 선택—변화 없음을 포함—을 인정하고 존중한다.<br>[수용하는] | | | 나는 내담자의 소망이나 선택에 대해 무관심한 것 같다.<br>[관망하는] |
| 1 | 2 | 3 | 4 | 5 | 6 | 7 |

| 동정 | | | | | | |
|---|---|---|---|---|---|---|
| 내담자의 욕구보다 성과가 더욱 중요하다.<br>[분리된] | | | 나는 능동적이고 주체적으로 내담자의 욕구를 지지해 준다.<br>[공감적인] | | | 내담자의 욕구에 대하여 나는 정서적으로 영향을 받는 반응을 보인다.<br>[측은해하는] |
| 1 | 2 | 3 | 4 | 5 | 6 | 7 |

| 유발 | | | | | | |
|---|---|---|---|---|---|---|
| 나는 변화에 대한 이유를 제시하고 있다.<br>[주장하는] | | | 나는 변화에 대한 내담자의 관점을 이끌어내고 있다.<br>[안내하는] | | | 나는 회기가 어디로 가든지 그저 내버려 둔다.<br>[따라가는] |
| 1 | 2 | 3 | 4 | 5 | 6 | 7 |

## 기능 평가 버전 3: 대화

| 협동 | | | | | | |
|---|---|---|---|---|---|---|
| 우리는 서로 대항하고 있다. [씨름하는] | | | 우리는 협동적으로 작업하고 있다. [춤추는] | | | 우리는 함께 있지만 그다지 이뤄지는 게 없다. [멈춰 있는] |
| 1 | 2 | 3 | 4 | 5 | 6 | 7 |
| 수용 | | | | | | |
| 나는 내담자의 선택에 대해 다투고 있고/ 있거나 내담자가 변하도록 압력을 넣는다. [지시하는] | | | 나는 내담자의 선택― 변화 없음을 포함―을 인정하고 존중한다. [수용하는] | | | 나는 내담자의 소망이나 선택에 대해 무관심한 것 같다. [관망하는] |
| 1 | 2 | 3 | 4 | 5 | 6 | 7 |
| 동정 | | | | | | |
| 내담자의 욕구보다 성과가 더욱 중요하다. [분리된] | | | 나는 능동적이고 주체적으로 내담자의 욕구를 지지해 준다. [공감적인] | | | 내담자의 욕구에 대하여 나는 정서적으로 영향을 받는 반응을 보인다. [측은해하는] |
| 1 | 2 | 3 | 4 | 5 | 6 | 7 |
| 유발 | | | | | | |
| 나는 변화에 대한 이유를 제시하고 있다. [주장하는] | | | 나는 변화에 대한 내담자의 관점을 이끌어내고 있다. [안내하는] | | | 나는 회기가 어디로 가든지 그저 내버려 둔다. [따라가는] |
| 1 | 2 | 3 | 4 | 5 | 6 | 7 |

## 실행 반영

**활동 목표:** 이 활동을 통해서 당신은 실행 반영들을 만들어서 개입 아이디어들을 반영 진술문으로 확정해 보는 실습을 한다.

**활동 지침:** 실행 반영의 각 유형에 대해 당신 자신의 대답을 명확하게 제시해 보라.

1. 행동 제안: 내담자의 난관을 반영하고 실행 진술문으로 재구성하라.

   ㄱ. 유진은 지난 번 마지막 병원 방문 이후 항레트로바이러스 치료약을 복용하는 것을 그만두었고 치료약이 다 떨어졌다고 말한다. 유진이 겪는 난관에 대한 이해를 전달하는 동시에 실행 진술문을 제공하려면 어떻게 말해야 할까?

      _____

      _____

   ㄴ. 철수는 알코올 치료를 받고 싶지 않지만 가족을 잃게 되거나 감옥에 가고 싶지도 않다고 말한다. 그는 모두가 자신을 그만 들볶길 바라고 또 모든 상황이 자동차 사고 이전으로 돌아갔으면 한다.

      _____

      _____

2. 인지 제안: 내담자의 난관을 반영하고 생각의 변화를 위한 제안으로 재구성하라.

   ㄱ. 세아는 자신의 운전이 가족이나 자신에게 부상을 초래할까 봐 걱정을 한다. 그녀는 일터에 가고, 아이들을 학교와 스포츠 경기에 데려다 주고 데려오며, 장보는 것과 병원 치료 등과 같은 여타의 활동을 위해 운전할 수 있어야 한다. 그녀는 안전에 대한 자신의 걱정을 극복하는 일이 절망적으로 느껴진다.

      _____

      _____

   ㄴ. 명희는 어머니가 한다는 일이 자신에게 잔소리하고 자신의 동생들을 위해 정크푸드를 사오는 행동뿐이라면 자기는 체중 감량에 성공할 수 없다고 말한다. 그녀는 여름이 오

기 전에 감량을 하고 싶지만 어머니가 도와주지 않기 때문에 정말 못할 것 같다고 생각하고 있다.

_____

_____

3. 행동 배제: 내담자의 난관을 반영하고 배제되어야 할 해법을 확인하라.

ㄱ. 철수는 가족들 모임에서의 음주를 줄이려고 최소한 두 번 시도했지만 잘 되지 않았다. 철수는 성공하고 싶지만 자신의 대가족을 만나는 걸 그만두고 싶지도 않다. 음주는 그들이 즐기는 파티와 여타 가족 행사의 큰 부분을 차지한다.

_____

_____

ㄴ. 상현은 파티에서 겪는 사회불안을 극복하려고 앞서 몇 번 술기운을 활용했는데 그만 아주 취해 버려서 그 전략은 역효과를 냈다. 그 전략이 효과적이지 않다고 자신도 생각하지만 어떻게 해야 할지 모른다.

_____

_____

## 추천할 만한 응답

1. 행동 제안: 내담자의 난관을 반영하고 실행 진술문으로 재구성하라.

ㄱ. 유진은 지난 번 마지막 병원 방문 이후 항레트로바이러스 치료약을 복용하는 것을 그만두었고 치료약이 다 떨어졌다고 말한다.

"유진 씨가 병원에 갈 수 있다면, 처방약을 조제할 수 있을 겁니다. 유진 씨가 원한다면 말이죠."

ㄴ. 철수는 알코올 치료를 받고 싶지 않지만 가족을 잃거나 감옥에 가고 싶지도 않다고 말한다. 그는 모두가 자신을 그만 들볶길 바라고 또 모든 상황이 자동차 사고 이전으로 돌아갔으면 한다.

"철수 씨가 치료 회기에 참석한다면, 사람들이 더 이상 철수 씨를 괴롭히지 못하게 할 수 있습니다."

2. <u>인지 제안</u>: 내담자의 난관을 반영하고 생각의 변화를 위한 제안으로 재구성하라.

ㄱ. 세아는 운전이 가족이나 자신에게 부상을 초래할까 봐 걱정을 한다. 그녀는 일터에 가고, 아이들을 학교와 스포츠 경기에 데려다 주고 데려오며, 장보는 것과 병원 치료 드오가 같은 여타의 활동을 위해 운전할 수 있어야 한다. 그녀는 안전에 대한 자신의 걱정을 극복하는 일이 절망적으로 느껴진다.

"세아 씨는 안전에 대한 걱정에 압도감을 느낄 수 있습니다. 그런 생각들로 힘들어도 세아 씨가 필요한 일들을 해내는 방법을 찾아보는 게 도움이 될 겁니다."

ㄴ. 명희는 어머니가 하는 것이라곤 자신에게 잔소리하고 자신의 동생들을 위해 정크푸드를 사오는 행동들만 할 때 자기는 체중 감량에 성공할 수 없다고 말한다. 그녀는 여름이 오기 전에 감량을 하고 싶지만 어머니가 도와주지 않기 때문에 정말 못할 것 같다고 생각하고 있다.

"명희는 자신이 집에서 아무런 도움도 받지 못하고 있다고 느끼고 있고, 그래서 어떻게 해서든 성공적으로 느낄 수 있는 방법을 찾아보는 일이 우리가 함께 할 작업의 중요한 부분이 될 거예요."

3. <u>행동 배제</u>: 내담자의 난관을 반영하고 배제되어야 할 해법을 확인하라.

ㄱ. 철수는 가족 모임에서의 음주를 줄이려고 최소한 두 번 시도했지만 잘 되지 않았다. 그는 성공하고 싶지만 그의 대가족을 만나는 걸 그만두고 싶지도 않다. 음주는 그들이 즐기는 파티와 여타 가족 행사의 큰 부분을 차지한다.

"철수 씨는 이미 가족모임에서 자신의 음주량을 줄이려고 노력해 보았고 또 가족들과 만나는 걸 그만두고 싶지도 않지요. 그래서 철수 씨가 다른 단계들을 우선 밟아보는 것에 초점을 맞추는 것이 좋겠어요."

ㄴ. 상현은 파티에서 겪는 사회불안을 극복하려고 앞서 몇 번 술기운을 활용했는데 그만 너무 취해 버려서 그 전략은 역효과를 냈다. 그 전략이 효과적이지 않다고 자신도 생각하지만 어떻게 해야 할지 모른다.

"상현 씨는 파티에서 좀 더 편안하도록 해주는 방안을 지금 당장은 모르고 있습니다. 그래서 아마도 우리는 다른 환경에서 기술을 훈련하는 것으로 시작해야 할 것 같아요."

## 작업절차: 치료계획 수립을 위하여 변화대화를 이끌어내고 지지하기

**활동 목표:** 이 활동을 통해서 당신은 특히 치료계획에 대한 변화대화를 이끌어내기 위한 유발 질문들을 발전시키는 연습을 할 것이다. 이어서 변화대화를 더욱 지지하는 반영들을 발전시킬 것이다.

**활동 지침:** 다음의 각 항목에 대해 빈칸을 채우고, 필요하다면 사례에 추가로 상세하게 작성한다. 연속물의 세 가지 구성요소 각각을 완성하는 연습을 할 것이다. 첫 부분에서 연속물의 세 가지 구성요소[변화대화를 이끌어내는 질문, 내담자의 변화대화, 변화대화에 대한 반영] 중 하나를 완성할 것이다. 두 번째 부분에서는 당신의 창의력을 발휘하여 세 가지 구성요소 중에서 둘을 완성할 것이다.

항목 1

• **변화대화를 이끌어내는 전문가의 전략:** 어떻게 되길 바라시나요?
• **내담자의 변화대화:** 제가 술 때문에 커다란 곤란을 겪지 않으면서도 가족들과 함께할 수 있기를 바랍니다. 감옥에 가고 싶지도 않고요.
• **전문가의 강화(반영/질문):** _____

_____


항목 2

• **변화대화를 이끌어내는 전문가의 전략:** 어떻게 하면 그렇게 할 수 있다고 생각하시나요?
• **내담자의 변화대화:** _____

_____

• **전문가의 강화(반영/질문):** 맥주 두 잔 후에 자리를 떠날 수 있는 게 당신이 활용할 수 있는 해결책이네요.

항목 3

• **변화대화를 이끌어내는 전문가의 전략:** _____

_____

- 내담자의 변화대화: 저는 감옥에 가지 않게 처신할 수 있을 겁니다. 그리고 제가 이걸 해낸다면 아내는 제 곁에 머물 거라고 저는 생각해요.
- 전문가의 강화(반영/질문): 우리가 당신에게 효과가 있는 해결책을 찾을 수 있다면, 당신이 원하는 방식으로 상황이 잘 해결될 수 있게 하는 방법을 당신은 알아낼 수 있습니다.

항목 4

- 변화대화를 이끌어내는 전문가의 전략: 명회 양, 우리는 지금 자신의 어머니가 바뀌었으면 하는 것들에 대해 얘기를 나눴어요. 어머니가 집으로 가져오는 음식들, 그리고 명회가 그걸 먹을 때 어머니가 명회에게 어떤 식으로 말하는지와 같은 것들 말입니다. 명회 자신은 어떤 변화를 만들고 싶은가요?
- 내담자의 변화대화: _____
  _____

- 전문가의 강화(반영/질문): _____
  _____

항목 5

- 변화대화를 이끌어내는 전문가의 전략: _____
  _____

- 내담자의 변화대화: 제가 좀 더 적게 먹고 식사와 식사 사이에 간식을 먹지 않도록 노력할 필요가 있다는 것을 알아요. 아마도 물을 더 마셔야 하고 또 패스트푸드를 멀리해야 할 것 같아요.
- 전문가의 강화(반영/질문): _____
  _____

항목 6

- 변화대화를 이끌어내는 전문가의 전략: _____
  _____

- 내담자의 변화대화: _____
  _____

- 전문가의 강화(반영/질문): 그런 것들이 체중 감량에 필요한 변화들이죠.

## 추천할 만한 응답

### 항목 1
- 전문가의 강화(반영/질문): 당신은 가족 모임에 가서 술을 너무 마시는 걸 피하고 싶군요.

### 항목 2
- 내담자의 변화대화: 모임 전체 시간 내내 머물기보다 맥주 두 잔 정도 마신 뒤에는 자리를 뜰 수도 있을 것 같네요.

### 항목 3
- 변화대화를 이끌어내는 전문가의 전략: 이걸 해내도록 하는 걸 배운다면 일어날 수 있는 가장 좋은 일은 무엇일까요?

### 항목 4
- 내담자의 변화대화: 건강한 식사를 하고 싶고 또 운동을 시작하고 싶어요.
- 전문가의 강화(반영/질문): 명희는 건전한 체중 관리에 대해 명료한 생각을 지니고 있군요.

### 항목 5
- 변화대화를 이끌어내는 전문가의 전략: 어떻게 하면 보다 건강한 식사를 할지에 대해 이미 알고 있는 것은 무엇인가요?
- 전문가의 강화(반영/질문): 보다 건강한 식사를 선택하는 것이 명희의 최우선 과제이고 그걸 어떻게 해낼지 이미 몇 가지 생각을 갖고 있군요.

### 항목 6
- 변화대화를 이끌어내는 전문가의 전략: 그게 명희에게 중요한 이유는 무엇인가요?
- 내담자의 변화대화: 제가 먹는 것들을 바꾸지 않고는 체중 감량을 정말 할 수 없거든요.

# 기능 평가 도구

바람직하지 못한 행동이 언제 그리고 왜 일어나는지 이해하는 일은 그 행동을 예방하고 다른 방식으로 다룰 수 있는 계획을 세우는 데 도움이 될 것입니다. 가장 자주 발생하는 것들을 아래 빈칸에 목록으로 만듭니다. 요청하는 정보를 가능한 한 충분히 기술하도록 하십시오.

| 어디에/ 상황 | 누가 있는가 | 시간대 | 갈망들 | 생각들 | 느낌들 |
|---|---|---|---|---|---|
|  |  |  |  |  |  |
|  |  |  |  |  |  |
|  |  |  |  |  |  |
|  |  |  |  |  |  |
|  |  |  |  |  |  |
|  |  |  |  |  |  |
|  |  |  |  |  |  |
|  |  |  |  |  |  |

# 간단한 기능 평가 도구

바람직하지 못한 행동이 언제 왜 일어나는지, 그리고 그 결과가 무엇인지 이해하는 일은 그 행동을 예방하고 다른 방식으로 다룰 수 있는 계획을 세우는 데 도움이 됩니다. '촉발요인' 난에는 _____(으)로 이끄는 상황, 사람, 장소 등의 목록을 적어 보십시오. '결과' 난에는 자신이 촉발요인 주변에 있을 때 어떤 일이 벌어지는지 적어 보십시오.

| 촉발요인 | 결 과 |
|---|---|
|  |  |
|  |  |
|  |  |
|  |  |
|  |  |

# CBT 모델 기능 평가 도구

바람직하지 못한 행동이 언제 그리고 왜 일어나는지 이해하는 일은 그 행동을 예방하고 다른 방식으로 다룰 수 있는 계획을 세우는 데 도움이 됩니다. 언제 ＿＿＿＿＿＿＿＿가(이) 일어나는 경향이 가장 많은지 생각해 보십시오. 아래 도표를 활용해서 바람직하지 못한 행동을 했을 때 자신이 겪는 가장 흔한 상황, 생각, 정서, 신체 증상 그리고 행동 또는 활동 수준의 변화를 묘사해 보십시오.

이러한 요소들은 서로 연관되어 있습니다. 어떤 한 가지(예: 생각)를 변화시키면 다른 요소들에 변화를 가져올 수 있고, 그 결과 바람직하지 못한 행동을 바꿀 수 있습니다.

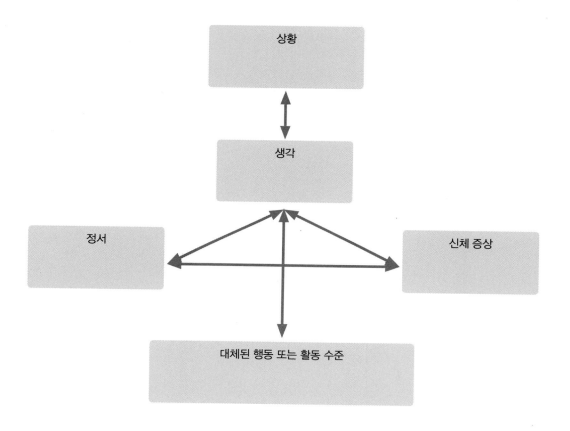

# 평가 요약

바람직하지 못한 행동의 촉발요인에 대해 평가해 본 다음 이 양식을 전문가와 함께 완성하십시오. 원 안에 바람직하지 못한 행동을 적어 넣고 네모 안에는 촉발요인들을 적어 넣도록 합니다. 이어서 주요한 촉발요인 네 개, 즉 바람직하지 못한 행동에 가장 기여하는 촉발요인들에 번호를 부여합니다(#1은 가장 기여가 높은, #2는 두 번째로 기여가 높은 등). 이러한 촉발요인들은 바람직하지 못한 행동을 다루기 위한 계획을 개발하는 데 사용될 것입니다.

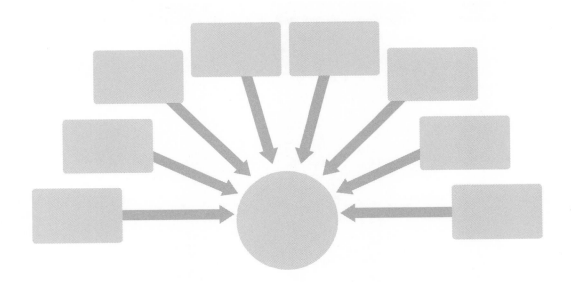

# 치료계획

이 양식을 전문가와 함께 완성해 보십시오. 치료에서 다루어야 할 바람직하지 못한 행동이나 여타 문제들을 첫 번째 난에 기입합니다. 각 치료 타깃에 대한 당신의 목적과 목표를 두 번째 난에 기입합니다. 끝으로, 각 치료 타깃에 대한 치료계획을 세 번째 난에 적습니다. 많은 사람이 자신의 계획에 각각의 바람직하지 못한 행동에 대해 주요한 촉발요인 네 가지를 다루는 것이 도움이 된다는 것을 알고 있습니다. 필요하다면 치료 과정 전반을 통하여 수정할 수 있습니다.

| 타깃 행동/증상/문제 | 목적 및 목표 | 치료계획 |
| --- | --- | --- |
|  |  |  |

이 계획이 내게 중요한 이유 세 가지:

1. _____
2. _____
3. _____

# 평가 결과에 대한 변화계획

## 나의 계획

내가 이루고자 하는 변화들:

_____

_____

_____

_____

이러한 변화들은 나에게 중요하다. 왜냐하면:

_____

_____

_____

_____

나는 이러한 단계를 수행할 계획이다(무엇을, 어디서, 언제, 어떻게):

_____

_____

_____

_____

| 만약(If) 계획대로 되지 않으면 | 그러면(Then) 이렇게 시도한다. |
|---|---|
| _____ | _____ |
| _____ | _____ |
| _____ | _____ |
| _____ | _____ |

제**4**장

# 자가 모니터링

내담자가 자신의 행동, 사고, 생리적 감각 또는 감정을 관찰하고 기록하는 과정인 자가 모니터링self-monitoring은 CBT의 핵심 구성요소이다. 자가 모니터링은 사정査定 도구(이전 장에서 언급한 바와 같이) 또는 개입전략 그 자체로서 사용된다. 전통적으로 생각에 대한 자가 모니터링은 CBT 초창기에 사용된 개입전략이다. 사고 기록thought record은 상황에 대한 반응과 생각, 감정 및 행동 사이의 관계를 검토한다(Beck, 2011, p. 195; Leahy, 2003, p. 8). 바람직하지 않은unwanted 행동의 선행요인과 결과에 대한 자가 모니터링은 CBT에서 흔히 이루어진다(또한 '기능 사정' 또는 '기능 분석'으로 알려져 있음). 불안장애 치료의 토대는 디스트레스distress, 생리적 증상, 행동 회피 및 그 촉발요인을 자가 모니터링하는 것이다(Newman & Borkovec, 1995). 즐겁거나 고통스러운distressful 두 가지 활동에 대한 모니터링은 우울증 치료에서 행동 활성화의 초석이 된다(Martell et al., 2010).

행동 변화에 대한 다수 분야에서 자가 모니터링이 향상된 결과를 이끌어낸다는 근거는 일치되고 있다. 예를 들어, 자가 모니터링을 포함한 개입은 HIV 약물치료에 대한 순응도를 향상시켰다(Parsons et al., 2007; Safren et al., 2001). 메타분석에서도 혈당 수치와 혈압에 대한 자가 모니

> 자가 모니터링은 향상된 결과를 이끌어낸다.

터링이 개선된 건강 결과로 이어진다고 보고하였다(McIntosh et al., 2010; Uhlig, Patel, IP, Kitsios, & Balk, 2013). 음식 섭취 또는 신체 활동에 대한 자가 모니터링이 증가되면 체중 감량 개입에 대한 긍정적인 반응 결과를 가져온다(Burke, Wang, & Sevick, 2011; Olander et al., 2013). 물질 사용에서의 효과적인 근거기반 개입은 조기에 갈망을 인식하고 상황에 따른 촉발요인을 확인하는 자가 모니터링을 포함한다(Fisher & Roget, 2009, p. 930). 자가 모니터링이 기초 사정[평가]baseline assessment으로 사용되었을 때, 음주를 줄이는 효과가 상당히 중대해서 연구자들이 다른 개입의 영향을 검증하는 데 어려움을 겪는다(Kavanagh, Sitharthan, Spilsbury, & Vignaendra,1999; Sobell, Bogardis, Schuller, Leo, & Sobell, 1989). 어떤 연구들은 그 외의 행동들에 대해 자가 모니터링이 미치는 유사한 효과를 발견하였다(Humphreys, Marx, & Lexington, 2009). 이러한 효과성에도 불구하고, 많은 내담자가 자가 모니터링을 충분히 따르고 있지는 않다(예: Newman, Consoli, & Taylor, 1999; Vincze, Barner, & Lopez, 2003). MI와 CBT를 통합하면 순응도를 향상시킬 수 있다(Smith, Heckemeyer, Kratt, & Mason, 1997; Westra et al., 2009).

# 관계 형성하기

MI-CBT 통합치료 회기의 초기 관계 형성하기의 일상적인 부분인 구성요소 세 가지를 생각해 보자. 즉, 내담자의 이전의 변화계획을 점검하기, 회기 의제를 정하기, 회기 목표의 근거[이유]rationale에 대하여 논의하기가 그것이다. 먼저, 과제를 포함하여 지난 주 내담자의 변화계획을 점검한다. 과제 완수의 어려움을 다루는 방법에 대한 자세한 내용은 7장을 참조하기 바란다. MI 기술을 사용하여 목표 달성을 위한 작은 단계들과 타깃 문제target concerns의 어떤 변화가 있다면 모두 인정해 준다. 충족되지 않은 목표가 무엇이든 공감해 주고 진전된 사항이나 미흡한 사항에 대하여 간이 기능 분석minifunctional analysis을 고려한다. 전문가는 사정에 대한 장을 참고하면서 어떠한 성공이나 다소 미흡한 목표 달성의 선행요인과 결과(또는 유발요인과 결과)를 간략하게 이끌어낼 수 있으며, 이러한 정보를 진행 중인 치료계획에 어떻게 통합할지 고려할 수 있다. 다음의 대화에서 반영하기와 열린 질문을 사용하여 선행요인 및 결과에 대한 세아의 설명과 치료계획을 위한 함의를 신속하게 조직화하는 방법을 살펴보기 바란다.

**전문가**: 수요일에 진짜 좋지 않은 하루를 보냈다고 말했어요. [반영하기] 그것에 대해 좀 더 말씀해 주세요. [열린 질문]

**세아**: 침대에서 벗어나기가 진짜 힘들었어요. 비가 오는 날씨에 운전하기 무서웠어요. 그래서 일하러 가기엔 아프다고 전화를 했죠. 그런 다음 진짜 죄책감을 느꼈어요. 그래서 다시 전화했는데 그게 기분을 더 망쳤어요.

**전문가**: 그러니까 악천후로 인해 약간의 두려움이 생겼네요. 직장에 아프다고 전화하고 난 후 굉장히 안 좋은 기분을 느껴서 우울증이 더 심해졌군요. [반영하기]

**세아**: 맞아요, 그 후 침대에서 나올 수도 없었고 스스로에게 점점 더 화가 났어요.

**전문가**: 악순환이네요. 우리가 치료계획의 촉발요인 관리에 대해 이야기하면서, 어떻게 날씨가 당신의 활동에 영향을 미치고 죄책감을 느끼는 생각이 어떻게 그 순환을 지속하게 하는지에 대해 다루는 것을 분명히 할 수 있겠네요. [치료계획에 통합하기 위한 실행 반영]

지난주 목표에 대하여 토론한 후, 회기에서 내담자가 관여해야 하는 의제 내용에 대한 근거를 탐색하면서 내담자와 협동하여 회기 의제를 수립하였다. 이전 장에서 설명한 것처럼 허락을 구하면서 계획된 회기 구성요소를 설명하고, 피드백을 이끌어내고, 피드백을 반영하며, 내담자가 추가하고자 하는 내용이 무엇인지에 대해 질문한다. 여기에 계속 추적 track해야 하는 몇 가지 중요한 사항이 있다(관계 형성하기 지침에 대해서는 〈표 4-1〉 참조). 첫째, 관계 형성하기를 증가시키는 방법으로 이전 회기에서 알아낸 내담자의 목표와 변화대화에 맞게 회기 의제를 조정한다. 자율성을 강조하기 위해 '당신you'이라는 단어를 계속 사용한다. 둘째, 관계 형성하기를 할 때 치료 과업은 구체적인 과업을 처방하기(예: "오늘 우리는 다음 한 주 동안 당신의 기분을 매일 기록하는 연습을 할 겁니다.")보다는 일반적인 용어로 논의한다(예: "당신이 만든 치료계획에 따라 오늘 우리가 어떻게 작업하는지에 대한 추적 방법을 논의할 겁니다.") 이런 방식으로 초점 맞추기의 과정 동안 협동적으로 자가 모니터링의 특정한 부분을 결정하도록 남겨 둔다. 셋째, 회기 의제에 대해 양가성(양가감정)을 보인다고 당신이 지각할 때 다음의 사례에서 보듯이 의제를 수립할 때까지 기다리기보다 즉각적으로 그 근거에 대하여 토론하는 것이 도움이 될 수 있다. 자가 모니터링을 위한 근거를 토론할 때 먼저 내담자가 과업에 대해 알고 있는 것이 무엇인지 이끌

> 먼저 내담자가 과업에 대해 알고 있는 것이 무엇인지 이끌어내고, 그런 다음에 그것이 왜 중요한지도 이끌어낸다.

어내고, 그런 다음에 그것이 왜 중요한지도 이끌어낸다. 자가 모니터링의 이론적 근거 중 한 부분은 그 자료가 후속 회기에서 사정을 위한 정보, 치료계획 수립, 또는 진행 과정을 모니터링하는 데 검토될 수 있다는 사실에 있음을 유념한다.

**전문가:** 상현 씨가 주로 하는 걱정은 수업 시간에 말을 해야 할 때나 교수가 당신을 불렀을 때 불안해진다는 거네요. [반영하기]

**상현:** 예, 땀이 나기 시작해요. 몸이 점점 뜨거워지고 얼굴은 점점 빨갛게 돼요. 그런 게 싫어요. 너무 당황스러워요.

**전문가:** 그렇군요. 그러한 상황에서 상현 씨의 불안을 감소시켜야 하는 게 목표네요. [변화대화를 강화하는 반영하기]

**상현:** 맞아요. 그런 일들이 일어나지 않았으면 좋겠어요.

**전문가:** 상현 씨는 그것을 떨쳐내길 원하네요. [반영하기] 좋아요, 그래서 우리는 이렇게 작업할 거예요. 도움이 될 수 있는 한 가지는 이러한 불안을 모니터링하는 것입니다. 이러한 방법에 대해 어떻게 생각하나요? [묻기]

**상현:** 기록하는 것 같은 거네요.

**전문가:** 네, 추적하는 것과 같은 거죠. 한 가지 방법은 그것을 작성하고 나서 상현 씨에게 가장 적합한 방법을 결정할 수 있도록 나중에 다른 방식에 관해서도 논의할 수 있어요. [알려주기] 어떤 이유에서 추적하는 것이 도움이 될 수 있을까요? [묻기]

**상현:** 음, 이 치료법이 효과적인지 알아야 하는 이유가 분명히 있네요.

**전문가:** 맞아요. 불안을 모니터링하는 주요한 한 가지 이유는 불안이 얼마나 심각한지를 알게 됨으로써 시간이 지남에 따라 치료가 효과가 있는지 불안이 이러한 상황에서 어떻게 되는지 알려줄 수 있게 돼요. [알려주기] 상현 씨가 생각해 볼 수 있는 다른 이유가 있나요? [묻기]

**상현:** 모르겠어요. 불안 유발 상황을 어떻게 생각하는지 우리가 살펴야 하는 것에 대해 이야기했던 건 알고 있어요.

**전문가:** 맞아요, CBT의 핵심 구성요소가 인지적 구성요소인 것에 대해 이야기했어요. [반영하기] 이제 다음은 상현 씨를 불안하게 만드는 상황을 모니터할 때, 그러한 상황 동안 하고 있는 생각을 우리가 함께 살펴볼 거예요. 상현 씨가 그것을 이해한 후에 우리는 그런 생각을 관리할 수 있는 최상의 계획도 생각해 낼 수 있

어요. [알려주기]

---

**표 4-1** 관계 형성하기를 위한 가이드라인: 자가 모니터링

**1. 회기 의제를 이전 회기에서 알아낸 내담자의 목표와 변화대화에 맞게 조정하고 '당신'[이름] 진술문으로 자율성을 강조한다.**

"당신은 학업을 끝낸 것처럼 HIV가 당신의 삶의 다른 목표를 방해하지 않도록 건강을 유지하는 것과 당신의 창의성을 발휘할 수 있는 일을 하면서 지지받는 것이 지난 시간에 가장 중요한 우선순위라고 말했습니다. 따라서 오늘 우리의 주제는 당신의 약물 복용량을 추적하는 방법을 알아가는 것입니다."

**2. 과업을 특정하게 지시하기보다는 일반적인 용어로 치료과업을 논의한다.**

"오늘 우리는 당신의 식사 및 행동 패턴들을 추적하는 데 도움 되는 기술을 알아가기 위해 작업할 것입니다." (구체적인 용어들은 초점 맞추기 과정에서 논의된다.)

**3. 회기 의제에 대하여 양가감정이 확인될 때 나중에 논의하기보다는 의제를 설정하는 과정 동안 근거rationals를 논의한다**(우선 내담자가 알고 있는 것what을, 그다음에 그것이 중요한 이유why를 이끌어내기 위하여 ATA를 사용한다).

치료자: 오늘 우리는 안전에 대한 당신의 걱정 패턴들을 기록하도록 돕는 기술을 배우게 됩니다. 그다음에….

내담자: (끼어들면서) 오, 그것이 도움 될 거라고 생각하지 않아요. 일은 막 벌어지고 있는데 내가 이미 심란해진 다음에야 깨닫게 됩니다!

치료자: 시작되는 걸 알아차리지 못할 경우에는 스스로 걱정을 추적하기란 어렵습니다. 사람들이 어떻게 걱정을 기록하는지에 대해 당신이 알고 있는 것은 무엇입니까?

내담자: 음, 어쩌면 일이 벌어지고 있을 때 그들은 나보다 더욱 합리적일 테죠.

치료자: 그래서 일이 일어나는 초기에 인식할 수 있는 사람들은 걱정을 추적하는 데 더욱 성공적일 수 있습니다. (멈춤) 당신에게 무언가 발견해 낼 가능성이 있다고 생각합니다. 우리가 추적하는 방법에 대해 이야기하게 되면, 아마도 당신이 그 조짐을 미리 알아차릴 수 있는 몇 가지 방법을 생각해 낼 수도 있을 겁니다.

내담자: 그게 필요하다고 생각해요.

치료자: 당신이 걱정할 때를 기록하는 것이 중요하다고 생각하는 근거는 무엇입니까?

내담자: 음, 내 생각에는 그것이 언제 벌어지는지, 언제 벌어지지 않는지를 알게 되는 거죠.

치료자: 통찰력이 대단하네요! 언제 벌어지고 있는지, 언제 그렇지 않은지를 아는 것은 그것에 대해 무엇을 해야 하는지, 그리고 무엇이 당신에게 효과적이지 않은지를 파악하는 데 정말로 도움이 될 겁니다. 어떻게 생각합니까?

내담자: 내가 결국 그것을 조절할 수 있을 것 같네요.

**4. 관계 형성하기 과정 동안 경청과 이해, 회피계획 수립, 문제 해결, 기술 훈련 및 그 외 CBT 전략의 관계 형성하기 과정 목표들을 준수한다.**

> 치료자: 오늘 우리는 매일 항바이러스제를 복용하는 데 도움이 되거나 도움이 되지 않는 것을 알아내면서 시간을 보낼 겁니다.
>
> 내담자: 예. 제게 방해가 되는 일은 따라갈 일정이 없어서라는 생각을 해 왔어요. 나는 일정을 따르는 걸 시작할 수 있을 것 같아요.
>
> 치료자: 이미 앞으로 나아가는 것에 대해 생각하고 있네요. 목록의 맨 위에 적힌 걸 확인해 보세요. 괜찮다면 당신이 계획 세우는 작업을 하기 전에 당신의 약물 복용 방식에 영향을 미치는 다른 것들을 생각해 내도록 우리가 시간을 쓸 수 있을까요? 즉, 우리는 당신의 생각을 실행하듯이 성공하기 위한 여러 방식을 생각해 볼 수 있어요.
>
> 내담자: 물론이죠. 좋은 생각이네요.

**5. 회기 과업을 설명하기 위하여 일상적인 용어 또는 공식적인 용어 중 어느 쪽을 사용할지 결정할 때 내담자의 필요[욕구]$_{needs}$를 고려한다**(내담자의 언어를 사용하거나 내담자가 회기에서 공식적으로 어떻게 말하는지 평가하고 그에 따라 언어를 선택한다).

> "당신은 기분일지를 계속해서 기록했다고 말했습니다. 그러한 무언가 도움이 될 수 있는 걸 하는 것에 대해 어떻게 생각합니까?"
>
> "당신의 기분을 추적하기 위해 휴대폰의 앱을 사용했다고 말했습니다. 그러한 무언가 도움이 될 수 있는 걸 하는 것에 대해 어떤 생각이 드나요?"

넷째, 관계 형성하기의 목표가 경청하고 이해하는 것이기 때문에 관계 형성하기 과정에서는 문제 해결이나 다른 CBT 전략들은 미루어 두는 게 중요하다는 점에 유념한다. 내담자가 계획하기 과정에 대해 준비가 되었을 때 문제해결 과정에서의 방해물들을 다뤄볼 수 있다. 각 과정들이 순서대로 일어나는 것은 아니지만, 계획하기를 너무 이르게 하는 것은 관계 형성하기, 초점 맞추기 그리고 유발하기의 동기를 방해할 수 있다. 모니터링해야 하는 근거를 다루고, 무엇을 어떻게 모니터링할 것인지에 대해 초점을 맞추며, 과제에 대한 동기를 유발하고 강화하였을 때 잠재적인 방해물들의 문제를 해결하기 위한 시간이 있을 것이다. 끝으로, 공식적인 용어를 '자가 모니터링'으로 사용할지 아니면 일상적인 용어를 사용할지 여부는 당신의 선택이며 내담자의 욕구도 고려한다. 체중 감량 문제가 있는 청소년인 명희의 경우 전문가는 '자가 모니터링'이라는 단어를 사용할 필요성을 느끼지 못하였으며, 그 대신 '추적하기'와 같은 용어를 사용하고 나중에 '기록'이라는 용어를 사용하고 있다.

전문가: 명희는 우리의 오늘 회기에 대한 계획을 논의해 볼 준비가 되었나요? 아니면 지난 한 주를 어떻게 보냈는지 더 얘기하고 싶나요? [허락 구하기]

명희 : 아, 우리가 함께 논의할 준비가 된 것 같아요.

전문가: 체중 감량 목표를 달성해서 명희의 기분이 더 나아질 수 있도록 하는 데 도움이 될 수 있는 것들 중 하나는 먹는 음식과 활동에 대한 추적을 시작하는 거예요. 그래서 오늘 우리는 명희가 그것을 어떻게 해 보고 싶은지에 대한 생각을 나누면서 약간의 시간을 보낼 수 있어요. [알려주기] 내가 말한 '추적하기'가 명희에게 의미하는 건 무엇일까요? ['왜(이유)' 이전에 '무엇'에 대해 묻기]

명희 : 모르겠어요. 왜냐면 제가 학교에 있기 때문에 모든 걸 항상 적을 순 없고 제가 무얼 하는지 사람들이 알기를 원하지도 않아요.

전문가: 추적한다는 것이 모든 것을 그 순간에 작성하는 것으로 생각해서 걱정하고 있군요. [반영하기] 기록하는 것처럼 상황이 발생할 때 추적하는 것도 무언가를 쓰는 것일 수 있지만, 어떻게 하는지, 언제 하는지, 정확히 무엇을 하는지에 대한 많은 옵션이 있어요. 우리는 그러한 것들을 나중에 얘기해 볼 수 있어요. [알려주기, 그리고 초점 맞추기 과정 예시하기] 기록하는 것이 중요한 이유들에 대해 명희는 어떻게 생각하나요? [묻기]

명희 : 진짜 잘 모르겠어요. 때때로 사람들은 자신이 생각하는 것보다 더 많이 먹을 수 있다는 걸 알고 있다는 얘기예요.

전문가: 맞아요. 기록하는 일이 먹는 것에 주의를 기울이도록 돕고, 연구에서도 기록하는 것만으로도 체중 감량에 도움이 될 수 있음을 보여 주고 있어요. 또한 기록하면 언제 과식할 것 같은지 어떤 음식이 관련되어 있고 어떤 상황이 더 유혹적인지 파악하는 데 도움이 될 수 있어요. [알려주기] 기록해야 하는 이러한 이유들에 대해 명희는 어떻게 생각하나요? [묻기]

명희 : 제가 기록하는 걸 기억하는 문제를 해결해 준다면 납득이 가죠. 저는 보통 하루가 끝나갈 무렵까지 잊어버리곤 하거든요. 만약 내가 뭔가에 심란해하거나 TV를 보게 된다면 저는 분명히 먹는 것에 주의를 기울이지 못할 거예요!

전문가: 이것을 어떻게 다루어야 할지 걱정하고 있군요. 명희가 어떻게 기록하고 싶은지 정확히 파악될 때 그러한 것들에 대해 우리가 이야기할 수 있어요. [반영하기, 그리고 초점 맞추기 및 계획하기 과정 예시하기] 지금부터 우리가 오늘 할 것

에 대해 같은 이해를 하고 있는지 확인하고 싶은데, 음식을 기록하는 일이 명회가 시작하길 바라는 지점 같네요. 우리는 활동을 기록하는 일에 대해서는 나중에 이야기할 수 있어요. [실행 반영]

**명희** : 네, 좋아요. 음식에 대한 추적으로 시작할 수 있어요.

## 답보대화 및 불화

2장에서 우리는 답보대화(변화에 반대되는 진술)와 불화(관계에서의 분쟁)의 개념을 소개하였다. 우리는 답보대화가 양가감정의 정상적인 부분임을 강조한다. 자가 모니터링의 맥락에서 답보대화는 모니터링 과업을 회피하려는 욕구, 능력, 이유 및 필요처럼 들릴 것이다. 몇몇 공통적인 진술에는 해당 과제를 완료하는 데 걸리는 시간, 과제의 어려움, 기억하는 걸 기억해 내는 것, 그리고 다른 사람들이 타깃 문제나 치료에 관해 알아낼 때의 개방에 대한 또는 치료에 대한 걱정들이 포함된다. 때때로 내담자는 자가 모니터링이 특히 정서적으로 심란할 때 직면할 준비가 되지 않은 주제에 대해 생각하게 만들 거라고 걱정한다. 내담자는 걱정 수준에 대해, 특히 당황스럽게 여기는 증상들(예: 폭식증)이나 법적으로 파생되는 문제들(예: 물질 사용)에 대해서는 인정하는 것을 망설일 수도 있다. 또한 증상은 자기 보호적(예: 위험을 피하기 위한 불안, 슬픔을 피하기 위해 먹기)인데 이러한 증상들에 대하여 기록하는 일은 그것들을 포기하는 첫 단계로서 인식된다.

이러한 주제와 관련된 답보대화는 치료 과정의 정상적인 부분이다. 2장에서 언급했듯이 반영하기는 답보대화에 대한 반응으로서 오랫동안 계속할 수 있고 치료동맹을 강화할 수 있다. 자율성 강조하기는 답보대화를 줄여줄 수 있다. 앞의 예시처럼 '당신' 진술문 사용에 추가적으로 선택의 자유를 강조하는 일은 매우 강력한 효과를 가져온다. "얼마나 기록하고 싶은지는 당신에게 달려 있습니다. 나는 대부분의 사람에게 효과가 있는 것을 제안할 수 있지만 당신에게 효과적인 건 당신이 가장 잘 알고 있습니다." 내담자가 옵션이 있는 것처럼 느끼도록 하는 것은 답보대화를 줄여준다. "무엇을 고려할지 얼마나 자주 기록할지 당신이 사용하려는 도구가 무엇인지에 대해 고려할 수 있는 옵션이 많이 있습니다." 옵션을 제공하는 것은 당신이 대안을 언급하면서 문제를 해결하는 것과 다르다. "당신은 종이나 휴대전화나 다른 새로운 앱에 기록할 수 있어요."라고 하는 것은 "당신은 기억할 수 있다고 생각하지 않는군요. 기억하기 위하여 당신 전화기에 설정해 놓을 수 있습니다."

와 같은 대안을 제안하는 것과 다르다. 후자의 진술은 초점 맞추기나 계획하기 시점에 허락을 받은 다음에 해야 한다.

또 다른 주제는 증상이 갖는 보호적인 측면이다. 내담자는 자신이 가진 증상들 없이 산다는 게 어떤 것인지 상상하기 어려울 수 있다. 예를 들어, 불안은 위험으로부터 벗어날 수 있는 방식으로 보호한다고 느낄 수도 있다. 두려운 상황의 회피는 내담자에게 단기간은 편하게 느끼도록 한다. 그러나 인생에서 그들이 원하는 것을 놓치기 때문에 나중에 문제가 된다. 사람들이 시작하게끔 돕고자 한다면, 모니터링에 대한 확신을 줌으로써 활동을 시작하게끔 할 수 있다. "첫 단계로 우리가 해야 할 일은 증상을 추적하는 것입니다. 이는 당신이 미래에 변화를 원할 것인지 그리고 어떤 변화를 원할 것인지를 결정하는 데 도움이 될 것입니다. 이것을 추적하는 일은 당신이 원하는 것이 무엇인지—그것이 어떤 것이든지—결정하도록 정보를 줄 수 있습니다. 당신은 이러한 접근을 어떻게 생각합니까?"

답보대화를 무시하거나 부주의하게 설득하려 하거나 조기에 문제를 해결하려 한다면 당신은 불화를 경험하게 될 수도 있다. 2장에서 설명하였듯이, 불화를 해결하는 전략은 사과하기, 인정하기, 초점 바꾸기를 포함한다. 이것들을 결합할 수도 있다. 예를 들어, 당신은 내담자가 실행할 준비가 되어 있지 않은 무언가에 내담자를 밀어붙인 것에 대하여 사과할 수 있다. 그런 다음에 내담자가 이뤄 내길 원하는 변화들을 인정해 줄 수 있다. "당신은 여전히 당신의 목표를 고수하고 싶어 하네요. 그러나 당신의 음주행동을 기록하는 일에 대해서 당신은 아직 준비가 되어 있지 않습니다." 초점을 바꾸는 것은 논쟁의 여지가 덜한 주제로 대화를 이동시키는 것이다. 당신은 당분간은 자가 모니터링에 대한 논의를 중단할 필요가 있고, 치료계획의 다른 구성요소들로 이동할 필요가 있다(이 주제에 대한 자세한 내용은 다음의 'MI-CBT 딜레마' 참조).

어떤 행동들에 대해서는 과도한 자가 모니터링이 해를 끼칠 수 있음을 주의한다. 예를 들어, 강박장애(OCD)가 있는 내담자의 경우 강박적으로 자가 모니터링을 하고 있는지 여부를 고려할 필요가 있다(Craske & Tsao, 1999). 과도한 걱정이 있는 내담자에게 모니터링은 확신의 형태로 걱정을 지속하는 방식이 될 수 있다. 윌슨과 비토세크(Wilson & Vitousek, 1999)는 식욕부진이나 폭식증이 있는 사람들은 칼로리 계산을 하지 않도록 주의를 주고 있다.

# 초점 맞추기

초점 맞추기 과정에서 당신은 무엇을 어떻게 모니터해야 하는지 명확히 해야 한다. 우리는 자가 모니터링이 특정한 근거기반 치료 내에서 이루어졌으므로 ATA의 맥락에서 정보를 제공하도록 대상자의 구체적인 문제 타깃에 대한 문헌을 검토할 것을 제안한다. 변화대화를 이끌어내는 질문을 포함한 자가 모니터링 도구들(내담자 유인물 4-1~4-5 참조)이 많이 있다. 새로운 기술에 대해 친숙함을 갖는 것은 새로운 옵션이 항상 나타나기 때문에 또한 도움이 될 수 있다. 그러나 우리는 자가 모니터링의 어떤 옵션이 최상의 결과를 가져오는지에 대한 데이터가 거의 없다는 사실을 발견하였다. 그래서 우리는 최상의 옵션은 내담자가 기꺼이 수행하고자 하는 옵션이라고 말하고자 한다!

첫 번째 질문은 무엇을 모니터할 것인가이다. 이것은 비교적 문제 타깃을 토대로 명확히 해야 하는데, 당신과 내담자가 얼마나 많은 정보를 한번에 모니터해야 하는지 결정해야 할 필요가 있다. 예를 들어, 내담자는 술을 마시는 상황, 음주량, 섭취하는 알코올의 종류, 장소 또는 관련된 사람들을 모니터해야 한다. 단순하게 시작하는 것이 가장 좋고 최상의 계획으로 발전시키기 위해 기록의 복잡성을 증가시키는 데 있어서의 이득과 어려움에 대해 협동하며 논의해야 한다. 목표를 너무 높게 설정한다면 내담자는 실패에 직면했을 때 목표를 포기해 버릴 수도 있다(Marlatt & Gordon, 1985).

어떻게 모니터할 것인가와 관련해서, 얼마나 자주 모니터해야 하느냐뿐만 아니라 도구들에 대한 옵션(서면 기록 대 기술 기반technology-based 접근, 서면 기록지 대 노트북 컴퓨터 등)이 있다. 예를 들어, 마텔 등(Martell et al., 2010, pp. 70-71)은 우울증에 대한 행동 활성화behavioral activation를 위하여 한 시간 단위의 모니터링, 하루 동안 시간 구간별 모니터링(3~4시간 동안에 일어난 일을 회상하면서 주기적으로 기록), 그리고 특정 시간 표집 절차(월요일 오후 1~3시, 수요일 오전 8~11시, 토요일 오후 6~9시와 같은 임의 추출 조사)와 같은 대안들을 기술하였다. 예를 들어, 주당 1~2회 폭음하는 내담자처럼 행동이 덜 빈번하게 발생하는 경우 내담자는 하루 단위로 음주행동을 모니터하거나 알코올 갈망과 같이 더 자주 하는 행동들을 모니터하는 걸 고려하거나 잠자기 전 하루 한 번 음주행동을 모니터할 수도 있다.

일반적인 규칙으로서 정보를 제공하기 전에 먼저 내담자로부터 생각을 이끌어낸다. 내담자는 당신이 제안하는 것보다 자신에게서 직접 나온 생각을 따를 가능성이 더 높다. 물론 내담자가 관리할 수 있는 것에 대하여 비현실적인 상태에 있다고 당신이 걱정된다면, 허락을 구한 다음 그러한 걱정을 표현하는 것이 좋다. 이러한 옵션을 탐색하고 특정한 자가 모니터링 접근에 초점을 맞추는 것은 다음의 유진의 사례처럼 모두 ATA와 반영하기를 통해 수행된다.

**전문가**: 우리는 모니터링이 무엇인지에 대해 이야기했고, 유진 씨는 약물을 어떻게 복용하는지 추적하는 게 중요하다고 말했어요. 유진 씨가 동의한다면 모니터할 내용과 어떻게 이것을 하길 원하는지 구체적으로 결정할 수 있어요. [묻기]

**유진**: 하루에 두 번, 아침에 한 번, 밤에 한 번 약을 먹어야만 해요.

**전문가**: 그러니까 아침과 저녁 약물 복용을 추적할 필요가 있네요. [반영하기] 유진 씨는 그 일을 어떻게 하시겠습니까? [묻기] 어떤 사람은 그 순간에 하는 걸 선호하고 또 어떤 사람은 일과를 마친 순간에 하는 걸 선호하죠. [알려주기]

**유진**: 그 순간에 하는 게 기억하기 좋을 것 같네요. 하지만 진짜 하루를 망치고 싶지 않아요.

**전문가**: 그래서 유진 씨는 가능한 한 오래 기억하는 방식으로 하루가 끝날 때 하고 싶다는 거군요. [반영하기] 유진 씨에게 효과적으로 작동할 모니터링 시스템에 대한 어떤 아이디어가 있습니까? [묻기]

**유진**: 전화기를 사용하는 것이 최상의 방법이라고 생각해요. 알람이나 어떤 것에 저장하고 난 후 노트에 기록할 겁니다.

**전문가**: 유진 씨는 휴대전화를 사용하는 것에 대한 생각이 확실하네요. [반영하기] 또한 약물을 기록하도록 하는 새로운 앱들이 있을 수도 있어요. [알려주기]

**유진**: 그것들 중 몇 가지를 알아볼 수 있어요.

**전문가**: 지금 유진 씨의 아이디어—잠자기 전에 알람을 맞추고 나서 아침과 저녁에 약을 먹었는지 노트에 기록하는 것—를 시작하는 것에 대해 어떻게 생각하나요? [묻기] 원한다면 나중에 유진 씨의 주간계획에 다른 앱들을 탐색하는 것을 추가할 수 있어요. [자율성 강조하기]

**유진**: 참 좋은 생각이네요. 하지만 지금 당장 전화기에 저장하는 것이 더 좋겠네요. 나중에는 기억하지 못할 거예요.

**전문가**: 유진 씨는 기억하기 위해 즉시 무언가 하는 것에 익숙하네요. [인정 반영] 사람

들은 자신들이 누구와 있었는지, 또는 자신들이 어떻게 느꼈는지, 촉발요인과 같은 것들을—특히 그것들을 놓친 경우라면—추적해요. 유진 씨는 그러한 것을 기록하는 것에 대해 어떻게 생각하나요? [묻기]

**유진**: 내가 그것들을 하도록 준비되었는지 모르겠네요.

**전문가**: 그럼 유진 씨는 오전과 오후 동안에 대해 간단히 예 또는 아니요로 시작하는 것을 더 선호하겠군요. [반영하기] 우리는 그런 뒤에 나중에 필요하다면 다른 정보를 덧붙이는 것을 고려해 볼 수 있어요. [실행 반영하기]

# 유발하기

무엇을 어떻게 자가 모니터링하는지에 대하여 초점을 맞춘 후 열린 질문으로 그러한 특정 주제에 대한 변화대화를 이끌어내야 한다(예: "휴대폰 앱을 사용하여 매일 음주를 추적하는 것이 당신에게 중요한 이유는 무엇입니까?" "매일 잠자기 전에 당신의 음식에 대해 일주일 내내 기록할 수 있다면 일어날 수 있는 최상의 일은 무엇입니까?"). 동기는 중요성과 자신감의 교차점에 있고(Miller & Rollnick, 2012), 보다 구조화된 CBT 과업으로 이동하면서 자신감을 유발하는 것이 점점 더 중요해진다. CBT는 효능에 대한 신념, 개입의 효과성과 치료 권고사항을 따르는 개인의 능력에 대한 자신감과 낙관주의를 강조한다(Lynch, Vansteenkiste, Deci, & Ryan, 2011). MI는 자기효능감을 지지하는 여러 전략을 구체화하고 있다. 인정 반영—그 사람의 긍정적인 특성이나 강점에 대한 반영—은 그러한 전략 중 하나이다("당신은 보호관찰을 끝내려고 끈기 있게 노력해 왔네요"). 당신은 이러한 인정하기를 현재의 타깃 행동에 연결할 수 있다("그리고 이러한 끈기는 기록 목표를 지속해서 실천하는 데 도움이 될 수 있습니다").

## 개인의 강점을 탐색하기

내담자의 자기효능감을 지원하는 몇 가지 질문 유형이 있다. 한 가지 유형은 당면한 과업과 직접적으로 관련된 과거의 성공경험에 대하여 격려하는 것이다. "당신은 돈이 부족했을 때 매일 얼마나 많은 돈을 썼는지 기록하곤 했다고 말했어요. 어떻게 그렇게 기록하는 걸 기억해 냈나요?" 당신은 다른 어려움들을 탐색하면서 인정 반영에서 이끌어 온 그 강점들을 사용할 수 있다("아무도 당신이 교통수단을 통해 이동하는 데 도움 주지 않았는데도 주유소에서 일을 계속하였다고 말했습니다. 어떻게 그러한 어려움을 극복할 수 있었나요?"). 마찬가지로, 과거에 성공적으로 달성된 목표, 개인적인 강점 또는 어려움들을 극복하는 데 유용한 사회적 지원에 대해 질문할 수 있다(예: "누가 당신을 도왔나요? 당신이 해낸 일로 인해 무엇이 달라졌나요?").

개인적인 강점을 쉽게 확인하지 못하는 내담자를 위해 다른 사람(예: 친구, 가족)이 그 사람의 장점이나 좋은 자질에 대해 말하는 것을 탐색해 보는 걸 고려한다. 내담자 유인물 4-6에 제시된 작업지나 카드 묶음(예: 사려 깊은, 친절한, 강한)에 나열된 강점 목록에서 내담자가 선택하는 그러한 구조화된 활동을 시도해 본다. 그런 다음에 내담자의 삶, 과거의 성공과 현재 진행 중인 과업에서 이러한 자질이 현재 어떻게 나타나고 있는지 열린 질문으로 추적하여 확인한다. 예를 들면, 이렇게 물을 수 있다. "당신은 항상 강한 사람으로 지내왔다고 말했습니다. 당신이 …하고자 결정하면 강한 사람이 되는 게 당신에게 얼마나 도움이 될 수 있을까요?"

## 눈금자 사용하기

앞의 장에서 결단을 높이기 위한 척도<sub>scale</sub>의 활용을 기술하였으며, 유사한 방식으로서 눈금(자)<sub>ruler</sub> 사용은 종종 MI 개입에 통합되곤 한다(Miller & Rollnick, 2012). 허락을 구한 뒤, 내담자 유인물 4-7에 제시한 것처럼 가장 낮음 1, 가장 높음 10으로 된 '눈금자' 그림을 보여 주거나 묘사한다. 그런 다음 내담자에게 1에서 10까지의 눈금 수치로 평가하도록 요청한다. "당신은 …을 할 수 있다고 얼마나 확신합니까?" 내담자가 하나의 숫자를 선택하면 첫 번째로 작업할 것은 응답에 대하여 반영하는 것이다. 두 번째는 내담자가 더 낮은 점수를 고르지 않은 이유를 묻는다. 낮은 점수에 대해 질문함으로써 능력에 대한 변화대화로 반응할 가능성을 증가시킨다. 즉, 당신은 내담자가 어떠한 이유로 확신하지 않는지에 대해 진술하는 대신에 자기효능감 진술로 어떤 입장을 방어하도록 내담자를 안내한다. 내담자가 측정한 점수가 1이라고 반응하면 계획을 재고할 단서임에 주의한다. 이러한 단계는 다음 사례에서 설명하고 있다.

전문가: 괜찮다면 다음 주에 철수 씨의 갈망과 음주에 대해 추적하기 위해서 이 기록을 사용하는 것에 대해 얼마나 자신하는지 알고 싶습니다.

철수: 좋아요.

전문가: 그러니까, 10점짜리 눈금자일 때 어떤 사람은 이 과정을 시작할 때 전혀 자신 없다고 생각하고 1점이라고 평가합니다. 몇몇 사람들은 이전에 그것을 해냈고 완전히 자신하기 때문에 10점이라고 평가하죠. 또 다른 사람들은 4, 5, 6점처럼 가운데 있을 수도 있어요. 철수 씨는 어디에 있나요?

철수: 아마 5점 정도요.

전문가: 중간쯤이네요. 할 수 있다는 자신감은 있지만 확실하지 않네요. 철수 씨가 5점 보다 낮은 점수가 아니라 5점을 말한 이유는 무엇인가요?

철수: 보호관찰에서 벗어나고 싶어요. 이 문제를 통제하지 못하면 일을 망쳐 버리게 될 거라는 걸 알고 있어요. 그래서 내가 마음을 단단히 먹으면 이걸 해낼 수 있 다고 생각해요.

전문가: 그렇군요. 그러니까 철수 씨는 무언가 마음을 정하면 그것이 일어날 수 있다고 생각하네요. [인정 반영] 이 치료에서 촉발요인과 갈망을 작성하면 철수 씨가 그 것을 통제하는 데 도움이 될 거예요. 그리고 보호관찰을 벗어나는 데도 분명히 도움이 될 겁니다. [실행 반영]

### 😊 눈금자 사용을 위한 팁: 더 높은 점수로 가기 위해 무엇을 해야 할지 묻는다

"더 높은 점수로 가기 위해 무엇을 해야 할까요?"라는 질문은 증가된 자기효능감의 원천을 확인하는 데 도움이 된다. 그리고 내담자가 과업을 완수하기 위해 해야 할 필요가 있는 것을 생각함으로써 계획 과정으로의 이동을 시작한다.

전문가: 철수 씨의 음주행동, 갈망 및 촉발요인을 기록하는 데 얼마나 자신 있는지에 대해 5점 정도라고 말했습니다. 더 높은 점수를 선택하려면 철수 씨는 무엇을 해야 하겠습니까?

철수: 어떤 상기시켜 주는 시스템을 만들어 놓는다면 더 높아질 것 같네요. 잊어버릴 것이 걱 정이 되네요. 특히 집에서 미쳐 버릴 만큼 화가 날 경우예요.

# 계획하기

초점 맞추기 과정에서 특정 부분에 대하여 모니터링하는 방법과 대상을 설명하고, 계획하기 과정에서 내담자는 실천을 위한 단계들을 구체화할 것이다. 목표 재진술하기, 목표

---

## 기록 유지를 위한 나의 계획

내가 이루고자 하는 변화들:

매일 약을 먹기 시작한다.

어떤 진료 약속도 놓치지 않는다.

건강을 유지할 수 있도록 건강을 관리한다.

이러한 변화들은 나에게 중요하다. 왜냐하면:

나는 젊을 때 죽고 싶지 않다.

나는 아파서 자신을 돌볼 수 없게 되는 걸 원하지 않는다.

나의 부모님에게 내가 스스로 돌보고 있음을 보여 주고 싶다.

나는 누군가에게 감염시키고 싶지 않다.

기록하는 것이 나에게 어떻게 도움이 될 수 있을까:

그것을 적어두면 더 잘 기억할 수 있다. 보통 언제 내 약을 놓치는지 알 수 있다.

나는 기록을 유지하는 이러한 단계를 계획한다(무엇을, 어디서, 언제, 어떻게)

내 일정에 맞추어 일상에서 약을 규칙적으로 복용한다. 매일 잠자기 전에 약물 복용한 것을 기록한다.

| 만약(If) 계획대로 되지 않으면 | 그러면(Then) 이렇게 시도한다. |
|---|---|
| 나는 촉발요인 작성하기를 잊는다. | 내 전화 일정에 알림을 넣는다. |
| 복용해야 할 시간에 아무런 약도 갖고 있지 않다. | 가능한 한 빨리 복용한다. 언제든지 하루 복용량을 휴대한다. |
| 기록 시트를 작성하는 데 사적 공간이 없다. | 전화로 내게 메시지를 보내고 나중에 기록한다. |
| 약물을 복용하고 싶지 않다. | 그것이 왜 중요한지, 그리고 건강을 유지하는 데 어떻게 도움 되는지 생각한다. |

[그림 4-1] 유진의 자가 모니터링에 대한 변화계획

에 도달하기 위한 단계들을 구체화하기, 방해물들을 확인하기, 그리고 이러한 방해물들을 극복하기 위한 계획을 명확하게 만들기 등 이전 장들에서 다루었던 변화계획을 떠올려 본다. 단계를 구체화하는 것은 기록 과정의 세부 사항을 넘어서는 대화로 이동하여 내담자의 일상생활에 자가 모니터링을 통합하는 방법을 다룬다(내담자 유인물 4-8, 그리고 변화계획 사례로 [그림 4-1] 참조). 연구문헌에서는 이러한 과정을 '실행 의도의 형성'이라고 부르는데(Gollwitzer, 1999), 이는 구체적인 행동을 실행하기 위하여 특정한 촉발요인을 확인하는 것이다. 우리는 그것들을 「구체적 행동계획("~일 때 -한다when-then")」("내가 이를 닦을 때, 그때 내 기분을 기록할 것이다.")이라고 부른다. 따라서 먼저 내담자가 구체적 행동계획 또는 실행 의도를 수립하도록 안내한 다음 방해물을 검토하고 「방해물 대처계획("~하면 -한다if-then")」("기록하는 걸 놓치면 그 정보를 내 이메일로 전송하고 나중에 옮기겠다.")을 검토한다. 당신은 실제 상황에서 내담자가 어떻게 자가 모니터링을 실행할지 결정하도록 돕기 위하여 표본이 되는 주중 요일이나 주말을 묘사하도록 요청할 수 있다.

> **전문가**: 지난번에 세아 씨 일상의 시작부터 끝까지 전형적인 하루를 설명했습니다. 이 기록 계획이 세아 씨의 하루에 맞을 것으로 생각하는지 궁금합니다. [열린 질문]
>
> **세아**: 아침은 모두가 학교 가기에 너무 바빠요. 그래서 나는 그러기 전에 그것을 해 볼 겁니다. 어쨌든 깨어날 때 대개 나쁜 생각을 많이 합니다.
>
> **전문가**: 그러니까 세아 씨는 아침에 일어났을 때 아래층으로 내려가 가족들을 위한 아침 식사를 준비하기 전에 생각 기록을 작성하실 거군요. [반영하기 및 구체적 행동계획] 하루 동안 세아 씨는 어떻게 계속 기록하겠습니까? [열린 질문]
>
> **세아**: 아마도 내가 직장에 갔을 때요.
>
> **전문가**: 좋습니다, 그러니까 세아 씨는 직장에서 기록을 계속할 거라는 거네요. [반영하기] 세아 씨한테 도중에 방해가 될 수 있는 것은 무엇인가요? [방해물을 이끌어내는 열린 질문]
>
> **세아**: 내가 잊을 수도 있고, 직장에서 기록하는 것을 누군가 보는 걸 원하지 않아요.
>
> **전문가**: 종이에 적는 것을 잊어버리고 세아 씨가 기록하는 것을 다른 사람들이 보는 것에 대해 걱정하고 있군요. [반영하기] 세아 씨는 어떻게 이 방해물을 극복할 수 있을까요? [열린 질문]
>
> **세아**: 잘 모르겠어요.

**전문가:** 괜찮다면 세아 씨와 함께 몇 가지 옵션을 논의할 수 있어요. [옵션 메뉴에 대한 정보를 제공하기 위한 허락 구하기]

**세아 :** 어떠한 아이디어가 있다면 제게 알려주세요.

**전문가:** 어떤 사람들은 세아 씨가 말한 종이에 볼펜으로 기록하는 것보다 지갑이나 휴대폰 케이스에 넣고 다니는 것처럼 어디서든지 그것을 휴대하고 항상 기록합니다. [알려주기] 그러한 옵션들을 세아 씨가 해 보는 것에 대해 어떻게 생각하세요? [묻기]

**세아 :** 지갑에 갖고 다니는 게 효과가 있을 것 같네요. 그렇지만 어떻게 사람들이 내일에 상관하지 않도록 할지 모르겠어요. 선생님도 알다시피, 저는 대개 지갑을 화장실에 가져가니까 거기서 기록할 수 있을 겁니다.

**전문가:** 세아 씨는 이 작업을 해내는 방법에 대한 몇 가지 아이디어가 있군요. [인정 반영] 지갑에 기록할 종이가 있으면 항상 갖고 다닐 수 있고, 사적 공간을 확보하지 못한다면 세아 씨의 지갑을 화장실로 가져가 그것을 완성할 수 있겠네요. [방해물 대처계획]

내담자가 방해물을 확인할 수 없다면 주의해야 한다. 폴리비와 허만(Polivy & Herman, 2002)은 자기효능감에 대한 중요한 측면을 논의하고 있다. 그들은 '거짓 희망 증후군false hope syndrome'을 "자기변화 시도의 속도, 양, 용이함 및 결과에 대한 비현실적인 기대"로 정의한다(p. 677). 과도한 자신감과 비현실적인 목표설정은 대개 성공적인 변화를 저해한다. 당신은 옵션 메뉴에서 허락을 받은 뒤에 방해물들을 제시함으로써 내담자가 보다 현실적인 계획으로 향하도록 안내한다("일부 내담자는 기록하는 걸 기억하거나, 그들이 기록하는 걸 다른 사람들이 보거나, 어떤 일이 일어났는지 상세한 내용을 잊어버려 기록하는 데 어려움이 있다고 말합니다. 이러한 것들이 당신에게 얼마나 해당될까요?"). 내담자가 지금 이러한 방해물을 부정하더라도, 한 주 동안 어려움을 겪는다면 논의했던 것을 기억하게 될 것이고, 다음 주 계획을 위해 좀 더 준비하게 될 것이다. 내담자가 동의한다면, 옵션 메뉴를 제공하기 전에 방해물을 극복하기 위한 아이디어를 내담자에게서 이끌어내도록 한다.

> 먼저 당신은 내담자가 구체적 행동계획을 만들도록 안내하고 나서, 방해물들을 검토하고 방해물 대처계획을 만든다.

연구문헌에 따르면 상황과 목표 간의 관계를 시각화하면(이러한 일이 일어날 때, 나는 이렇게 할 것이다) 단지 말로 결단을 하는 경우보다 더 많은 목표 달성을 하는 경향을 보인다고 제안한다(Gollwitzer & Sheeran, 2006). 어떤 연구자들은 예기 기억prospective memory(미래에 어떤 행동을 완수하는 것을 기억하는 걸 기억해 내기)이 향상되는 것은, 개인이 어떤 미래의 단서에 반응하여 그들 스스로 행동을 수행하는 것을 상상할 때라는 점에 주목하였다(Chasteen, Park, & Schwarz, 2001). 따라서 내담자가 그들의 변화계획의 구성요소를 시각화하도록 안내하면 계획의 언어화 수준을 넘어서 완수할 가능성을 높일 수 있다. 시각화는 단순히 내담자에게 허락을 구한 뒤 상황과 내담자의 의도된 행동을 상상하고 묘사하도록 질문함으로써 시행해 볼 수 있다. 대안으로서, 안내된 심상화guided imagery는 보다 공

> 내담자가 그들의 변화계획의 구성요소를 시각화하도록 안내하면 완수할 가능성을 높일 수 있다.

식적으로 실행될 수 있는데, 여기서 당신은 내담자 유인물 4-9에서와 같이 내담자가 이완된 상태에서 모든 감각을 활용하여 단서-행동 간 연계를 상상하도록 안내한다(Andersson & Moss, 2011; Utay & Milller, 2006).

# MI-CBT 딜레마

핵심 딜레마는 내담자가 자가 모니터링에 참여할 준비가 되어 있지 않고, 당신은 자가 모니터링이 성공적인 치료를 위해 중요한 요소라고 생각할 때 이를 어떻게 다룰 것인가 하는 것이다. 선택할 수 있는 대안이 몇 가지 있다. 당신이 제공하는 CBT를 위해서는 자가 모니터링이 필요하다는 점, 그리고 내담자가 과업을 달성할 준비가 되지 않은 경우라면 CBT를 진행할 준비가 아직 되지 않았음을 의미한다고 내담자에게 고지할 수도 있다. 이전 장에서 설명한 것처럼, 당신은 MI 회기들로만 내담자를 만나거나 내담자가 자가 모니터링과 함께 CBT에 참여할 준비가 되었을 때 다시 만나기로 결정할 수도 있다. 또한 자가 모니터링 없이 MI-CBT 통합치료를 제공하기로 결정할 수도 있으며, 과정이 충분치 않을 경우 그것을 다시 시도해 볼 것을 내담자에게 요청할 수도 있다. 마지막으로 당신은 완전한 모니터링에 대한 대안들로서 간단한 예/아니요 체크리스트, 타깃 정보를 이끌어내기 위한 주중의 전화나 문자 확인, 또는 다음 회기를 시작하기 전 회상 면담recall interview과 같은 것들을 협상해 볼 수도 있다.

## 자가 모니터링의 체험

어떤 형태의 자가 모니터링은 성공적인 CBT를 위한 주요 요소인 것처럼 보인다. 하지만 쉽지는 않다! 공통적인 문제로는 시간 부족, 망각, 사적 공간의 부족, 그리고 정기적으로 모니터링에 요구되는 타깃 문제를 단순히 다루기 원하지 않는 것이 포함된다. MI 기술들은 자가 모니터링 과제에 대한 내담자의 내재적 동기를 구축하는 데 도움이 될 수 있다.

**활동 목표:** 이 활동에서 내담자가 느끼는 것을 경험하고 이해할 수 있도록 당신 스스로 자가 모니터링을 관찰한다. 동기(중요성과 자신감)와 모니터링 과제 달성 사이의 연계를 경험할 수 있다.

**활동 지침:** 변화에 대해 생각하는 행동 두 가지를 선택하는데, 당신이 바꿀 준비가 더 되어 있는 행동 하나, 그리고 준비가 덜 된 행동 하나를 선택한다. 이제 각각의 행동을 다음의 눈금 위에 평가한다.

행동 1: _____
중요성 척도: 이 행동을 바꾸는 것이 얼마나 중요하다고 생각하는지 척도 위에 표시한다.

| 1 | 2 | 3 | 4 | 5 | 6 | 7 | 8 | 9 | 10 |
|---|---|---|---|---|---|---|---|---|---|

전혀 중요하지 않음      어느 정도 중요함      매우 중요함

행동 1: _____
자신감 척도: 이러한 변화를 만드는 데 얼마나 자신 있다고 느끼는지 척도 위에 표시한다.

| 1 | 2 | 3 | 4 | 5 | 6 | 7 | 8 | 9 | 10 |
|---|---|---|---|---|---|---|---|---|---|

전혀 자신 없음      어느 정도 자신 있음      매우 자신 있음

행동 2: _____
중요성 척도: 이 행동을 바꾸는 것이 얼마나 중요하다고 생각하는지 척도 위에 표시한다.

| 1 | 2 | 3 | 4 | 5 | 6 | 7 | 8 | 9 | 10 |
|---|---|---|---|---|---|---|---|---|---|

전혀 중요하지 않음      어느 정도 중요함      매우 중요함

행동 2: _____

자신감 척도: 이러한 변화를 얼마나 자신 있다고 느끼는지 척도 위에 표시한다.

이제 각 행동을 모니터하는 계획을 세운다. 당신은 먼저 모니터할 행동을 선택하거나 동시에 두 가지를 모니터할 것인지 선택할 수 있다. 무엇을 어떻게 실행할지 정확하게 결정한다. 가능하다면, 적어도 며칠 동안 각각의 행동을 모니터한다. 활동을 집단이나 파트너와 함께 완성하는 것이라면, 그보다는 당신의 파트너가 당신에게 각 행동에 대한 3일 회상을 안내하도록 해 본다.

### 행동 1을 위한 나의 계획

중요성 척도: 행동 1에 대한 자가 모니터링 계획이 얼마나 중요하다고 생각하는지 척도 위에 표시한다.

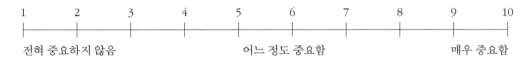

자신감 척도: 행동 1에 대한 계획을 달성하는 데 얼마나 자신 있다고 생각하는지 척도 위에 표시한다.

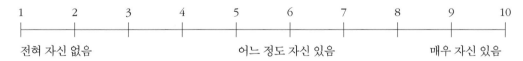

### 행동 2를 위한 나의 계획

중요성 척도: 행동 2에 대한 자가 모니터링 계획이 얼마나 중요하다고 생각하는지 척도 위에 표시한다.

자신감 척도: 행동 2에 대한 계획을 달성하는 데 얼마나 자신 있다고 생각하는지 척도 위에 표시한다.

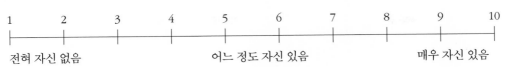

| 1 | 2 | 3 | 4 | 5 | 6 | 7 | 8 | 9 | 10 |

전혀 자신 없음                 어느 정도 자신 있음           매우 자신 있음

3일 또는 그 이상 자가 모니터링을 한 뒤 다음 질문들에 대해 생각해 본다.

행동 1의 경우 각 행동에 대한 모니터링을 완성하는 것이 얼마나 어렵거나 쉬웠는가?

_____

_____

_____

행동 1의 경우 각 행동에 대한 과업을 달성하기 위한 방해물과 촉진요인은 무엇이었는가?

_____

_____

_____

행동 2의 경우 각 행동에 대한 모니터링을 달성하는 것이 얼마나 어렵거나 쉬웠는가?

_____

_____

_____

행동 2의 경우 각 행동에 대한 과업을 달성하기 위한 방해물과 촉진요인은 무엇이었는가?

_____

_____

_____

첫 번째 척도들(행동 변화에 대한 중요성과 자신감)과 두 번째 척도들(자가 모니터링에 대한 중요성과 자신감) 사이의 관련성에 대해 무엇을 알아차리게 되었는가?

_____

_____

_____

행동 변화에 대한 척도들(첫 번째 척도들)에 대한 평가에 대해 무엇을 알아차렸고, 어떻게 그 과제들을 완수하였는가?

_____

_____

_____

자가 모니터링에 대한 척도들에 대한 평가에 대해 무엇을 알아차렸고, 어떻게 그 과제들을 완수하였는가?

_____

_____

_____

**4-2 전문가를 위한 활동** - - - - - - - - - - - - - - - - - - - - - - - - - - - - - - - - -

### 작업절차: 자가 모니터링을 위한 변화대화 이끌어내고 강화하기

**활동 목표**: 이 활동에서는 특별히 자가 모니터링을 위한 변화대화를 이끌어내기 위해 유발 질문을 발전시키는 것을 연습할 것이다. 그 후 변화대화를 강화하기 위해 반영하기를 발전시킬 것이다.

**활동 지침**: 다음 각각의 항목에 필요에 따라 사례에 대한 추가 내용을 공란에 기입하고 작성한다. 절차의 세 가지 구성 요소에 대한 각각의 요소를 완성하도록 연습할 것이다. 첫 번째 부분은 절차의 세 가지 구성 요소 중 하나를 완성한다(변화대화를 이끌어내는 질문, 내담자의 변화대화, 변화대화에 대한 반영). 두 번째 부분에서 당신은 세 가지 구성 요소 중 두 가지를 완성하도록 당신의 창의성을 사용한다.

항목 1
- **변화대화를 이끌어내는 전문가 전략**: 당신의 칼로리를 기록하기 위해 무엇을 할 수 있을까요?
- **내담자 변화대화**: 제가 매일 먹고 마시는 것을 작성할 수 있어요. 고모는 자신의 칼로리를 추적해서 체중을 많이 감량했어요.

- **전문가의 강화(반영/질문):** _____

_____

항목 2

- **변화대화를 이끌어내는 전문가 전략:** 어떠한 이유로 매일 음식 기록을 작성하는 것이 당신에게 중요합니까?
- **내담자의 변화대화:** _____

_____

- **전문가 강화(반영/질문):** 당신에게 중요하군요. 그렇기 때문에, 당신이 정확한 정보를 갖고 있다면 건강한 선택을 할 수 있겠네요.

항목 3

- **변화대화를 이끌어내는 전문가 전략:** _____

_____

- **내담자의 변화대화:** 내일 아침부터 시작할 거예요.
- **전문가의 강화(반영/질문):** 바로 시도하네요.

항목 4

- **변화대화를 이끌어내는 전문가 전략:** 유진 씨, 지금 우리는 당신이 매일 약물 복용 여부를 기록하는 것에 대해 이야기했어요. 매일 기록한다면 일어날 수 있는 최상의 상황은 무엇입니까?
- **내담자의 변화대화:** _____

_____

- **전문가의 강화(반영/질문):** _____

_____

항목 5

- **변화대화를 이끌어내는 전문가 전략:** _____

_____

- 내담자의 변화대화: 나의 업무 일정과 수업 일정을 관리하게 되었어요. 그래서 병원 진료 예약을 놓친 경우조차도 어떻게 지내야 하는지 잘 압니다.
- 전문가의 강화(반영/질문): _____

_____

## 항목 6
- 변화대화를 이끌어내는 전문가 전략: _____

_____

- 내담자의 변화대화: _____

_____

- 전문가의 강화(반영/질문): 당신 일상의 일부분으로 그것을 만드는 것이 핵심입니다.

### 추천할 만한 응답

## 항목 1
- 전문가의 강화(반영/질문): 당신은 체중 감량을 위해 음식 일지를 스스로 작성할 수 있어요.

## 항목 2
- 내담자의 변화대화: 매일 먹고 마시는 것을 작성하면 어떤 음식으로 칼로리를 섭취하였으며, 음식에 대한 약점이 무엇인지 알도록 할 거예요. 어쩌면 특정 음식에 어려움이 있다는 것을 엄마가 아시도록 할 거예요.

## 항목 3
- 변화대화를 이끌어내는 전문가 전략: 언제부터 기록하는 걸 시작하고 싶습니까?

## 항목 4
- 내담자의 변화대화: 더 건강한 사람이 되려고요. 또한 약물이 떨어지려고 할 때 더 나은 생각을 갖게 해요.
- 전문가의 강화(반영/질문): 당신이 더 건강하다고 느끼게 될 뿐 아니라 건강을 유지하도록 미리 계획을 세울 수도 있겠군요.

항목 5

- 변화대화를 이끌어내는 전문가 전략: 당신의 매일 기록을 작성하도록 하는 데 도움이 되는 개인적인 강점은 무엇입니까?
- 전문가의 강화(반영/질문): 당신은 미리 계획을 세우고 책임감을 다루는 것을 알고 있습니다.

항목 6

- 변화대화를 이끌어내는 전문가 전략: 당신의 약물을 관리하기 위하여 그러한 강점을 사용하는 것을 어떻게 생각합니까?
- 내담자의 변화대화: 내가 그것을 일상에 통합시킬 필요가 있겠네요. 단지 그것을 나의 일상 계획에 포함시켜야겠어요. 그리고 나면 잊지 않을 거예요.

# 자가 모니터링을 위한 지갑용 카드

바람직하지 않은 행동을 추적하면 그것을 예방하거나 관리하는 데 도움이 될 수 있습니다. 이는 점진적으로 경과를 평가하는 데 도움 될 수 있습니다. 이 카드는 바람직하지 않은 행동을 기록하기 쉽게 휴대할 수 있습니다. 아래의 카드를 잘라 지갑이나 명함지갑에 보관합니다.

**휴대용 점검표**

각 일정의 빈칸에 하나를 표시한다. **正**
_____ 이(가) 발생하다.

| 월 | | 금 | |
|---|---|---|---|
| 화 | | 토 | |
| 수 | | 일 | |
| 목 | | | 어떤 선택을 하면 당신의 목표에 도달할 수 있을까요? |

# 나는 어떻게 관리했나?

바람직하지 않은 행동에 어떻게 반응하는지 기록하면 그것을 예방하거나 관리하는 데 도움 될 수 있습니다. 또한 기록은 당신의 경과를 점진적으로 평가하는 데 도움이 될 수 있습니다.

_____ 이(가) 일어날 때마다 이 기록을 완성하세요.

| 날짜/시간 | 정서 | 정서를 다루기 위해서 내가 한 것 | 이것이 도움 되었나? 그 이유는? 아닌 이유는? |
|---|---|---|---|
| 예: 월요일 / 오후 4시 | 예: 분노 | 예: 형에게 화가 났다. 피하기 위해 산책하러 나갔다. | 예: 그렇다. 나는 집에 갔을 때 화가 나지 않았다. 그리고 산책은 다른 생각을 하는 데 도움되었다. |
| | | | |
| | | | |
| | | | |
| | | | |
| | | | |
| | | | |

# 음식 자가 모니터링

당신이 먹고 마시는 것을 추적하면 음식과 음료의 종류, 시간대 등 관련된 양상을 확인함으로써 건강하게 변화하도록 도울 수 있습니다. 또한 이 기록은 경과를 점진적으로 평가하는 데 도움이 될 수 있습니다. 하루 동안 당신의 칼로리를 합산하면서 기록을 매일 완성하세요(아래의 질문 포함).

날짜: _____     나의 일일 칼로리 목표: _____

| 오늘 나는 언제 먹었는가? | 오늘 내가 먹고 마신 것은 무엇인가? | 나는 얼마나 많이 먹었나? | 음식이 어디에서 왔고 어떻게 준비되었나? | 칼로리는 얼마나 되는가? |
|---|---|---|---|---|
| (당신이 먹은 날의 시간대) | (빵, 롤, 번, 크래커, 쿠키, 치즈, 칩, 우유, 버터, 잼, 드레싱, 채소류, 과일, 토핑, 디저트, 음료, 레귤러/라이트, 저지방, 저칼로리/설탕) | (컵, 테이블스푼, 티스푼, 주먹 크기, 야구공의 1/2, 팩, 전체 봉지, 캔/병) | (우리집, 할머니 집, 식당[이름], 학교, 편의점; 구운, 튀긴, 그릴에 구운, 삶은, 날 것, 껍질 없이) | (음식 라벨을 사용, 당신이 섭취한 칼로리 계산 기록 검토, 온라인으로 찾아보기) |
| | | | | |
| | | | | |
| | | | | |
| | | | | |
| | | | | |
| | | | 총 칼로리 | |

오늘 나의 강점은 무엇이었습니까? _____

_____

이 기록에 따라 내가 다르게 해야 할 일은 무엇입니까? _____

_____

나에게 음식 기록을 유지하는 것이 중요한 세 가지 이유는: _____

1. _____
2. _____
3. _____

# 활동 자가 모니터링

일상 활동과 스크린 사용 시간을 추적하면 활동 유형, 시간대, 활동의 활력 정도와 관련된 양상을 확인함으로써 건강한 변화를 도울 수 있습니다. 또한 이 기록은 경과를 점진적으로 평가하는 데 도움이 될 수 있습니다. 이 기록은 매일 작성하고, 한 주 동안 칼로리 소모와 스크린 사용 시간을 아래 표에 작성하세요.

날짜: _____     나의 일일 칼로리 목표: _____

| | 오늘 일상에서 내가 했던 활동과 운동은 무엇이었나? | 활동이나 운동을 얼마나 하였나? | 활동이나 운동은 얼마나 격렬하였나? | 주간 총 칼로리 소모량 <br> 운동이나 활동으로 소모한 칼로리 | 스크린 사용 시간은 얼마나 되었나? |
|---|---|---|---|---|---|
| | (매일 했던 활동/운동 목록) | (당신이 활동/운동한 시간을 적는다-5분? 30분?) | (각 활동/운동의 강도의 수준에 동그라미-쉬운(E), 중간(M), 격렬한(V)) | (각 활동/운동을 위해 소모된 칼로리를 작성한다) | (TV, 컴퓨터, 태블릿 및 전화 화면 시간을 포함하여 30분마다 TV 하나씩 동그라미 표시) |
| 월 | | | E  M  V <br> E  M  V <br> E  M  V | | |
| 화 | | | E  M  V <br> E  M  V <br> E  M  V | | |
| 수 | | | E  M  V <br> E  M  V <br> E  M  V | | |
| 목 | | | E  M  V <br> E  M  V <br> E  M  V | | |
| 금 | | | E  M  V <br> E  M  V <br> E  M  V | | |

| | | | | | |
|---|---|---|---|---|---|
| 토 | | | E E E | M M M | V V V | | |
| 일 | | | E E E | M M M | V V V | | |
| | | 합계 | | | |

오늘 나의 강점은 무엇이었습니까? _____

_____

_____

_____

_____

_____

_____

_____

이 기록에 따라 내가 다르게 해야 할 일은 무엇입니까? _____

_____

_____

_____

_____

_____

_____

_____

_____

_____

# 보호자 지원 자가 모니터링

자녀의 음식 및 활동 기록을 매일 검토하면서 자녀의 경과에 대한 정보를 얻고 특히 당신의 안내가 필요할 때를 확인할 수 있습니다. 이 기록은 자녀의 진행 과정을 점진적으로 평가하는 데 도움이 될 수 있습니다. 당신 자녀의 음식 및 활동 기록을 검토하면서 적어도 일주일에 한 번 이 기록을 작성하세요. 자녀와 함께 이 양식을 검토하고, 자녀의 강점을 강조하고 가장 필요한 한두 영역에서의 안내를 제공하는 것이 도움 될 수 있습니다.

적어도 일주일에 한 번씩 내 아이의 음식 및 활동 기록을 살펴보는 것이 내게 가장 중요한 세 가지 이유는 무엇인가?

1. _____

2. _____

3. _____

내 자신이 아이에게 도움이 된다는 것을 내가 어떻게 알 수 있는가? _____

_____

| 음식 기록 | 월 | 화 | 수 | 목 | 금 | 토 | 일 |
|---|---|---|---|---|---|---|---|
| 음식을 먹은 날짜가 기록되었다. | | | | | | | |
| 음식을 먹은 시간이 기록되었다. | | | | | | | |
| 먹은 음식에 대해 잘 기술되었다(크기, 유형, 준비 방법) | | | | | | | |
| 각 음식에 대해 칼로리가 기록되었다 | | | | | | | |

| 활동 기록 | 월 | 화 | 수 | 목 | 금 | 토 | 일 |
|---|---|---|---|---|---|---|---|
| 활동/운동 날짜가 기록되었다 | | | | | | | |
| 활동/운동 시간이 기록되었다 | | | | | | | |
| 활동/운동에 대해 잘 기술되었다(시간, 쉬운/중간/격렬한) | | | | | | | |
| 각 활동/운동에 의해 소모된 칼로리가 기록되었다. | | | | | | | |

내 자녀의 기록에서 어떤 강점이나 개선점을 알아차렸습니까? _____

_____

도움이나 지지 외에 자녀가 필요하다고 말하는 내용은 무엇입니까? _____

_____

아이가 성공하도록 이번 주에 무엇을 할 예정입니까? _____

_____

# 개인의 강점들

때때로 또는 특정한 상황에서 당신에게 해당된다고 생각하는 것을 포함하여 자신의 강점을 각각 체크해 보세요.

| | |
|---|---|
| ☐ 자발적인 | ☐ 너그러운 |
| ☐ 동정심 있는 | ☐ 현명한 |
| ☐ 정서적인 | ☐ 따뜻한 |
| ☐ 열정적인 | ☐ 낙천적인 |
| ☐ 지속적인 | ☐ 조직적인 |
| ☐ 정직한 | ☐ 사려 깊은 |
| ☐ 윤리적인 | ☐ 논리적인 |
| ☐ 직관적인 | ☐ 열성적인 |
| ☐ 간결한 | ☐ 호기심 많은 |
| ☐ 정확한 | ☐ 유연한 |
| ☐ 추상적인 | ☐ 관대한 |
| ☐ 세심한 | ☐ 평화로운 |
| ☐ 부드러운 | ☐ 지적인 |
| ☐ 현실적인 | ☐ 온화한 |
| ☐ 상상력이 풍부한 | ☐ 사려분별이 있는 |
| ☐ 인내심 있는 | ☐ 활기 넘치는 |
| ☐ 대담한 | ☐ 재미있는 |
| ☐ 철저한 | ☐ 신뢰할 수 있는 |
| ☐ 기운찬 | ☐ 적당한 |
| ☐ 격려하는 | ☐ 창의성 있는 |
| ☐ 안전한 | |

# 결단 측정 눈금(자)

눈금 1에서 10 사이의 점수에서 1은 '전혀 결단하지 않은' 상태이고, 10은 '매우 결단한' 상태라고 할 때, 당신이 원하는 변화를 위해 _____ 하는 것을 얼마나 결단하였나요?

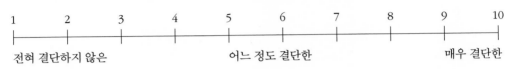

당신은 _____을/를 선택했습니다. 이보다 낮은 숫자가 아닌 이 숫자를 선택한 세 가지 이유를 적어 보세요.

1. _____

_____

_____

2. _____

_____

_____

3. _____

_____

_____

더 높은 점수로 가려면(또는 이미 10점이라면 이 점수를 유지하기 위해서는) 무엇이 필요합니까?

_____

_____

_____

_____

_____

_____

_____

# 자가 모니터링을 위한 변화계획

## 기록 유지를 위한 나의 계획

내가 이루고자 하는 변화들:

_____

_____

_____

이러한 변화들은 나에게 중요하다. 왜냐하면:

_____

_____

_____

기록하는 것이 나에게 어떻게 도움이 될 수 있을까:

_____

_____

_____

나는 기록을 유지하는 이러한 단계를 계획한다(무엇을, 어디서, 언제, 어떻게)

_____

_____

_____

만약(If) 계획대로 되지 않으면          그러면(Then) 이렇게 시도한다.

_____          _____

_____          _____

_____          _____

# 계획을 표현하기 위한 시각화 대본

사람들은 자신이 더 잘하고 싶거나 더 잘 기억하기를 원하는 과업의 각 단계를 묘사하기 위하여 상상력을 사용합니다. 예를 들어, 스윙을 향상시키기 위한 방법을 사용하는 야구 선수들과 같은 운동선수에 대해 들어보았을 것입니다. 또 다른 예는 집을 떠나기 전 상점에서 구매하기 위하여 기억하고 싶은 모든 것을 시각화하는 것입니다. 무언가 일어날 필요가 있는 것의 각 단계를 실제로 그려 봄으로써 당신은 무엇이 언제 일어날 필요가 있는 것인지를 당신의 뇌에 저장해 놓을 가능성이 훨씬 높아집니다.

이러한 종류의 시각화가 당신의 기록 계획에 어떻게 도움이 될 것이라고 생각합니까?

_____

_____

_____

_____


그래서 우리는 이것을 연습해 볼 것입니다. 당신이 방금 만들어 낸 계획의 실제 단계들을 실행해 보세요. 이렇게 하는 동안 실제로 당신의 치료 회기에 지금 도착한 것처럼 이 단계들을 시각화해 보세요. 우리는 이것이 가능한 한 당신 마음속에 생생하게 그려보기를 원합니다. 그래서 나는 이 시간 동안 당신이 보거나 듣거나 느끼고 싶은 것을 그려 보도록 요청할 것입니다.

기억하세요. 당신의 계획은 이렇게 하는 것이었습니다: _____

_____

(예: "나는 밤에 양치하고 나서 기록 작성을 마치겠다.").

1. 실제의 진행 과정과 단계를 상상할 것이므로 눈을 감으세요.
2. 심호흡을 해서 당신의 주의를 집중하고 마음을 가라앉히세요. 이제 한 번 더 심호흡을 해 보세요.
3. 이제 당신 몸을 편안하게 하세요. 당신의 몸을 편안하게 하면서 자신의 호흡에 집중하세요.
4. 당신이 잠자리에 들기 전에 양치하러 가는 장면을 상상해 보세요.
   - 대개 몇 시이며 당신은 어디에 있습니까?
   - 당신은 대개 무엇을 하고 있습니까?
   - 당신이 있을 위치를 가능한 한 명확하게 그려 보세요.

- 어떤 냄새가 납니까?

- 들리는 소리가 있나요?

- 무슨 소리가 들립니까?

- 당신의 다른 감각들(접촉, 냄새, 청각)을 많이 사용할수록 그 심상은 당신에게 더욱 선명해질 것입니다.

5. 이제 당신이 양치하고 나서 자신의 기록에 대해 생각하고 있다고 상상해 보세요. 지금 해야 할 필요가 있는 일은 무엇입니까? 당신의 삶에 약간의 변화를 주기 위해 회기를 기록하고 싶은 이유들을 말해 보는 것을 실습해 보세요. 이제 당신의 이를 닦고 나서 기록을 완성하러 갈 것이라고 상상해 보세요. 이것을 수행하기 위하여 취할 단계들(예: 휴대폰 찾기, 노트 페이지 열기, 기록 완료하기)를 생각해 보세요. 어떠한 단계도 놓치지 않도록 각 단계를 진행해 봅시다. 그 모든 소리, 냄새, 감각들(예: 휴대폰의 느낌, 화면에 타이핑하기 등)을 생각해 보세요.

6. 좋아요, 심호흡을 하고 눈을 뜨도록 하세요. 당신은 자신의 계획을 시각화하는 연습을 훌륭하게 해 냈어요!

제**5**장

# 인지 기술

CBT는 내담자로 하여금 인지, 행동, 정서를 조절하는 기술을 배우도록 하는 교육 치료이다. 시간이 지나면서 내담자가 그들 자신의 상담자가 되기도 하고, 이상적인 경우 배운 기술들을 자동으로 사용할 수 있게 된다(www.beckinstitute.org 참조) 이번 장에서는 내담자가 좀 더 적절하게 생각하도록 배우는 인지 기술에 대한 내용을 다루고 있고 다음 장에서는 행동 및 정서 조절 기술을 다룬다. 기술훈련은 MI와 CBT를 통합하는데 가장 중요한 영역이다. CBT의 주요 요소는 내담자가 고착화된 행동을 어떻게 평가하고 변화시키는지를 배우도록 안내하는 것이다. MI의 주요 요소는 힘들게 하는 행동을 바꿀 때 느끼는 양가성(양가감정)을 해결하도록 도와주는 것이다. 일반적으로 말하면, 협력하여 개발된 치료계획을 통해서 MI-CBT 통합치료의 인지, 행동, 정서 조절 기술은 어떤 순서로든지 다루어질 수 있는데, 여기에서는 인지 기술을 제일 먼저 제시한다. 인지 기술이 인지 모델의 중심이기도 하고, 내담자가 새로운 행동과 정서 조절 기술을 시도할 준비가 되기 전에 인지 재구조화가 보통 필수적이기 때문이다. 좀 더 행동적인 접근들(Anton et al., 2006; Dimidjian et al., 2006; Naar-King et al., 2016)에서는 행동과 정서 조절 기술을 함께 시작하는 것과 필요에 따라 부가적으로 인지 기술을 다루는 것을 강조한다.

CBT의 지향점은 부정적인 생각과 신념이 상황 해석에 어느 정도 영향을 미치는지를 중요하게 다루는 것임을 기억해야 한다. 이러한 해석은 결과적으로 행동양식과 정서반응 양식에서 디스트레스distress의 악순환을 만들거나 지속시키는 결과를 낳게 된다. 사고의 변화는 신념과 상황 해석의 변화를 이끈다. 따라서 생각을 관리하는 일은 고통스러운 감정을 변화시키는 일, 그리고 이런 감정을 지속시키는 행동을 변화시키는 일의 중심이 된다(Beck, 2011). 적응적 사고를 관리하도록 내담자를 돕는 치료는 내담자가 도움이 되지 않는 생각과 신념을 인식하고, 도전하며, 수정하도록 안내하는 다양한 전략을 나타내는 용어인 '인지 재구조화cognitive restructuring'에 초점을 맞춘다. 인지 재구조화는 다음의 요소들을 포함한다. (1) 상황, 생각, 행동, 정서 사이의 연결고리에 대한 교육(내담자를 개입에 참여시키기 [관계 형성하기]), (2) 부정적인 생각에 대한 식별과 분류(내담자에게 가장 의미 있는 생각에 초점 맞추기), (3) 소크라테스식 대화법과 가설검증을 통한 부정적인 사고 탐색과 도전(결정적 사고critical thinking를 자극하는 질문과 탐문 과정), (4) 재구조화 과정을 실제 세상에서 지속하기 위한 회기 사이between-session의 계획 개발(재구조화를 위한 계획하기). 따라서 우리는 1단계를 관계 형성하기 과정, 2단계를 초점 맞추기 과정, 3단계를 유발하기 과정, 4단계를 계획하기 과정이라고 부른다(〈표 5-1〉 참조). 하지만 이 네 가지 과정과 인지 재구조화와 관련된 요소들이 회기 내에서 순서에 따라 나타나거나 한 번의 회기에서 모두 나타날 필요는 없다는 사실을 기억해야 한다. 내담자와 당신은 다양한 상황과 패턴뿐만 아니라 지난 한 주의 이벤트를 탐색하면서 이런 과정을 짜임새 있게 잘 엮어나갈 것이다.

## 관계 형성하기

과제와 진척에 대한 성과 측정을 포함하여 지난 주 변화계획을 점검한 후 앞선 장들에서 설명한 허락 구하기, 회기의 잠재적인 요소 설명하기, 피드백 이끌어내기, 피드백 반영하기, 내담자가 수정하거나 추가하고 싶어 하는 의제 물어보기를 활용하여 협력적으로 해당 회기의 의제를 설정한다. 인지 재구조화는 초기 치료계획의 한 부분으로 우선순위를 조절할 수 있다. 또는 지난주에 일어난 사건 때문에 인지 재구조화 전략을 결정할 수도 있다. 예를 들어, 철수는 절망감과 관련된 음주 갈망으로 특히 안 좋은 한 주를 보냈다. 당신이 반영 및 열린 질문과 함께 경청해 감에 따라, 치료계획에서 원래 우선순위가 잡힌 기술 훈련 접근보다 인지 재구조화 전략이 먼저 필요하다는 점이 명확해질 수 있다. 당신과 철수는 의제를 협력하여 결정한다.

> **철수** : 이번 주는 엉망이었어요. 프로야구 개막전이었는데, 술 마실 생각은 없었어요. 세 잔을 마시고 다 토했어요. 자수해야죠. 보호관찰을 끝내지 못할 것 같아요.
>
> **전문가** : 정말 힘든 한 주를 보냈군요. 많은 유혹이 있었고 절망감을 느끼셨고요. [반영하기]
>
> **철수** : 네, 이걸 할 수 있을지 정말 모르겠어요. 도망가고 싶고, 술에 취해 뻗어 버리고 싶어요.
>
> **전문가** : 절망감이 시도를 포기하게 만들어 버리는군요. [반영하기] 우리가 계획한 기술 연습 몇 가지 대신에 그 생각들에 초점을 맞추는 것을 철수 씨가 원하시는지 궁금하네요. 철수 씨는 어떻게 생각하세요? [열린 질문]
>
> **철수** : 잘 모르겠어요. 어떻게 생각하세요?
>
> **전문가** : 그건 철수 씨에게 달려 있습니다. 하지만 절망감을 느끼고 있다면 그 기술을 실행해 보고 싶지는 않으실 것 같네요. "도대체 뭔 얘기야?"라고 느끼실 것 같고, 그래서 그것에 대해 대화해 보는 것이 맞을 것 같네요. 하지만 기술을 실행해 보는 것이 철수 씨에게 좀 더 희망적으로 느끼게 해 준다면 우리는 그 계획을 계속 이어갈 수도 있습니다. [선택안 제공하기]
>
> **철수** : 아마도 절망감이 먼저죠. 그러고 나서 기술이죠.

## 인지 재구조화를 위한 근거 논의

회기 의제를 설정하는 동안 관계 형성하기는 근거rationale에 대한 논의(제공하기가 아닌)를 포함한다는 것을 기억하라. 지난 장에서 우리는 관계 형성을 증대시키는 몇 가지 소통 기술을 제안하였다. 이전의 변화대화와 회기 의제를 묶기, 자율성을 강조하기 위해 '당신'이라는 단어 쓰기[이름 사용], 그리고 일반적인 용어로 치료 과제 토론하기와 같은 것들을 하면서 초점 맞추기 과정 전까지 세부사항을 협력하여 결정하기를 기다리는 것이다. 관계 형성하기의 목표는 경청하고 이해하는 것이므로 문제해결 작업은 미루어

> 문제해결을 미루어라. 관계 형성하기의 목표는 경청하고 이해하기 위함이다.

표 5-1  인지 재구조화의 4단계 과정

1. **관계 형성하기: 상황, 생각, 행동, 정서 간의 연결고리에 관한 교육(개입에 참여시키기[관계 형성하기])**

   응용 예:

   - 의제 설정
   - 근거[이유] 논의
     - 내담자가 알고 있는 것과 왜 중요한지를 이끌어내기 위하여 ATA 사용
     - 생각이 느낌을 어떻게 만들어 내고 사실과 어떻게 다른지 다루는 것을 통해 초점 맞추기 과정을 위한 기초 마련
   - 생각과 신념에 도전하는 것 또는 답보대화와 불화에 대해 작업할 때 필요에 따라 관계 형성하기 과정으로 되돌아온다.

2. **초점 맞추기: 부정적인 생각의 식별과 분류(내담자에게 가장 의미 있는 생각에 초점 맞추기)**

   응용 예:

   - 자동적 사고와 핵심 신념을 확인하는 데 내담자를 돕는 것에 대한 허락 구하기
     - 시각화를 사용하여 내담자 안내하기
     - 상황을 역할극으로 해 보기
     - 내담자의 상황으로부터 의미 끌어내기
     - 선택안들(도움이 되는/되지 않는 생각들) 제공하기
   - 자율성 강조를 통한 전문가 함정 피하기
     - 내담자의 아이디어 그리고 잠재하는 생각 패턴들에 대한 관찰을 이끌어내기
     - 협동적으로 패턴에 이름 붙이기

3. **유발하기: 소크라테스식 대화법과 가설검증을 통한 부정적인 사고에 대한 탐색과 도전(결정적 사고를 자극하는 질문과 탐문 과정)**

   응용 예:

   - 안내된 발견guided discovery을 목적으로 하는 협동적인 소크라테스식 대화법을 사용
     - 경청하기, 요약하기, 종합 또는 분석 질문하기
       - 열린 질문, 반영적 경청, 요약, 핵심질문 사용하기
   - 인지 재구조화 작업을 하면서 중요성과 자신감을 유발하기
     - 열린 질문, 눈금(자), 반영, 강점 인정을 사용하기

4. **계획하기: 실제 세상에서 재구조화 과정을 지속하기 위한 회기 간 계획 개발(재구조화를 위한 계획하기)**

   응용 예:

   - '생각을 바꿀지 말지, 왜 바꾸어야 하는지'에서 '어떻게 바꿀지'로 옮겨가기
     - 이 과정이 다른 과정과 반드시 분리될 필요가 없다는 점을 기억하라.

- 내담자 안내하기:
  - 변화를 위한 계획 만들기
    - 회기 사이의 생각들을 평가하기
    - 대안적 사고 개발하기
    - 자기 진술문 개발하기
  - 회기 사이의 활동에 초점 맞추기
    - 생각을 테스트하기 위한 행동실험 수행하기
    - 단계적 노출 연습하기: 회피 또는 두려운 상황을 직면하기 위해 취해야 할 단계에 대해 상호 합의하기
    - 변화계획의 예상과 다른 결과에 대한 계획 수립을 지원하기
  - 계획에 대한 결단[결심] 공고화하기
    - 실행 의도를 포함하는 행동 단계 개발하기
    - 실행의 잠재적 방해물을 식별하기
    - 잠재적 방해물에 대한 해결책 만들기
    - 결단 언어 이끌어내기
    - 어려운 상황에서 사용될 합리적 대응/대처 진술문 만들기 지원하기

두는 것 또한 중요하다. 우리 경험에 의하면 CBT에서 내담자가 준비되기 전에 기술훈련으로 뛰어드는 것은 초보 CBT 상담자가 저지르는 주요한 실수 중의 하나이고, 내담자가 주의 깊게 관계 형성하기에 머무르지 않거나 회기 밖에서 훈련을 완료하지 않게 되는 잠재적으로 주요한 이유이기도 하다. 이것은 특히 치료 매뉴얼을 따를 때 중요하다. 내담자의 정신적인 상황보다 당신이 너무 앞서 나가 있는 것은 아닌지 확실히 할 필요가 있다. 근거를 논의할 때는 ATA를 이용하여 먼저 내담자가 그 작업에 대해 무엇을 알고 있는지 이끌어내고 나서 그것이 왜 중요한지를 이끌어내는 것(유발하기 과정과 혼합하기)이 필요하다. 내담자는 앞선 회기들(예: 사정, 치료계획 수립하기, 그리고 아마도 자기 모니터링 등)에서 인지 모델의 기본에 대해 소개를 받았을 것이다. 내담자가 생각을 관리하는 것에 대해 무엇을 알고 있는지에 대한 첫 번째 이끌어 냄(묻기)은 상황, 생각, 감정, 행동 간의 연결고리에 대한 기억들을 유도해야만 한다. 그리고 당신은 그 빈 공간을 채우고(알려주기), 피드백을 이끌어내야 한다(묻기). 이러한 방식으로 당신은 협력적 교육을 근거 논의와 결합하게 된다.

논의에서 '알려주기'를 하는 동안 유용한 정보는 무엇일까? 레이히(Leahy, 2003)는 생각이 감정을 어떻게 만들어 내는지 그리고 생각이 사실과 어떻게 다른지 설명하는 것을 제안

한다. 내담자를 참여시키는engaging 것은 이후 부정적인 생각을 식별해 내고, 근거로서 평가하는 것에 초점 맞추기를 하는 토대가 된다(협동적 경험주의). ATA를 사용하면서 당신과 내담자 사이의 논의는 생각이 어떻게 감정을 만드는지에 대한 것이어야 하는데, 이전에 논의된 사례들, 가상 상황들, 또는 작업기록지를 사용한다. 이 아이디어는 내담자가 생각과 감정을 구분해서 나중에는 어떤 감정을 증가시키거나 감소시키는 방법으로서 생각을 바꾸도록 안내할 수 있게 된다. 전통적인 CBT는 생각이 감정보다 변화하기 쉽다고 제안하고 있다. 감정은 논쟁의 여지가 없지만 생각은 그렇지 않다. 당신은 아마 아래 세아의 경우와 같이 감정에 기여하는 구체적인 생각의 예를 이전에 논의했을지도 모른다. 전문가가 개입전략을 위한 근거에 대한 논의에서 세아를 참여시키는 장면과 교육을 어떻게 조화시키는지 주목하라.

전문가: 생각이 감정에 어떻게 영향을 미치는지에 대해 세아 씨는 무엇을 알고 있나요? [묻기]

세아: 우리는 지난 시간에 상황, 생각, 감정이 모두 어떻게 관계되어 있는지에 대해 이야기했어요. 어떤 것들은 나의 느낌을 자극했어요.

전문가: 세아 씨는 이것들이 연결되어 있다는 걸 기억하시는군요. [반영하기] 그러니까 지난번에 세아 씨는 날씨가 얼마나 나빴는지 이야기했고, 약간 처지는 느낌이 들었는데 날씨가 더 처지게 만들었고요. 그저 집 밖을 나가기 싫어서 아프기 때문에 일을 못하겠다고 전화를 했어요. 그랬더니 죄책감을 느끼셨던 거고요. 괜찮으시다면, 생각과 감정이 어땠는지 알아봅시다. 약간 처지는 느낌이라고 말하셨어요. 그건 느낌이었어요. [알려주기] 그러한 감정을 만들어 낸 세아 씨 자신에게 뭐라고 말하셨나요? [묻기]

세아: 글쎄요. 직장에서 해결해야 할 일이 많아서요. 그리고 만약 내가 간다면 나는 압도당해서 그걸 해내지 못할 거라고 생각했어요. 나는 비를 참을 수 없었어요. 그래서 대신 침대에서 TV를 보면서 집에 머무르는 것이 좋겠다고 느꼈어요. 거기에다가 내가 만약 갔다면 아무것도 끝내지 못했을 거고, 상사는 내게 소리를 질렀을 거예요.

전문가: 좋아요. 여기다 적으면서 계획해 볼 수 있을 것 같아요. 몇 가지 생각들이 있었지요. (1) 회사에 해야 할 일이 많다, (2) 회사에 가면 압도당하는 느낌을 받게

되어 아무것도 할 수가 없다, (3) 나는 비를 정말 싫어한다, (4) 내가 모든 일을 마무리하지 못하면, 상사는 나에게 소리를 지를 것이다. [반영하기] 이 생각들은 회사 업무 능력에 대한 것이었네요. [알려주기] 세아 씨는 그런 감정들이 무엇이 었다고 생각하시나요? [묻기]

세아 : 잘 모르겠어요.

전문가: 생각과 감정을 분리하는 것이 어렵지요. [반영하기] 하지만 우리가 지금까지 이 야기해 온 CBT 모델에 따르면, '생각'은 변화시키는 것을 검토하거나 평가하거 나 고려해 보기가 '감정'보다 쉽습니다. 우리가 생각에 대해 말할 수 있다면, 생 각이 감정에 어떻게 영향을 미치는지 밝혀낼 수 있습니다. [알려주기] 세아 씨는 이런 접근에 대해 어떻게 생각하세요? [묻기]

세아 : 확신이 들지 않네요. 제 눈으로 봐야 믿을 수 있을 것 같아요.

전문가: 자신의 생각을 바라보는 것, 이런 상황에 대해 자신이 생각하는 방식을 바꾸는 것, 그렇게 해서 좀 더 나은 기분을 느껴 보는 것을 떠올려 보기란 어렵지요. 그 렇기는 하지만 세아 씨는 그것이 효과가 있는지 알아보려고 애써 보는 중이시 죠. [실행 반영]

세아 : 맞아요….

전문가: 네, 좋습니다. 그럼 그 상황을 다시 떠올려 보죠. '회사에서 해야 할 일이 많아.' '내가 가면 완전히 압도당할 거고, 아무것도 못 할 거야.' '나는 비를 정말 싫어 해.' 그리고 '내가 모든 것을 마무리하지 못하면, 나의 상사는 내게 소리를 지를 거야.'라고 생각해 보세요. 그날 아침 이러한 생각들이 세아 씨의 머리를 스쳐 지나갈 때 어떤 감정을 느꼈나요?

세아 : 압도되고 두려웠던 것 같아요.

당신과 내담자는 부정적인 정서를 느낄 때 내담자의 생각을 '재구조화'하는 것을 학습하 는 첫 번째 단계로서 이러한 것을 논의할 수도 있다. 내담자와 당신의 판단에 달려 있는데, 새로운 상황 또는 가상의 상황을 확인해 볼 수도 있고, 같은 상황이 어떻게 다른 생각을 만 들고 그래서 다른 감정을 만들 수 있는지 논의할 수도 있다. 그리고 나서 생각에 이름 붙이 기를 진행해 보거나 어떤 합리적인 반응을 제안해 볼 수도 있다.

**전문가**: 생각과 감정의 차이를 살펴볼 수 있도록 그 상황을 떠올려 보는 것에 대해 어떻게 보시나요? [묻기]

**유진**: 괜찮아요.

**전문가**: 남자친구 집에 갔는데 그가 유진 씨에게 키스하는 대신에 그냥 안녕이라고 말하는 걸 떠올려 보세요. '내게 화났구나.'라고 유진 씨는 생각할 수도 있지요. 무엇을 느끼셨을까요?

**유진**: 속상하고 걱정했을 거예요!

**전문가**: 그가 선생님에게 화났다고 생각했다면, 유진 씨는 그것에 대해 속상하고 걱정했겠군요. [반영하기] 유진 씨가 만약 '그는 회사에서 진짜 나쁜 하루를 보낸 것이 틀림없어.'라고 생각했다면 어떻게 느꼈을까요?

**유진**: 음, 내 기분에 달린 거겠죠. 그걸 내게 퍼붓고 있다는 것에 화가 날 수도 있고 또는 힘든 하루를 보낸 것에 대해 안타깝게 느낄 수도 있죠.

**전문가**: 이 경우에 더 화가 나거나 공감하게 되는군요. 속상해하거나 걱정하는 대신에 말이죠. [반영하기] 유진 씨는 생각이 어떻게 느낌을 만드는지 확인해 보는 것이 왜 중요할 수 있다고 생각하시나요? [묻기]

**유진**: 글쎄요. 결론을 성급히 내리기 전에 왜 내게 키스하지 않았는지 알아볼 필요가 있다고 생각해요.

**전문가**: 생각이 맞는지 틀린지 그 사실들을 확인하는 것이 중요할 수 있죠. [실행 반영]

세아의 사례에서 당신이 허락을 받고서 그날 아침의 상황을 재구조화하는 것을 다시 해 볼 수도 있다. 내담자가 어떤 생각을 하는지(또는 스스로에게 어떤 말을 하는지), 그리고 나서 무엇을 느끼는지(감정 단어를 활용)에 대해 기록하는 작업기록지를 완성해 볼 수 있다. 또한 생각과 감정 열列을 완성할 수 있는 공간이 있는 목록들과 그 반대로 된 목록들이 있는 작업기록지들을 사용할 수도 있다(예: www.cci.health.wa.gov.au/docs/BB-3-The%20 Thinking-Feeling%20Connection.pdf 참조).

유진의 예에서 언급된 두 번째 정보는 사실과 생각을 구분하는 것이다. 생각은 가설, 설명, 관점 그리고 때로는 추측이다. 그것들은 진실 또는 거짓일 수도 있고, 부분적으로 진실이거나 거짓일 수도 있다. 여기서 당신은 소크라테스식 질문을 통해 도전적인 생각을 시작할 정도의 관계 형성은 충분하지 않을 수도 있지만, 생각과 사실을 구분하는 것이 유익할 수 있다는 생각을 가지는 정도의 관계 형성은 가능할 수 있다. 앞의 유진의 예를 계속해 보자면, 전문가는 생각과 사실의 차이에 대한 근거를 이끌어낸다.

> **전문가**: 당신은 왜 남자친구가 멋지게 맞아주지 않았는지에 대한 다양한 이유들이 있을 수 있다는 것을 잘 설명했어요. [인정 반영] 자, 그럼 유진 씨는 어떻게 이런 이유들을 알아낼 수 있을까요? [묻기]
>
> **유진**: 반응하기 전에 그에게 물어볼 수 있을 거라 생각해요.
>
> **전문가**: 유진 씨는 사실을 확인하기 위한 정보를 더 찾아볼 수 있겠군요. [반영하기] 그러고 나서 '그는 나에게 틀림없이 화가 났어.'라는 생각이 참인지, 거짓인지, 또는 부분적으로 참인지 거짓인지 결정할 수 있겠군요. [알려주기 그리고 멈추기]
>
> **유진**: 네, 보통은 사실 확인은 하지 않아요. 바로 화가 나죠.
>
> **전문가**: 사실을 확인하는 것이 결론으로 바로 넘어가서 심란해지는 일에 어떤 도움이 되는지 유진 씨는 알 수 있군요. [반영하기]
>
> **유진**: 네, 어떻게 그렇게 하는지 몰랐어요.
>
> **전문가**: 그래서 생각에서 사실을 어떻게 분리할지 배우고 연습하는 것은 심란해지는 것과 같은 문제들에 도움이 될 수 있겠군요. [실행 반영]

이전처럼, 당신은 동일하게 활성화하는 사건에 대한 대응으로 다양한 생각들을 인지함으로써 가상의 상황들을 생각해 볼 수 있다. 이것은 대화나 작업기록지(내담자 유인물 5-1 참조)를 통해서 해 볼 수 있는데, 여기에 가상의 사건들(예: 비가 내린다)을 나열하고 나서 두 가지의 엇갈리는 신념이나 생각(예: 나는 사고를 당할 거야, 일터에 더 천천히 운전해서 가야 할 거 같아) 그리고 그 결과로서 일어나는 감정과 행동(예: 나는 겁에 질려서 일터에서 실수할 거야, 늦을 거 같으면 전화할 거야)을 나열하는 것이다. 또 다른 전략(내담자 유인물 5-2 참조)은 다양한 생각들(예: 그는 내게 화가 난 게 틀림없어)을 나열해 보고 나서 각 생각에 대한 몇 가지 가능한 설명들(예: 그는 일터에서 힘든 하루를 보냈어, 나는 그를 화나게 할 어떤 것도 하지 않았어)을 열거해 보는 것이다. 다시 말해, 당신은 교육을 통해 빈틈을 메우는 동안 ATA를 사용하면서 근거를 논의하게 된다.

**😊 관계 형성하기를 위한 탑: 신념 평가를 사용한 개인별 맞춤 피드백**

회기 중 또는 회기 사이에 자가 모니터링 일지를 사용하여 내담자에게 상황과 관련된 생각을 기록하도록 요청한다. 그리고 나서 내담자는 0에서 100% 사이에서 그 생각을 어느 정도 믿는지 평가한다. 어떤 생각을 믿는 정도는 필연적으로 다양하기 때문에, 그 다양성이 생각과 사실이 다르다는 것을 보여 준다. 예를 들어, 내담자는 자신이 어떤 것도 제대로 할 수 없다는 것을 95% 믿지만 자신이 사랑스럽지 않다는 것은 80% 정도 믿는다. 때로는 상황에 따라 신념 평가가 바뀐다. 예를 들어, 내담자는 어떤 것도 제대로 하지 못한다고 믿는다. 이 생각을 배우자와 함께 있을 때는 95% 정도라고 믿지만, 체육관에서는 단지 20%이다. 이런 평가는 3장에서 설명된 개인별 맞춤 피드백 전략을 사용하여 내담자에게 다시 제시할 수 있다.

## 답보대화와 불화

인지 재구조화에서 전문가와 내담자는 함께 내담자의 생각과 믿음의 타당성을 살펴보는데, 이는 '협력적 경험주의'로 알려진 과정이다. 길버트와 레이히(Gilbert & Leahy, 2007)는 두 파트너 사이의 댄스로서 협력적 경험주의를 묘사한다. 전문가와 내담자는 서로가 지식과 경험의 원천이 되기 때문에 시간의 흐름에 맞춰 함께 움직인다. 밀러와 롤닉(Miller & Rollnick, 2012)은 답보대화와 불화를 댄스 대신에 레슬링에 비유했다. 당신은 ATA를 사용하고 잠재적 답보대화(인지 재구조화에 대항하는 진술)에 집중하면서 앞서 설명한 전략(반영과 자율성 강조)을 사용함으로써 내담자의 생각을 이끌어내어 답보대화를 감소시키고 불화를 예방할 수 있다. 인지 재구조화는 내담자가 자신의 느낌이 잘못되었다거나 생각이 항상 오류가 있다고 느끼는 것처럼 유효하지 않다고 느낄 때 불화를 유도할 수 있다. 이것이 MI-CBT 통합 접근에서 매우 중요한 이유가 되는데, 생각과 감정 사이의 연결에 대해 명확히 하는 것과(감정은 특정한 생각의 맥락 속에서 타당해진다) 얼마나 '옳은가'에 따라 생각은 달라진다는 점에서 그렇다. 사실 생각이 모두 맞거나 모두 틀리다고 믿는 것은 인지왜곡이다. 우리는 '오류'나 '왜곡' 같은 단어를 피하고 대신 '도움 되지 않는 생각unhelpful thoughts'이라는 용어를 선호한다. 이런 접근은 '문제'라는 단어나 진단 용어를 회피하자는 우리의 지난번 제안과 비슷하다. 우리는 낙인을 찍거나 전문가 역할

> '오류'나 '왜곡' 같은 단어를 피하고 대신 '도움 되지 않는 생각'이라는 용어를 사용하라.

을 취하는 상황을 피하고, 그 대신 안내하는 스타일의 협동을 촉진하는 것을 선호한다.

> **전문가:** 수업 시간에 옆자리에 앉은 사람과 대화를 시작해 보는 걸 고려하고 있을 때 자신의 「자동적 사고 기록」에서 첫 번째 열을 완성하셨네요.
>
> **상현:** 네. 그게 나를 무척 불안하게 했어요.
>
> **전문가:** 힘들지만 해냈군요. [인정 반영] 상현 씨는 '그가 나를 패배자로 생각할 거야.'를 하나의 생각으로 써냈군요. 그리고 근거로서 '내 얼굴이 붉어질 거니까.'와 '나는 친구가 없으니까.'라고 썼어요. 하지만 '도움이 되지 않는 생각'이나 합리적 대응에 대한 기록은 없네요.
>
> **상현:** 글쎄요. 저는 이 두 가지가 사실이라고 생각하기 때문에 그래요.
>
> **전문가:** 그래서 상현 씨에게 이 두 가지 생각은 사실로 보이는군요. [반영하기] 그게 바로 우리가 옳은 생각 또는 틀린 생각으로 부르지 않고, '도움이 되는 생각' 또는 '도움이 되지 않는 생각'으로 부르는 이유입니다. 상현 씨는 이 생각이 불안하게 만들고 도움이 되지 않는다고 했어요. 상현 씨는 이 목록을 보면서 '그는 나를 패배자로 생각할 거야.'라는 생각이 어떤 것에 해당한다고 생각하나요?
>
> **상현:** 낙인찍기인가요?

## 초점 맞추기

초점 맞추기 과정의 목표는 생각 사이에서 패턴을 발견하고 다루며, 도움이 되지 않는 생각을 밝히는 것이다. 패턴들을 찾는 것은 내담자가 생각의 범주들을 다룰 수 있게 하고, 생각 및 그에 따른 느낌과 행동을 바꾸는 전략들을 단순화할 수 있게 해 준다. 당신과 내담자는 앞서 예에서처럼 회기에서 다양한 상황 분석을 통해 생각들을 밝혀낼 수 있거나, 자가 모니터링 연습으로서 생각 기록을 고려할 수도 있다. 만약 내담자가 자동적 사고를 식별하지 못한다면, 당신은 내담자의 허락을 구해서 관련 상황을 시각화하거나, 그 상황을 역할극으로 해 보거나, 내담자에게 그 상황의 의미를 물어보거나, 도움이 되는 생각들과 도움이 되지 않는 생각들의 메뉴를 제공할 수도 있다. 전통적인 CBT에서 이 다음 단계는 전형적인 인지왜곡들(또는 '생각 오류', 통상 10개 이상)의 목록을 검토함으로써 그 생각을 특정한 인지왜곡으로 범주화하는 것이다. MI-CBT에서는 과도한 전문가적 태도로 MI의 정신을 약화시키는 것, 관계 형성을 위협하는 위험을 무릅쓰며 내담자를 훈계하려는 것, 정보와 전문용어로 내담자를 압도하려는 것에 대해 우려한다. 이런 함정을 피하기 위하여 내담자에게서 잠재적인 패턴들을 이끌어내고, 내담자가 관련시킬 수 있는 패턴에 범주 이름을 함께 붙이는 것을 고려하라. 항상 그렇듯이 다음의 예에서와 같이 ATA 및 선택안 메뉴를 활용하여 정보나 조언을 제공하라.

> **전문가**: 이 생각 기록에 따르면, 명희 양의 생각과 그것이 만들어 내는 감정 사이에는 비슷한 점이 있을 수 있어요. 그것에 대해 무엇을 알아챘나요? [묻기]
>
> **명희**: 나 자신에 대해 나쁜 것을 생각할 때 우울해지는 것을 느껴요.
>
> **전문가**: 알겠어요. 그리고 그것은 다루기 어려울 수 있군요. 좀 더 살펴보죠. 명희는 스스로를 좋아하지 않는 것 또는 자신이 충분히 좋지는 않다고 생각하는 몇 가지 도움이 되지 않는 생각을 알아차렸어요. [반영하기] 이런 생각들을 바라보고 생각해 보면, 이 목록으로부터 이 패턴을 어떤 용어로 규정할 수 있을까요? 이 작업을 하면서 그걸 언급할 수 있도록 말이에요. [묻기]
>
> **명희**: 무슨 말씀이신지 잘 모르겠어요.
>
> **전문가**: 음. 어떤 사람들은 모두 좋거나 모두 나쁘다와 같은 생각 패턴을 '흑백논리적$_{all-or-nothing}$ 사고[1]'라고 부르기도 해요. 몇몇 사람은 '낙인찍기'라고 부르기도 하고, 다른 용어로는 '부정적인 것을 과장하기'라고 부를 수도 있어요. 이것들 중에 하나를 쓸 수도 있고 다른 것으로 부를 수도 있고요. 그래서 우리는 각각의 개별적인 생각 대신에 이런 패턴을 가지고 작업할 수도 있지요. [선택안 메뉴로 알려주기]
>
> **명희**: 내가 생각하기에 낙인찍기가 맞는 것 같군요. 아니면 나쁜 것들로 낙인찍기와 좋은 것들 무시하기요.
>
> **전문가**: 나쁜 것들로 낙인찍기는 납득이 많이 가고 명희가 적어둔 몇 가지 생각과도 맞아떨어지네요. [반영하기]

---

1) [역주] 이분법적 사고 또는 실무율적 사고라고도 한다.

이 과정이 끝날 때쯤 당신의 내담자가 주요한 생각과 신념에 집중하도록 안내하고, 자율성을 강조하며 협력적인 경험주의를 위한 길을 만들어 가는 방법으로서 패턴에 대한 범주를 이끌어내게 될 것이다.

**초점 맞추기를 위한 팁: 공감 보장하기**

인지 재구조화 과정을 통해 내담자를 안내할 때 특정한 전략들에 사로잡혀서 당신이 평가하고 있는 생각과 감정들이 매우 고통스러울 수 있다는 것을 잊기 쉽다. 당신은 가르치는 사람이 아니라 전문가라는 것. 공감을 표현하는 것은 MI의 정신을 유지하고 CBT에서 치료동맹을 굳건히 하는 핵심요소라는 것을 기억하는 것이 중요하다. 반영과 더불어서, 힘들고 고통스러운 상황, 생각, 또는 느낌에 대해 지지하고 동정하는compassionate 진술은 공감을 표현하는 것이며, 인지 재구조화 과정 동안 동맹과 MI 정신을 유지하는 데 중요하다. 다음의 대화는 이전의(이 장의 '관계 형성하기' 절) 상현과의 면담에서 뽑은 것인데, 다른 사람들이 자신을 패배자라고 생각할지도 모른다는 '도움이 되지 않는 생각'에 대한 설명으로 '낙인찍기'를 알아차리고 난 직후이다.

> **전문가:** 네, 맞아요. 상현 씨는 빨리 배우시네요. [인정 반영] 그것이 왜 낙인찍기라고 생각하나요? [열린 질문]
>
> **상현:** (눈물을 흘리며) 그것이 진실이기 때문이에요. 난 패배자예요. 패배자들은 대학에서 아무런 친구도 사귀지 못해요. 나는 내가 열아홉 살이라는 것을 믿을 수가 없어요. 친구를 사귈 수 없다니…. 나와 내 인생을 한번 보세요. 엉망이라고요.
>
> **전문가:** 지금 아주 힘든 시간을 보내고 있네요. [감정 반영으로 공감하기]
>
> **상현:** 네. 지금 일어나고 있는 것을 원치 않고 이렇게 되지 않기를 바란다는 거예요.
>
> **전문가:** 상현 씨는 자신의 삶이 다르기를 원하네요. 그리고 상현 씨는 이렇게 괴롭히는 생각들을 해결하는 것이 다른 삶을 만들어 내는 한 가지 방법이라고 말했어요. [실행 반영으로 반영]
>
> **상현:** 네. 맞아요. 그렇게 힘들지 않기를 원해요.
>
> **전문가:** 네. 정말 어렵지만 상현 씨는 매우 끈기가 있습니다. [공감 표현하기 및 인정 반영]

# 유발하기

특정 형태의 질문을 활용하여 변화대화를 이끌어 냄으로써 동기를 유발한다는 점을 상기해 보라. 우리의 목표는 내담자를 위해 그런 진술을 제공해 주는 것이 아니라 내담자가 변화를 위한 그들 자신의 욕구, 능력, 이유, 필요, 결단을 그들 스스로 말로 나타내도록 하기 위해 그런 대화로 안내하는 것이다. 이런 면에서, 소크라테스식 질문을 활용하는, 안내하는 방식의 CBT 질문 전략은 MI 접근 방식과 매우 일치할 수 있다. '소크라테스식 질문'은 정보를 제공하는 대신에 질문을 활용하여 비판적 사고를 북돋우기 위하여 소크라테스에 의해 개발된 방법이다. 평가나 해석을 제공하는 대신에 내담자 자신의 생각을 스스로 평가하도록 안내하기 위하여 질문을 한다. MI-CBT 통합치료의 경우 이 과정은 잘못된 것을 수정하거나 고치기보다는 탐색의 정신으로 거만하기보다는 협력적이어야만 한다 (Miller, 1999). 파데스키(Padesky, 1993)는 소크라테스식 질문의 목적이 마음의 변화가 아니고 안내에 의한 발견[안내된 발견]guided discovery이라는 것을 전문가들에게 상기시킨다. 그녀는 내담자가 소크라테스식 질문들에 답변할 지식을 가지고 있고, 그 질문들이 내담자의 현재 초점 밖에 있을 수 있는 적절한 정보를 고려하도록 내담자를 안내하고, 그 질문들이 구체적인 것에서 좀 더 추상적인 것으로 이동하며, 그 질문들이 내담자가 새로운 정보를 적용하여 새로운 결론에 도달하도록 지원한다고 묘사하였다.

CBT가 사고를 평가하도록(Beck, 2011) 조정된 소크라테스식 질문 분류체계를 '비판적 사고 재단The Foundation for Critical Thinking'이 개발하였다(Paul & Elder, 2006). 여기에는 도움이 되지 않는 사고의 찬반 근거에 대한 질문들과 대안적 설명에 대한 질문들이 포함되어 있다. 탈파국화 질문decatastrophizing questions은 일어날지도 모르는 최악의 상황과 어떻게 최악의 시나리오를 관리할지 내담자가 생각해 보도록 안내한다. 영향 질문impact questions은 내담자에게 생각에 대한 반응한 결과와 반응하지 않은 결과에 대하여 가설을 세울 것을 요청한다. 마지막으로 생각으로부터 거리를 확보하는 질문questions to gain distance은 내담자가 동일한 상황 속에 있는 친구나 가족에게 자신이 어떤 말을 해줄지에 대해 생각하도록 안내한다.

파데스키(1993)는 안내에 의한 발견을 위한 소크라테스식 질문의 세 가지 단계를 추가로 명시하고 있다. 경청하기, 요약하기, 그리고 통합 또는 분석 질문이 그 세 가지이다. MI는 이런 단계를 실현하는 네 가지 기술을 명시하고 있는데, 열린 질문, 반영적 경청, 요약, 핵심질문이 그것이다. 다음의 사례에서, 세아와 전문가는 MI 기술을 사용하여 네 가지 단계가 포함된 안내에 의한 발견을 보여 주고 있다.

**전문가**: 세아 씨의 기록지에 적힌 패턴 중 하나는 직장에서 모든 것을 끝낼 수 없다면 상사가 소리를 지르게 될 거라고 생각한다는 거예요. 좀 더 자세히 살펴봅시다.

이런 일이 일어날 것이라는 근거는 무엇일까요? [근거 질문]

**세아** : 가끔 그는 절 노려보는데, 특히 내가 뭔가 확신하지 못할 때 그래요.

**전문가**: 좋아요. 그가 세아 씨에게 소리 지를 것이라는 예측 근거 중 하나는 가끔 세아 씨를 노려본다는 것이군요. [반영하기] 또 다른 근거는 무엇일까요? [근거 질문]

**세아** : 예전에 그가 동료에게 폭발하는 상황을 본 적이 있어요.

**전문가**: 그래서 세아 씨에게 폭발할 수도 있다고 생각하는군요. [반영하기]

**세아** : 네. 그렇게 생각해요.

**전문가**: 그래서 두 가지 근거는 그가 세아 씨를 노려본 적이 있고, 그가 전에 폭발하는 것을 본 적이 있는 것이군요. [반영하기] 세아 씨에게 소리 지르지 않을 것이라는 근거는 무엇일까요? [근거 질문]

**세아** : 내게 할 일이 많다고 말했고, 그가 이런 것을 알고 있다고 말했어요.

**전문가**: 그래서 당신이 해야 할 일의 양에 대해 그가 이해하고 있다는 것을 세아 씨 또한 알고 있네요. [반영하기] 그가 세아 씨에게 소리 지르지 않을 거라는 또 다른 이유는 무엇일까요? [근거 질문]

**세아** : 글쎄요. 그가 폭발했던 동료는 항상 늦게 왔고요, 자신의 일을 끝낸 적이 없어요. 그리고 일찍 퇴근했죠. 모든 사람이 그가 마무리하지 않은 작업을 해야 했고, 우린 모두 그에 대해 계속 좌절감을 느꼈죠.

**전문가**: 좀 더 잘 이해하게 된 것 같아요. 좋아요. 반대되는 근거의 첫 번째는 그가 세아 씨에 대해 이해하고 있다는 것이고, 두 번째는 업무 관련 부가적인 문제가 많은 동료에게 그가 폭발했다는 것입니다. [반영하기] 맞나요?

**세아** : 네.

**전문가**: 할 수 있는 최선을 다하고 있음에도 상사에게 혼날 것을 걱정하는 친구에게 세아 씨라면 무슨 말을 해 줄 수 있을 것 같나요? [거리 두기 질문]

**세아** : 글쎄요. 자신이 할 수 있는 모든 일은 최선을 다해서 하고 난 후 그가 소리 지르지 않길 바라도록 해, 라고 할 것 같아요.

**전문가**: 자신이 할 수 있는 최선을 다해 노력하라는 말이 좋게 들리네요. [반영하기] 세아 씨가 친구에게 그 밖에 더 말할 수 있는 것은 무엇일까요? [대안 질문]

**세아** : 음, 그가 정말 소리를 지른다면 전반적인 상황에서 그렇듯 너에 대한 것이 아닐지도 몰라.

**전문가:** 직장에서 일이 많을 때, 그것을 끝내지 못해서 상사가 세아 씨에게 소리를 지를 까 봐 걱정을 하고 있어요. 하지만 사람들이 그들의 일을 마무리하지 못했을 때 그런 사람들에게 폭발한다는 근거도 몇 가지 갖고 있습니다. 사람들이 그들의 일을 끝내지 못하는 경향이 지속될 때가 더 큰 문제라고 이야기했어요. 세아 씨 가 할 수 있는 최선을 다하는 것, 그리고 그가 화를 낸다면 대안적인 설명에 대 해 생각하는 것이 도움이 될 겁니다. [요약하기] 이러한 정보가 직장에서 나쁜 일이 생기는 것에 대한 세아 씨의 생각과 잘 맞아떨어지나요? [파데스키에 따른 통합/분석 질문 또는 MI에 따른 핵심질문]

**세아:** 다른 방식으로 생각하는 것에 대해 도움이 되네요! 실제로 할 수 있을지는 장담 못하겠지만 최소한 이치에 맞는 말이네요.

이 예에서 전문가가 물은 마지막 질문이 구체적인 것(상사가 소리 지를 것이다)에서 좀 더 추상적인 것(어떤 나쁜 일이 일어날 것이다)으로 옮겨가기 시작하는 것에 주목하라. 나중 에 당신과 내담자는 생각(파국화 사고)의 패턴을 다루기 위해 일반 전략(예: 근거 질문evidence questions)을 개발하는 쪽으로 작업할 수 있다. 세아의 치료자가 생각을 바꾸는 것의 중요성 을 유발하는 동안, 세아의 마지막 발언에 기초한 자신감에 대한 우려가 여전히 분명하다. 이 점은 2장에서 논의한 자신감을 유발하기 위한 전략과 함께 다룰 수 있다. 다음의 내용과 6장에서 논의되는 바와 같이 회기에서 생각을 관리하는 기술을 연습하는 것은—역할극을 통해 가능한데—사전연습 및 피드백 과정을 통해 자기효능감을 구축하는 또 다른 방법이다.

# 계획하기

지난 과정들 안에서 내담자는 사고방식을 바꿀지 여부와 바꿀 이유에 대해 논의하였다. 계획하기 과정에서는 어떻게 사고방식을 바꿀 것인가를 논의하게 된다. 이러한 과정들은 상당히 중복되는데, 순차적으로 발생할 필요는 없고, 같은 회기 내에서 발생하지 않을 수

> 변화를 위한 계획을 수립하고, 회기 사이 의 활동에 초점을 맞추며, 결단을 공고화 하도록 내담자를 안내하라.

도 있지만, 모든 과정은 인지 재구조화와 관련이 있 다. 계획하기 과정에서 당신은 내담자가 변화를 위한 계획을 수립하고, 회기 사이의 활동에 초점을 맞추며

(과제 또는 연습), 그러한 계획을 위하여 결단을 공고화하도록 안내한다. 계획에는 회기들 사이에 생각을 평가하기 위해 소크라테스식 질문을 활용하는 것, 그리고 대안적 사고와 자기진술문을 개발하는 것이 포함될 수 있다. 이러한 대안적 사고와 자기진술문은 회기 중에 개발될 수 있고, 역할극 연습은 회기 사이에서 생각 관리에 대한 자신감을 증가시킬 수 있다(내담자 유인물 5-3 참조).

소크라테스식 질문에 답하는 것을 통해 안내에 의한 발견을 하는 것 외에도, 내담자는 생각을 검증하기 위한 행동실험을 계획할 수도 있다. 명희를 위한 행동실험은 과식에 대한 두 가지 접근을 비교해 보는 것이 될 수 있는데, "내가 과식할 때 스스로를 비난한다면, 나는 과식을 덜 할 것이다."를 "나 스스로에게 친절하게 말을 한다면, 나는 과식을 덜 할 것

---

1단계: 나의 도전과제는 무엇인가?
내가 약을 복용하도록 알려달라고 남자친구에게 요청하고 싶지만 그에게 도움을 요청하는 것이 두렵다.

2단계: 나의 도전과제에 대한 주요 사고는 무엇인가?
그는 내게 짜증 낼지도 모른다.

3단계: 내가 취할 수 있는 대안적 관점은 무엇인가?
그는 나를 돕고 싶을 수도 있다.

4단계: 나의 주요 사고에 기초한 나의 예측과 대안적 관점

| 주요 사고: | 대안적 관점: |
|---|---|
| 그는 나에게 오래전에 그것을 알고 있어야 했다고 소리 지를 것이다.<br>그는 더 이상 내 곁에 있지 않기로 마음먹을지도 모른다. | 그는 기억하기 어렵다는 것을 알고 있고, 내가 그것에 대해 보통 말하고 싶어하지 않기 때문에 도움을 원치 않는다고 생각했다고 말할 수 있다. |

5단계: 나의 예측을 테스트하기 위한 계획
수요일에 저녁 먹으러 나갈 때 나를 도와줄 것인지 물어보고 실제로 일어날 수 있는 가장 가까운 예측을 적어 둔다.

| 이런 일이 일어난다면… | 그렇다면 나는 … |
|---|---|
| 나는 잊어버릴 수도 있다.<br>술을 몇 잔 마실 수 있고 그러면 그걸 다루기 싫어질 수도 있다. | 내 전화기 달력에 알람을 설정한다.<br>저녁 먹으러 가는 차에서 그에게 말해 놓는다. |

[그림 5-1] 유진의 실험

이다."와 비교해 보는 것이다. 명희는 각각의 접근을 시도해 볼 것이고 결과를 관찰할 것이다(예: 음식 섭취). 이 행동실험은 "나 자신을 비판하지 않으면 과식을 하게 되고 자제력을 완전히 잃게 될 것이다."와 같은 생각에 대항할 수도 있다. 근거를 함께 논의하고, 실험을 위한 변화대화를 이끌어낸 다음에 당신은 (1) 문제 식별하기, (2) 타깃 사고 정의하기, (3) 대안적 관점 고려하기, (4) 가능한 가설이나 예측 두 가지 개발하기, (5) 실험 실행을 위한 계획하기 단계들로 내담자를 안내한다. 실험을 하고 나서 내담자는 그 결과와 그것이 타깃 사고에 어떤 영향을 미쳤는지 논의할 것이다. 유진이 완성한 행동실험 양식은 [그림 5-1]에 제시되어 있다. 내담자 유인물 5-4에 빈 양식이 제공되어 있다.

전문가가 MI 기술을 활용하여 이러한 단계들을 거쳐 가도록 유진을 어떻게 안내하는지 살펴보라.

> **전문가**: 유진 씨에게 도움이 될 수 있다고 말씀하신 것 중의 하나는 남자친구분이 복약에 대해 상기시켜 주는 것입니다. 하지만 도움을 요청하기 두렵다고 하셨어요. [반영하기 그리고 문제 식별하기] 그것에 대해 좀 더 이야기 해 주세요. [열린 질문]
>
> **유진**: 그가 저에게 짜증 내거나 제가 골칫덩어리라고 생각하지 않길 바랍니다. 그리고 그가 항상 제 상태에 대해 생각해야 하는 것도 싫어요.
>
> **전문가**: 도움을 요청한다면, 유진 씨에게 짜증을 낼 수도 있고 유진 씨를 나쁘게 생각할 수도 있군요. [반영하기 그리고 주요 사고 정의하기]
>
> **유진**: 네, 바라는 것은 아니지만 더 이상 그가 상관하지 않도록 하는 거죠.
>
> **전문가**: 바라는 것은 아니군요. 그것에 대해 다르게 생각할 방법이 있을 것도 같군요. [반영하기] 남자친구분이 어떻게 반응할지에 대한 다른 관점 같은, 그 상황을 바라보는 다른 방법은 무엇일까요? [대안적 관점 고려하기]
>
> **유진**: 때때로 그가 나를 돕고 싶어 할지도 모른다고 생각해요. 아마도 그는 어떻게 할지 모르고 있거나 그것에 대해 내가 생각하고 싶어 하지 않으니까 피하고 있을 수도 있어요.
>
> **전문가**: 그에게 도움을 요청한다면 무엇이 일어날지에 대해 두 가지 정도 예측해 볼 수 있네요. 하나는 그가 유진 씨에게 짜증을 낼지도 모른다는 것이고, 다른 하나는 그가 돕고 싶어 할 수도 있다는 거네요. [반영하기 및 대안적 가설 또는 예측 개발하기] 이 두 가능성을 검증하기 위해 유진 씨는 이번 주에 무엇을 하실 수 있나요?

유진 : 도움을 요청하기?

전문가: 유진 씨는 도움을 요청하고 두 예측을 좀 더 정확하게 적을 수 있어요. [반영하기 그리고 실험 수행을 위한 계획하기] 언제 이것을 해 볼 계획인가요?

유진 : 확실하진 않아요. 수요일에 저녁 먹으러 나가요.

전문가: 유진 씨는 이 '실험'을 수행할 시간과 장소를 이미 마음에 두었군요. [인정하기] 방해물은 어떤 게 있을까요? [방해물 대처계획 개발하기]

유진 : 모르겠네요. 잊어버릴 수도 있고, 몇 잔 마신다면 그걸 다루고 싶지 않을 수도 있어요.

전문가: 잊기나 회피가 두 가지 방해물이군요. [반영하기] 그에게 요청하는 일을 기억하는 걸 유진 씨는 어떻게 하면 해 볼 수 있을까요? [열린 질문]

유진 : 그게 진짜 문제라고 생각하지는 않아요. 왜냐하면 우리의 저녁 데이트 무렵에 말하도록 계획할 수도 있고 아니면 제 휴대폰 일정에 알람을 저장할 수도 있지요.

전문가: 좋아요. 유진 씨가 원하신다면 지금 바로 알람을 저장할 수 있어요. 회피하는 부분에 대해서는 유진 씨가 무엇을 할 수 있을까요? [열린 질문]

유진 : 모르겠네요. 어떤 생각이 있으세요?

전문가: 저녁 식사 시간에 말할 게 있다고 미리 그 사람에게 말해서 회피에 빠지지 않을 수 있어요. 또 다른 선택은 유진 씨가 그것이 어떻게 진행되는지 정확히 알기 위해서 또는 술을 마시기 전에 저녁 식사 가는 길에 그에게 물어 볼 수 있도록 여기에서 연습해 보는 것입니다. [선택안 메뉴 그리고 자율성 강조하기]

유진 : 여기서 연습하고 싶지는 않아요. 내가 그에게 미리 말한다는 것은 유난을 떠는 일 같아요. 하지만 저녁 식사 가는 길에 차 안에서 할 수 있을 것 같네요.

여기서 고려해야 할 한 가지는 유진이 약을 복용하는 것을 도와 달라고 하면 남자친구가 짜증을 낼 수도 있다는 것이다. 이런 인지행동 실험의 유형에서 다양한 결과들에 대해 계획하는 것은 중요하다. 당신은 만약 남자친구가 도와줄 의지가 있는지, 그리고 그가 도와줄 의지가 없고 짜증을 낸다면 그의 반응이 무엇일지 유진과 탐색해 볼 수도 있다. 이것은 특히 "그가 나에게 짜증을 낸다면 그것은 내가 '약을 먹어야 하는 사람으로서 부족한 사람이다' 또는 '나는 다른 사람 없이 스스로 돌볼 수 없다'를 의미할 것이다."와 같은 생각에 대한 전체적인 인지 재구조화 활동을 포함할 수도 있다.

또 다른 가능한 계획은 단계적 노출, 우려되는 내부(생각, 신체 반응) 또는 외부(활동, 상황)의 자극에 대한 체계적인 직면일 수 있다. 노출치료에 대한 전반적인 논의는 이번 장의 범위를 벗어나지만, 내담자는 강도가 증가하는 자극에 대한 자신의 반응을 시험하는 실험을 통해 노출 활동을 포함한 행동실험에 대해 조율하는 것을 고려할 수 있다. 이완 훈련과 수용 또는 마음챙김 같은 다른 접근은 6장에서 논의된다.

내담자가 변화계획을 개발할 때는 언제나 다음의 단계들을 통해서 결단을 공고히 해야 함을 기억하라. (1) 실행 의도를 포함하는 행동 단계(구체적 행동계획) 개발하기, (2) 실행에 대한 잠재적 방해물 확인하기, (3) 잠재적 방해물에 대한 해결책(방해물 대처계획) 마련하기, (4) 결단 언어를 이끌어내는 열린 질문, 척도 질문, 인정 반영, 그리고 희망과 낙관주의적인 표현을 통해 결단 강화하기. 2장, 3장, 4장은 이러한 계획하기 과정의 요소들에 대해 좀 더 자세히 알려준다. 인지 재구조화를 위한 변화계획 양식은 내담자 유인물 5-5를 참조하고, 상현의 변화계획 예시는 [그림 5-2]를 참조하라.


# MI-CBT 딜레마

자가 모니터링에서와 같이, 인지 재구조화에서 내담자를 안내할 때 주요한 딜레마는 고객이 인지 재구조화에 참여할 준비가 되어 있지 않은데, 당신은 그것이 성공적인 치료를 위한 주요 요소라고 생각하는 상황을 어떻게 다루어야 하는가이다. 다시 말하지만, 선택권은 당신에게 있다. 당신이 제공하는 CBT를 위해서는 인지 재구조화가 필요하며, 만약 내담자가 과업을 완수할 준비가 되어 있지 않다면 CBT를 위한 준비가 되어 있지 않은 것일 수 있다는 사실을 내담자에게 알릴 수 있다. 대안으로, 당신은 인지 재구조화 없이 MI-CBT를 제공하기로 결정할 수 있는데, 진전이 충분치 않을 때 내담자에게 그 아이디어를 다시 고려해 보도록 요청할 수도 있다. 끝으로, 인지 재구조화뿐만 아니라 마음챙김, 수용전념치료 전략들, 문제해결 접근들을 포함하는 다른 선택안도 제공할 수 있다.

또 다른 딜레마는 재구조화를 필요로 하는 심화 단계에서 신념들, 특히 핵심신념에 대한 인지의 한 수준으로서 자동적 사고에 대한 전통적인 CBT의 관점과 관련된다. 심리도식치료schema therapy는 깊게 지속된 신념과 생각의 패턴을 다루는 접근의 한 예이다(Farrell, Reiss, & Shaw, 2014). MI-CBT에서 자동적인 생각과 생각의 패턴을 평가하고 대체함으로

## 생각 기술을 위한 나의 계획

내가 이루고자 하는 변화들:

내 사회불안을 다루는 법을 배우기

이러한 변화들은 나에게 중요하다. 왜냐하면:

나는 외로움이나 우울함을 느끼고 싶지 않다.

친구를 사귀고 싶다.

여자친구가 있으면 좋겠다.

대학 생활을 즐기고 싶다.

발표를 해야 하는 수업들을 피하고 싶지 않다.

생각 기술은 나에게 어떻게 도움이 될 수 있을까:

나는 다양한 생각 방법을 찾을 수 있고, 그것은 좀 더 좋은 느낌에 도움이 된다.

더 좋게 느낀다면 여자친구나 더 나은 성적 같이 내가 원하는 것들을 더 많이 해 볼 수 있다.

생각 기술의 이러한 단계를 수행할 계획이다(무엇을, 어디서, 언제, 어떻게):

1.    또래와 관련된 사회 상황에 대한 도움이 되지 않는 '고착된' 생각을 무시하기

2.    도움이 되지 않는 '고착된' 생각을 내 사고기록지에 있는 좀 더 도움 되는 생각으로 전환하기. 나는 그 기록을 매일 완성하겠다. 나는 그 기록지를 침대 옆에 두고 휴대폰으로 사진을 찍을 것이다.

3.    1단계와 2단계가 안되면 마음챙김 실습을 시도하기

4.    다음 회기에서 차이점 논의하기, 그리고 가장 성공적인 전략 사용을 위한 계획 만들기

**만약(If) 계획대로 되지 않으면**

나의 생각들을 무시할 수 없다.

나는 사고기록지를 갖고 있지 않다.

**그러면 (Then) 이렇게 시도한다.**

다음 회기에 치료자와 좀 더 도움 되는 생각에 초점 맞추는 [집중하는] 연습하기

생각이 거기 있다는 것, 그리고 특정 생각이 내 머릿속에 있어도 내가 그것을 통제할 수 없다는 것을 알아차린다.

하지만 그러고 나서 대신에 좀 더 도움 되는 생각에 집중하도록 노력한다.

휴대폰으로 기록지 사진 찍어놓기

**[그림 5-2]** 상현의 인지 기술을 위한 변화계획

써 증상이 해소되기 시작할 경우, 핵심신념을 밝히기 위해 파고들 필요가 없을 수도 있다. 또한 핵심신념이 핵심가치와 묶여 있는 경우, 당신은 핵심신념을 다룸으로써 상당한 어려움을(답보대화와 불화를) 겪을 수도 있다. 이것은 전문가로서 당신에게 또 다른 선택 지점이 된다. 핵심신념을 계속해서 다룰 수도 있고, 다른 전략으로 이동해서 내담자가 고민을 해결하도록 안내할 수 있다. 끝으로, 앞의 유진 예에서 본 것처럼, 내담자가 회기에서 연습을 회피하는 선택을 할 수도 있다. 만약 당신이 회기 사이뿐만이 아니라 회기 내에서 연습하는 것이 CBT 핵심요소라고 간주하고 있다면 이것은 딜레마가 된다. 우리는 근거를 이끌어내는 것을 포함하여 실습하는 것과 관련된 양가성(양가감정)을 탐색할 것을 제안한다. 하지만 실습하지 않겠다는 내담자의 자율성을 지지해 주는 것 역시 제안한다. 만약 내담자가 그 주에 힘들어 했다면 다음 회기에 연습하는 것을 고려한다.

**5-1 전문가를 위한 활동**

## 소크라테스식 열린 질문

소크라테스식 질문은 내담자 자신의 생각을 평가하도록 안내한다. MI-CBT 통합치료에서, 그 정신은 전문가에 의한 쇄신에 비해 협력적이고 탐색적이어야 한다. 닫힌 질문에 비해 열린 질문을 활용하는 것이 이러한 협동 정신을 촉진한다.

**활동 목표**: 이 활동에서 당신은 닫힌 소크라테스식 질문을 열린 질문으로 변환하여 MI와 CBT를 통합함으로써 인지 변화를 유도할 것이다.

**활동 지침**: 우리는 닫힌 소크라테스식 질문의 몇 가지 예를 제공한다. 동일한 기능을 하는 열린 질문으로 다시 써 보도록 한다.

예
닫힌 질문: 다른 방식으로 말씀해 주실 수 있는지요?
열린 질문: 다른 방식으로 어떻게 말씀해 주시겠는지요?

**시도해 보세요!**

1. 닫힌 질문: 이것이 그것을 믿기에 좋은 근거인가요?

   열린 질문: _____

2. 이러한 이유들로 충분한가요?

   열린 질문: _____

3. 그러한 근거를 의심할 만한 이유가 있나요?

   열린 질문: _____

4. 이러한 상황을 다른 방식으로 보신 분이 누군가 있었나요?

   열린 질문: _____

5. 이것에 대해 답을 줄 사실들이 필요한가요?

   열린 질문: _____

6. 좀 더 논리적인 설명이 있나요?

   열린 질문: _____

7. 이것이 유일한 설명인가요?

   열린 질문: _____

8. 항상 이렇게 느꼈나요?

   열린 질문: _____

9. 그게 효과가 있을 거라고 생각하나요?

   열린 질문: _____

10. 그 밖에 다른 것은요?

    열린 질문: _____

## 작업절차: 인지 재구조화를 위한 변화대화 이끌어내고 강화하기

**활동 목표:** 이 활동에서 당신은 특히 인지 재구조화를 위한 변화대화를 이끌어내는 유발 질문을 개발하는 연습을 하게 된다. 그리고 나서 변화대화를 강화하기 위한 반영을 개발하게 될 것이다.

**활동 지침:** 다음의 각 항목의 빈칸을 채우는데, 필요에 따라 추가적인 세부 사항을 작성한다. 당신은 이번 절차의 세 가지 구성요소를 완성하는 연습을 하게 될 것이다. 첫 번째 부분에서는 절차의 세 가지 구성요소(변화대화를 이끌어내는 질문, 내담자의 변화대화, 변화대화에 대한 반영) 중 하나를 작성할 것이다. 두 번째 부분에서는 창의력을 활용하여 세 가지 구성요소의 두 가지를 완성해 본다.

항목 1
- **변화대화를 이끌어내는 전문가 전략:** 당신이 가족들과 함께 있을 때 항상 술을 마신다는 근거는 무엇인가요?
- **내담자의 변화대화:** 그냥 우리가 하는 게 그거예요. 누군가의 집에 가면 사람들이 제 손에 맥주를 쥐어 주죠. 만약 제가 "됐어"라고 말하면 "그냥 마셔… 단 한 잔이야! 즐기라고!" 그러고는 한 잔 더 또 한 잔 더. 그냥 그렇게 굴러가는 거죠.
- **전문가의 강화(반영/질문):** _____
  _____
  _____

항목 2
- **변화대화를 이끌어내는 전문가 전략:** 그들과 함께 있으면서 술을 마시지 않을 수 있다는 근거는 무엇인가요?
- **내담자의 변화대화:** _____
  _____
  _____

- **전문가의 강화(반영/질문):** 동물원에서 아이들과 함께 있을 때처럼 다른 상황에 있는 것이 마음을 가볍게 만들어 주었군요.

항목 3

- **변화대화를 이끌어내는 전문가 전략:** _____
  _____
  _____

- **내담자의 변화대화:** 모든 것이 선택이라고 말할 수 있어요. 자신에게 중요한 사람과 함께 머무는 것을 그만둘 필요는 없어요. 하지만 우리는 상황을 선택할 수 있어요. 술을 마시지 않는 상황들을 선택하면 좀 더 쉬워질 겁니다. 나도 그렇게 해야 할 것 같네요.
- **전문가의 강화(반영/질문):** 당신에게 중요한 것을 포기할 필요가 없고, 당신의 목표를 달성하게 해 주는 상황들을 선택할 수 있습니다. 선택이죠.

항목 4

- **변화대화를 이끌어내는 전문가 전략:** 상현 씨, 이제 우리는 당신에게 중요한 것 중 몇 가지에 대해 이야기를 나누었어요. 친구를 사귀고 어울리기 같은 것 말이죠. 그러니 "내게는 아무런 친구가 없게 될 건가?" 같은 생각이 들면 어떤 일이 생기는지 묻고 싶네요.
  - **내담자의 변화대화:** _____
    _____
    _____
  - **전문가의 강화(반영/질문):** _____
    _____
    _____

항목 5

- **변화대화를 이끌어내는 전문가 전략:** _____
  _____
  _____

- **내담자의 변화대화**: 제 생각에는 꽉 막힌 생각을 그렇게 많이 하지 않았다면 그것들을 무시하고 뭔가를 할 수 있었을지도 몰라요. 저를 판단하지 않는 누군가에게 이야기하거나 어딘가로 가서 내가 어울리지는 않는지 고민하지 않는 것 말이죠. 제 생각에는 사람들은 그렇게 하는 것 같아요. 저 같은 사람이 아니라면 말이죠.
- **전문가의 강화(반영/질문):** _____

_____

_____


항목 6

- **변화대화를 이끌어내는 전문가 전략:** _____

_____

_____

- **내담자의 변화대화:** _____

_____

_____

- **전문가 강화(반영/질문):** 때때로 그런 생각들을 무시할 수 있다는 것은 우정 어린 관계들을 시작하는 데 도움이 될 수 있습니다.


추천할 만한 응답


항목 1

- **전문가의 강화(반영/질문):** 당신은 술 마시는 것으로부터 벗어날 수 없을 것 같은 기분이 드는군요. 마치 어떤 예상 같은 것이네요.


항목 2

- **내담자의 변화대화:** 제 생각에는 가족들과 술 마시는 것 말고도 해 온 것들이 있어요. 우리가 하는 것 중의 큰 부분이죠. 하지만… 음, 우리 몇이서 여름에 아이를 데리고 함께 동물원에 갔어요.

항목 3

- **변화대화를 이끌어내는 전문가 전략:** 만약 어려운 시간을 보내고 있는 친구가 있다고 해봅시다. 그는 술을 끊고 싶지만, 가족을 만나는 걸 그만두고 싶어 하는 건 아니예요. 당신이라면 그 친구에게 어떤 조언을 하시겠어요?

항목 4

- **내담자의 변화대화:** 아무것도 없어요. 아무것도 변하지 않을 것 같고 그것에 대해 할 수 있는 것도 없어요. 단지 그걸 고쳐 보았으면 하고 얼마나 바라는지 생각만 할 뿐이죠.
- **전문가의 강화(반영/질문):** 막다른 골목에 처했다고 생각하고 있지만, 만약 무언가 당신이 해 볼 수 있는 것이 있다면 그걸 해 보고 싶으시군요.

항목 5

- **변화대화를 이끌어내는 전문가 전략:** 그런 막힌 생각을 하지 않았다면 상황이 어떻게 달라질 수도 있다고 생각하세요?
- **전문가의 강화(반영/질문):** 밖에 나가서 당신이 하고 싶어 하는 뭔가를 하거나 막힌 생각이 없는 사람들, 또는 그들이 그런 것들을 무시할 수 있는지 궁금해 하시는군요.

항목 6

- **변화대화를 이끌어내는 전문가 전략:** 그런 생각들도 무시할 수 있다면 무슨 일이 일어날까요?
- **내담자의 변화대화:** 항상 그런 것들을 무시할 수 있을지 모르겠지만, 만약 가끔 그렇게 할 수 있다면 친구를 몇 명 사귈 수 있을 만큼 충분히 다른 사람들과 이야기를 해 볼 수도 있을 거 같아요.

# 상황, 생각, 감정, 행동

상황은 특정 방향으로 생각하고 느끼고 행동하게 이끕니다. 하지만 각 상황에 대해 생각하거나 느끼는 방법은 하나 이상 있습니다. 예를 들면, 어떤 사람들은 사람들 앞에서 발언[발표]해야 한다면 자기 스스로를 바보로 만들 것이라 생각해서 수업을 아예 빼먹습니다. 또 다른 사람들은 사람들 앞에서 발언[발표]해야 한다면 좀 더 열심히 공부해서 준비할 필요가 있다고 생각할 수도 있습니다. 특정 방향으로 생각하고 느끼고 행동하도록 이끄는 다양한 상황들을 생각해 보고 적어본 다음, 그 상황에 대한 다른 생각, 다른 감정, 다른 행동들을 숙고해 보십시오.

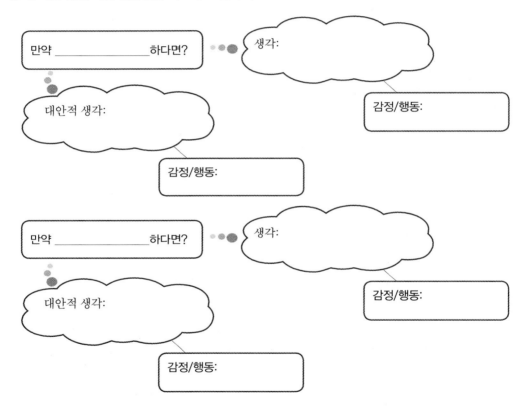

## 상황 및 대안적 설명

이 작업기록지를 완성하면서 왜 이런 선택을 했는지 세 가지 이유를 나열하시오.

1. _____

2. _____

3. _____

# 상황 및 대안적 설명

사람들은 다양한 방식으로 상황을 해석하지만, 대부분의 상황은 한 가지 이상의 해석이 가능합니다. 당신은 일반적으로 기분 나쁘게 느끼는 한 가지 방식으로 어떤 상황을 해석할 수도 있지만, 또한 대안적 설명을 고려해 볼 수도 있습니다. 예를 들어, 당신의 배우자가 회사에서 집으로 돌아와서 쌀쌀맞게 대합니다. 당신은 그가 당신 때문에 짜증이 났다고 생각할 수 있고, 그래서 거부당했다고 느끼게 됩니다. 하지만 다른 대안적 설명들은 어떤 게 있을까요? 배우자는 회사에서 힘든 하루를 보냈을 수도 있고 퇴근길이 무척 심하게 막혔을지도 모릅니다. 이런 대안적 설명은 거부당한 기분을 덜 느끼게 할 수 있습니다. 당신이 대안적 설명 연습을 해 보고 싶어 하는 이유는 무엇인가요? _____

_____

_____

| 상황 | 당신의 평소 설명 | 대안적 설명 | 다른 대안적 설명 |
|---|---|---|---|
| 예: 배우자가 내게 쌀쌀맞게 대한다. | 예: 나는 그를 짜증나게 한다. | 예: 그는 회사에서 힘든 하루를 보냈다. | 예: 그는 교통 체증으로 힘들었다. |
| | | | |
| | | | |
| | | | |
| | | | |
| | | | |

## 도움이 되는 생각 / 도움이 되지 않는 생각

당신이 가끔 떠올리는 '도움이 되지 않는 생각'을 쓰고 나서 '도움이 되는 생각'으로 바꾸는 연습을 해 봅니다.

'도움이 되지 않는 생각'을 더 '도움이 되는 생각'으로 바꾸는 연습을 하는 것이 당신에게 왜 도움이 될까요?

당신이 '도움이 되지 않는 생각'을 하고 있을 때 어떻게 당신 스스로 그것을 알 수 있나요?

| 도움이 되지 않는 생각 | 도움이 되는 생각 |
|---|---|
| 예: 나는 어떤 것도 제대로 할 수 없다. | 예: 가끔 실수를 한다. 하지만 많은 것은 제대로 한다. |
| | |
| | |
| | |
| | |
| | |

나의 선택이야

이렇게 하는 좋은 이유가 있어

성공한 경험이 있어

# 행동 실험

행동 실험은 도전과제 중 하나에 직면했을 때 대안적 행동을 취했다면 어떤 일이 일어날지에 대한 생각을 실험하는 데 사용될 수 있습니다. 아래의 사례를 보고 나서 자신의 행동 실험 양식을 채워 봅시다.

**1단계: 나의 도전과제는 무엇인가?**
내가 약을 복용하도록 알려 달라고 남자친구에게 요청하고 싶지만 그에게 도움을 요청하는 것이 두렵다.

**2단계: 나의 도전과제에 대한 주요 사고는 무엇인가?**
그는 내게 짜증낼지도 모른다.

**3단계: 내가 취할 수 있는 대안적 관점은 무엇인가?**
그는 나를 돕고 싶을 수도 있다.

**4단계: 나의 주요 사고에 기초한 나의 예측과 대안적 관점**

주요 사고:
그는 나에게 오래전에 그것을 알고 있어야 했다고 소리를 지를 것이다.
그는 더 이상 내 곁에 있지 않기로 마음먹을지도 모른다.

대안적 관점:
그는 기억하기 어렵다는 것을 알고 있고, 내가 그것에 대해 보통 말하고 싶어 하지 않기 때문에 도움을 원치 않는다고 생각했다고 말할 수 있다.

**5단계: 나의 예측을 실험하기 위한 계획**
수요일에 저녁 먹으러 나갈 때 나를 도와줄 것인지 물어보고, 실제로 일어날 수 있는 가장 가까운 예측을 적어 둔다.

이런 일이 일어난다면…
나는 잊어버릴 수도 있다.
어쩌면 술을 몇 잔 마실 수 있고 그러면 그걸 다루기 싫어질 수도 있다.

그렇다면 나는 …
나의 전화기 일정에 알람을 설정한다.
저녁 먹으러 가는 차에서 그에게 말해 놓는다.

당신의 도전과제 중에 하나를 직면했을 때 대안적 행동을 취할 때 일어날 수 있는 것에 대한 당신의 생각을 실험해 보기 위해 당신의 전문가와 함께 이 양식을 완성해 봅니다.

(계속)

당신의 생각이 얼마나 정확한지 또는 또 다른 관점이 있는지 알아보는 실험을 왜 하고 싶습니까?

_____

1단계: 나의 도전과제는 무엇인가?

2단계: 나의 도전과제에 대한 주요 사고는 무엇인가?

3단계: 내가 취할 수 있는 대안적 관점은 무엇인가?

4단계: 나의 주요 사고에 기초한 나의 예측과 대안적 관점

주요 사고:                                              대안적 관점:

5단계: 나의 예측을 실험하기 위한 계획

이런 일이 일어난다면…                                  그렇다면 나는 …

무슨 일이 일어났습니까? _____

_____

_____

다음에 이런 상황이라면 당신은 무엇을 하겠습니까? _____

_____

_____

# 인지 기술을 위한 변화계획

## 생각 기술을 위한 나의 계획

내가 이루고자 하는 변화들:

_____

_____

_____

이러한 변화들은 나에게 중요하다. 왜냐하면:

_____

_____

_____

생각 기술은 나에게 어떻게 도움이 될 수 있을까:

_____

_____

_____

생각 기술의 이러한 단계를 수행할 계획이다(무엇을, 어디서, 언제, 어떻게):

_____

_____

_____

만약(If) 계획대로 되지 않으면          그러면(Then) 이렇게 시도한다.

_____          _____

_____          _____

_____          _____

제**6**장

# 행동 및 정서 조절 기술

**C**BT의 우산 아래 수많은 행동 및 정서 조절 기술이 있지만, 우리는 CBT에서 가장 일반적으로 언급되는 기술들, 그리고 우리가 주로 접하는 문제들—알코올 사용, 우울, 불안, 의학적 질환, 비만—에 가장 관련이 높은 기술들에 논의의 초점을 맞추었다. 여기에는 문제해결 기술, 행동 활성화, 디스트레스 감내력, 마음챙김, 노출치료, 걱정에 대한 자극통제, 자기주장 훈련이 포함된다. 우리는 먼저 이러한 기술 훈련에 친숙하지 않은 전문가를 위해 각 기술에 대해 간단하게 설명할 것이다.

## 문제해결 기술

문제해결 기술problem–solving skills은 촉발요인을 확인하고 대처 전략을 수립하는 데 초점을 두는 많은 인지행동치료 접근에서 활용된다. 문제해결 기술 훈련은 다음과 같은 구성요소가 있다. 우선, 내담자는 이전 장에서 설명한 인지 기술과 교육으로 문제에 대한 긍정적인 방향설정을 발전시키는 방법을 학습한다. 이것은 문제를 해결할 수 있는 도전으로 재구성하고, 실제로 시간과 노력으로 그것을 효과적으로 관리할 수 있다는 내담자의 믿음을 증진시키는 것을 의미한다(다음의 '자신감 높이기' 참조). 어떤 해결책도 쉽거나 완벽하지 않지만 아이디어는 최선의 해결책으로서 고지된 선택을 하는 것이다. 네 가지 주요 기술 단계를 통해 내담자가 합리적인 문제해결 스타일을 개발하도록 돕는다(내담자 유인물 6-1 참조): (1) 문제를 개념화하기, (2) 해결책을 만들기(브레인스토밍하기), (3) 잠재적인 해결책에 대한 평가에 기초하여 결정하기, (4) 해결책을 실천하고 그 효과를 분석하기. 내담자가 하나의 해결책을 선택한 경우, 해결책을 관리 가능한 단계로 나누는 것이 도움이 된다. 메타분석에 따르면 문제해결 기술 훈련은 다양한 신체적·정신적 건강 문제에 효과적이며, 모든 구성요소를 전달할 때 가장 효과적이다(Bell & D'Zurilla, 2009).

# 행동 활성화

행동 활성화<sub>behavioral activation</sub>는 인지와 같은 내부 프로세스보다는 즐거운 일과 보람 있는 활동을 증가시키는 등의 상황에 초점을 맞춘 우울증 치료법으로 개발되었다(Martell et al., 2010). 행동 활성화 관점에서 우울 증상은 활성화를 위한 긍정적인 강화물은 거의 없고 회피 행동을 위한 부정적인 강화물이 많은 환경에 대한 자연스러운 반응으로 여긴다. 최근에는 행동 활성화가 불안 회피 행동을 개선하는 데 효과가 있어 권장되고 있다(Chen, Liu, Rapee, & Pillay, 2013; Turner & Leach, 2009). 행동 활성화는 일반적으로 활동과 기분 사이의 연결 고리를 식별하기 위한 자가 모니터링을 포함한다(4장 참조). 그런 다음 내담자는 자신의 기분에 따라 활동을 수행하는 것이 아니라 목표 또는 계획에 따라 활동(단순 활동에서 좀 더 복잡한 활동으로)에 참여하도록 요청받는다(내담자 유인물 6-2 참조). 일반적으로 활동을 하는 것이 우선이고 기분은 조금 늦게 좋아진다. 일부 치료자들은 내담자가 치료를 받게 하려는 방법으로서 "기분이 좋아질 때까지 기분이 좋은 척 행동하세요<sub>Fake it until you make it</sub>"라는 말을 사용하면서, 일정 기간 그렇게 하고 나면 기분이 좋아지기 시작할 거라는 약속을 한다. 내담자의 활동은 일일 기분 및 활동 일지를 통해 모니터링된다.

모든 회기는 자연스럽게 강화되는 활동(예: 운동, 식사, 사교활동)에 특히 중점을 두고 내담자가 무엇을 생각하는 것이 아니라 무엇을 하는지에 초점을 맞춘다. 행동 활성화는 우울증에 대한 독립적인 치료법으로서 강력한 경험적 지지를 받는다(Mazzucchelli, Kane, &

Rees, 2009; Sturmey, 2009). 제이콥슨과 동료들(Jacobson et al., 1996)은 그들의 중요한 연구에서 인지행동치료의 행동 활성화 구성요소가 전체 CBT 패키지만큼 우울증 치료에 효과적이라는 점을 보여 주었다.

제이콥슨과 동료들(1996)의 최근 반복 실험연구에서 행동 활성화가 우울증 치료에서 전통적인 CBT만큼이나 효과가 있었으며, 실제로 '중증 우울증'을 겪는 참가자들에게 CBT보다 더 효과적이라는 것을 보여 주었다(Dimidjian et al., 2006). 중요한 것은 이러한 연구 결과들이 명백한 행동 변화를 타깃으로 겨냥하는 것만으로도 우울증의 행동과 상관이 있는 사고와 기분을 개선하기에 충분하다는 것을 제안하였다는 점이다.

## 디스트레스 감내력

변증법적 행동치료dialectical behavior therapy(Dimeff & Koerner, 2007)와 정동조절 훈련affect regulation training(Berking & Whitley, 2014)을 포함하여 CBT의 우산 아래에 있다고 고려되는 몇 가지 치료법은 디스트레스 감내 기술처럼 정서조절을 다룬다. '디스트레스 감내력distress tolerance'은 부정적인 감정 상태를 견딜 수 있는 능력 또는 부정적인 정동 상황에서 목표 지향적 행동을 지속할 수 있는 능력으로 정의된다. 디스트레스 감내에 대한 무능력(또는 지각된 무능력)은 우울증과 불안(Zvolensky, Vujanovic, Bernstein, & Leyro, 2010), 약물치료 순응도(Oser, Trafton, Lejuez, & Bonn-Miller, 2013), 과식(Kozak & Fought, 2011)과 같은 많은 심리적 증상(Leyro, Zvolensky, & Bernstein, 2010) 및 신체적 건강 문제와 관련되어 있다. 버킹과 휘틀리(Berking & Whitley, 2014)는 이전 이론을 통합하고 감정조절에 필요한 기술을 설명했다: 감정과 몸의 감각, 촉발요인 이해하기, 정서적 고통의 능동적 조절, 조절이 불가능할 때의 수용과 감내, 스트레스 상황에 직면 대 회피에 대한 인식, 확인, 올바른 해석(내담자 유인물 6-3과 6-4 참조). 약물 남용과 비만의 경우 디스트레스는 갈망과 배고픔의 형태를 취할 수 있고, 디스트레스를 다스리는 전략은 동일하다는 점에 주목해야 한다.

디스트레스에 대하여 도움이 되는 전략에는 주의전환distraction, 상황을 '뒷전에 제쳐두기' 위해 뭔가 다른 것에 대해 생각하기, 다른 신체 감각 촉발하기(예: 찬물로 샤워하기, 매운 음식 먹기, 운동하기), 그리고 이완relaxation과 같은 유용한 기술들이 있다. 보다 최근에 디스트레스를 감내하기 위해 사용되는 전략으로 마음챙김—그 순간에 대한 비심판적 자각—이 있다. 마음챙김을 배우는 것은 디스트레스를 경험하면서도 디스트레스에 대해 심란해하지 않는 것을 의미한다. 디스트레스가 삶의 일부분이라는 것을 배우는 것이고, 디스트레스에 대해 반응하면서 이렇게 생각할 수도 있다. '이것은 디스트레스를 받는 느낌이 들게 하는 것이다. 난 이것을 다룰 수 있다. 지금 당장 나는 화가 나지만 문제는 없다.' 즉, 어떤 부정적인 사건과 경험이 있는 그 순간에 어떻게 그것들을 경험할 것인지에 대해 점진적으로 배워 나간다는 생각이다.

## 마음챙김

마음챙김mindfulness 기술은 생각과 감정에 대한 알아차림awareness을 증가시키고, 그 생각과 감정을 심판하지 않으며, 집착하거나 반응reaction하지 않으면서 수용하는 태도를 배우는 것이다. 마음챙김은 디스트레스 감내력의 부가물로 간주될 수 있다. 왜냐하면 마음챙김의 목표는 생각, 감정, 감각에 대해 주의 깊게 관찰mindful observation하는 것이기 때문이다. 이러한 목표는 종종 명상, 호흡 연습, 요가와 같은 기법들로 달성할 수 있다. 이러한 접근법들은 삶의 사건과 그것에 대한 내적인 반응에 대하여 비심판적인 자각을 촉진하는 것으로서, 디스트레스 사건에 대한 생각이나 감정의 내용에 대하여 도전하는 데 초점을 두는 것이 아니다. 마음챙김 기반의 CBT와 마음챙김에 근거한 스트레스 완화 프로그램(MBSR)처럼 마음챙김 치료 접근법들은 스트레스 반응들, 우울과 불안과 같은 심리적 증상들, 신체적 증상들, 물질 사용, 그리고 삶의 질을 개선하는 것으로 나타났다(Chiesa, Calati, & Serretti, 2011; Chiesa & Serretti, 2009; Fjorback, Arendt, Ørnbøl, Fink, & Walach, 2011).

## 노출치료

고전적 조건형성 문헌에서 발전된 노출치료exposure therapy에서 내담자는 연관된 불안이 사라질 때까지 두려워하는 자극(실제 또는 가상의)을 접촉하게 된다. 어떤 사람들은 이 과정을 디스트레스를 더 잘 참는 방법을 배우는 과정으로 생각한다. 이는 공황장애에 해당되는데, 해당 내담자는 불안을 경험하는 것에 대해 덜 불안해하는 방법을 배우는 것이다.

다른 불안장애의 경우에는 불안감이 사라질 때까지 불안을 유발하는 상황을 감내하도록 노출하는 것이 요구된다. 공포 순위 목록fear hierarchy의 작성부터 시작해서 체계적인 방법으로 노출치료가 실시될 수 있다. 이 순위 목록은 내담자가 느끼는 두려움을 가장 낮은 상황부터 가장 높은 상황까지 평가함으로써 만들어진다. 자가 모니터링 과업이 이러한 내담자의 평가를 촉진하는 데 활용될 수 있다(4장 참조). 그런 다음 내담자는 두려움이 가장 낮은 자극에 대해 (실제in vivo—실제 삶에서—또는 심상으로) 노출을 경험하고, 점진적으로 공포 순위가 높은 자극을 경험하게 된다([그림 6–1]의 상현의 사회공포증에 대한 공포 순위 목록 사례 참조).

노출치료의 다른 형태인 '홍수법flooding'은 내담자가 가장 두려워하는 실제상황을 경험하며 순위 목록에서 가장 높은 두려움에 직면하게 된다. 대부분의 전문가와 환자는 홍수법이 불편하기 때문에 점진적인 노출을 선호하지만(Öst, Alm, Brandberg, & Breitholtz, 2001; Moulds & Nixon, 2006), MI–CBT 통합치료에서는 내담자에게 이러한 선택권을 주게 된다. 일반적으로 내담자는 노출 중에 발생하는 고통스러운 느낌들distressing feelings에 대처하기 위해 앞에서 설명한 기술들(예: 주의전환, 이완, 마음챙김)을 배우게 된다(내담자 유인물 6–5 참조). 20개의 연구에 대한 메타분석은 인지 재구조화와 노출이 불안장애에 동등한 효과가 있고(Ourgrin, 2011), 가상 노출치료는 실제 노출과 동등한 효과를 가진다는 것을 시사하였다(Powers & Emmelkamp, 2008).

## 걱정에 대한 자극통제

'걱정worry'은 예상되는 부정적인 사건에 대하여 불안에 사로잡혀 있는 것이다. 걱정은 불확실성에 대한 효과적인 단기반응으로 건강한 주의attention와 문제해결을 촉진한다. 하지만 때때로 걱정은 자기영속적self-perpetuating이고, 과도하며, 장기적으로 부정적인 결과를 가져올 수 있다. 과도한 걱정은 범불안장애generalized anxiety disorder의 주요증상이다. 걱정에 대한 자극통제stimulus control는 1980년대 초에 제안되었고(Borkovec, Wilkinson, Folensbee, & Lerman, 1983), 최근 임상 연구 분야에서 관심을 받아왔다(McGowan & Behar, 2013; Verkuil, Brosschot, Korrelboom, Reul-Verlaan, & Thayer, 2011). 자극통제 훈련의 목표는 걱정하는 데 소비되는 시간을 제한하고, 점진적으로 더욱 뚜렷하고 특정한 시간과 장소에 걱정을 결합

|  |  | 공포 점수 (1~100) | 회피 점수 (1~100) |
| --- | --- | --- | --- |
| 1 | (학교) 파티에 가기 | 100 | 100 |
| 2 | 매력적인 여자와 대화를 시작하기 | 99 | 100 |
| 3 | 결혼식, 약혼식, 명절과 같은 가족행사에 참석하기 | 70 | 40 |
| 4 | 식당 또는 학생 단체에서 시간 보내기 | 65 | 70 |
| 5 | 약사 또는 가게에 있는 사람들과 이야기하기 | 60 | 60 |
| 6 | 교수에게 도움 요청하기 | 55 | 55 |
| 7 | 커피숍에 앉아있기 | 55 | 70 |
| 8 | 남자 학우가 대화를 시작해 볼 경우 그와의 대화를 이어가기 | 50 | 30 |
| 9 | 도서관에 가기 | 40 | 35 |
| 10 | 수업시간에 출석하기 | 40 | 5 |

```
    0    10   20   30   40   50   60   70   80   90   100
    |----|----|----|----|----|----|----|----|----|----|
 걱정/회피        약간의        중등도의        심한        매우 심한
   없음          걱정/회피      걱정/회피      걱정/회피      걱정/회피
```

**[그림 6-1]** 상현의 공포 순위 목록

시키는 것이다. 오직 그러한 시간과 장소에서만 걱정을 이끌어내게 된다. 내담자는 매일 같은 시간과 장소에서 30분의 '걱정 시간worry period'을 확인하도록 요청받는다. 하지만 잠자기 전 최소 3시간 전에 실시한다. 내담자는 30분 동안 가능한 최대의 강도로 걱정을 하도록 안내를 받지만, 그날의 나머지 시간 동안은 걱정하는 것을 그 걱정 시간으로 미루고 현재 상황에 집중하도록 해야 한다(내담자 유인물 6-6 참조). 걱정 통제는 종종 불안장애 치료의 일부로서 포함된다(Craske & Barlow, 2006). 게다가 최근의 예비연구들은 자극통제만으로도 걱정과 불면증에 대한 효과가 수용 훈련보다 탁월할 수 있으며, 걱정통제가 스트레스 관리 훈련의 효과를 높일 수 있다는 것을 시사하고 있다(McGowan & Behar, 2013; Verkuil et al., 2011).

# 거절 기술과 자기주장 훈련

거절 기술은 행동 자기통제 훈련behavioral self-control training을 포함하여 중독행동들을 치료하는 몇 가지 근거기반의 접근들에 포함된다(Walters, 2001). 메타분석에서는 자기주장 훈련assertiveness training을 수반하는 거절 기술이 효과적인 물질남용 치료의 핵심 구성요소라는 점을 보여 주었고(Magill, 2009), 다른 인지행동치료 모듈과 비교해 거절 기술이 더 나은 물질사용 결과와 관련된다고 하였다(Witkiewitz, Lustyk, & Bowen, 2013). 자기주장 훈련은 비만에 대한 행동개입의 핵심요소이다(Jacob & Isaac, 2012).

거절 기술에는 두 가지 핵심 요소가 있다(내담자 유인물 6-7 참조). 첫 번째 구성요소는 사회적 압박을 포함하여 촉발요인들이 발생할 가능성이 높은 상황을 피하는 것과 관련된다. 이 구성요소는 '환경 조절environmental control'이라고도 불려왔는데, 내담자는 이를 통해 촉발요인을 피하면서 대안적 행동의 촉진요소들을 최대화하는 방법들을 실행한다. 내담자가 상황을 피할 수 없거나 피하지 않기를 선택한 경우, 두 번째 구성요소는 촉발요인들에 노출되는 상황들에 대한 대처 전략을 개발하는 것과 관련된다. 여기에는 직접 및 간접적인 사회적 압력을 다루는 자기주장 의사소통assertive communication, 그리고 그 상황을 관리하기 너무 어려워졌을 때의 탈출 계획escape plan이 포함된다. 자기주장 의사소통의 핵심 구성요소에는 자기주장의 언어, 공격적인 언어, 수동적인 언어 간의 차이를 이해하는 것, 그리고 그러한 상황에 자신의 감정 또는 반응을 묘사하기 위하여 나 전달법I-message을 활용하고, 이어서 특정한 요청을 하는 것이 포함된다.

# 추가 기술들

CBT 문헌에는 대처 계획을 위한 유용할 수 있는 다른 많은 기술들이 있는데, 의사소통 기술(McHugh, Hearon, & Otto, 2010), 사회적 기술(Kurtz & Mueser, 2008; Monti & O'Leary, 1999), 조직화 및 계획 기술(Barkley, 2015; Lorig et al., 2001; Safren, Perlman, Sprich, & Otto, 2005)이 포함된다. 이러한 기술들은 모두 다음에서 설명하는 MI의 네 가지 과정의 토대로서 다루어질 수도 있다.

# 관계 형성하기

이전 장에서 설명한 것처럼 관계 형성하기engaging 과정에는 지난 일주일 동안 내담자가 어떻게 지냈는지를 확인하는 절차가 포함되며, 치료적 동맹과 치료 참여를 강화하기 위해 반영, 질문, 공감 표현을 활용한다. 추가로 각 회기의 시작 시에 이전 회기 내용을 검토하는 작업이 포함되며, 이 단계에서는 일반적으로 회기 사이의 실습이 포함된다. 인지 기술의 경우에서처럼 관계 형성하기 과정에는 협력하여 의제를 설정하는 일이 포함된다. 의제에는 행동 및 정서조절 기술이 포함될 수 있다. 왜냐하면 초기 치료계획의 일환으로 그러한 기술들을 우선순위로 정하였거나, 지난 일주일 동안의 보고에 기초하여 당신과 내담자가 이러한 기술이 유용하다고 결정하였기 때문이다.

다음 단계는 일반적인 용어로 근거rationale를 논의한다. 회기 과제와 관련하여 충분한 관계 형성이 될 때까지는 기술 훈련의 구체적인 세부 사항에 대한 동기를 논의하고 유발하는 작업을 준비하는 단계이다. 계획하기 과정 전까지는 문제해결 작업을 자제하는 것이 매우 중요한데, 그것은 관계 형성하기 과정의 목표가 경청하고 이해하는 것(교정반사righting reflex를 피하기, 협력적이되 처방[지시]하지 않는 것)이기 때문이다. 근거를 논의할 때, 우선 ATA 방식을 활용하여 내담자가 치료과업에 대해 무엇을 알고 있는지, 그리고 그 치료가 어째서 중요할 수도 있는지[1](이 지점에서 유발하기 과정evoking process과 겹치게 됨)를 이끌어내는 것을 기억해야 한다. 그런 다음 전문가는 정보를 제공하고(알려주기) 나서 내담자의 피드백을 이끌어낸다(묻기). 이런 방식으로 전문가는 MI 스타일로 근거를 논의하면서 교육을 시작한다.

> **전문가:** 유혹적인 상황을 관리하는 방법을 알아내는 데 도움이 될 수 있는 것 중의 하나는 문제해결 기술이에요. 명희가 문제해결 기술에 대해 알고 있는 건 어떤 게 있나요? [묻기]
>
> **명희 :** 음, 문제에 대한 해결책을 찾는 방법인 것 같은데요, 하지만 잘 모르겠어요.

---

1) [역주] ATA 중 '묻기'에 해당한다.

전문가: 맞아요, 문제해결 기술을 배우는 건 단계적인 과정이에요. 모든 가능한 해결책을 먼저 브레인스토밍을 하고 나서 각각의 장단점을 살펴본 다음, 시도해 볼 해결책을 자신이 선택하는 거예요. 그렇게 하고 나서 그 해결책을 다루기에 적당한 단계들로 쪼개 보는 거고요. [알려주기] 명희는 어떤 점에서 그렇게 하는 게 도움이 된다고 생각하나요? [묻기]

명희: 제가 체중 감량을 할 때 저를 어떻게 도와야 할지 모르는 주변사람을 대하는 방법을 알 필요가 있어요.

전문가: 그러니까 명희에게는 문제해결 기술을 배우는 것이 주변사람들을 대하는 데 도움을 준다는 거군요. [반영하기]

동일한 전문가 진술이 다른 기술을 위해 활용될 수도 있다.

전문가: 자신의 HIV 상태에 대해 생각할 때 많이 힘들어서 이러한 디스트레스를 다룰 수 있는 방법을 배우는 것에 관심이 있다고 이야기하셨습니다. 그렇게 할 수 있는 방법 중의 하나는 마음챙김입니다. 마음챙김에 대해 무엇을 들어 보셨나요? [묻기]

유진: 많이 알지는 못하지만 명상과 비슷하다고 생각합니다.

전문가: 맞습니다. 명상과 비슷합니다. 마음챙김은 생각과 감정에 반응하는 대신에 생각과 감정을 인식하고 수용하는 방법을 배우는 것입니다. 명상은 이것을 실행하는 한 가지 방법입니다. [알려주기] 마음챙김이 왜 도움이 될까요? [묻기]

유진: 전 정말 저의 반응들을 조절하는 방법을 배워야 합니다.

전문가: 그래서 나쁜 생각과 감정에 대한 유진 씨의 반응들을 조절하는 것은 대처하는 데 도움이 될 수 있고, 마음챙김을 배우는 것이 도움이 되는 한 가지 방법이군요. [반영하기]

3장에서 논의한 것처럼, 기능 분석의 목적은 타깃 행동의 기능을 이해하는 것—선행요인 및 결과(예: 장소, 시간)—이다. 치료를 시작할 때, 기능 분석은 호소 문제에 초점을 맞춘다. 변화계획을 검토할 때 어떤 전문가는 지난 일주일간 행동변화를 실천하거나 하지 못한 부분에 대한 간단한 기능 분석으로 각 회기를 시작하는 것을 선호한다. 이러한 방식으로 원래 치료계획의 기술에 집중하거나 현재 문제와 관련된 새로운 기술에 초점을 맞추도록 내담자를 안내할 수도 있다. MI와 CBT를 통합할 때, 열린 질문을 활용하고, 이 질문들과 반영 및 요약과의 비율의 균형을 맞추는 MI 기술은 사정 작업이 협동적으로 이루어지도록 보장해 준다(3장 참조). 당신은 기술 사용과 관련된 변화대화는 그 무엇이든 강화시킴으로써 내담자의 기술 훈련 동기를 더욱 증진시킬 수 있다.

> **전문가:** 지난주 조카 생일파티에서 문제가 있었다고 이야기하셨습니다.
>
> **철수 :** 예, 가족 생일파티는 어른들이 함께 재미있게 놀 수 있는 기회입니다. 이것은 술 마시는 것을 의미합니다.
>
> **전문가:** 가족이 축하하는 방식 중의 하나가 함께 술을 마시는 것이군요. [반영하기]
>
> **철수 :** 맞습니다. 함께 술 마시는 것이 축하하는 것입니다.
>
> **전문가:** 가족행사가 촉발요인이네요. 그러한 가족행사 상황에서 술을 안 마시겠다고 이야기하기가 정말 힘들군요. [반영하기]
>
> **철수 :** 거의 불가능합니다.
>
> **전문가:** 그러한 상황에서 술을 마시지 않겠다고 이야기하는 것이 거의 불가능하다고 느끼므로, 가족들이 함께 있을 때 어떻게 술을 거절할지 알아내는 것을 오늘 논의하는 것이 도움이 될 수도 있습니다. [실행 반영]
>
> **철수 :** 네, 휴일이 다가오기 전에 뭔가를 알아내야 해요.
>
> **전문가:** 음주에 대해 가족과 함께 대화하는 것이 당신에게 아주 긴급하게 필요하군요. [변화대화에 대한 반영]

# 초점 맞추기

초점 맞추기 과정은 치료의 방향을 더욱 분명하게 해 준다. 관계 형성하기 과정에서는 다뤄나갈 기술들에 대한 의제를 협동적으로 설정하는 것이 포함되지만, 초점 맞추기 과정에서는 구체적인 기술들을 어떤 맥락에서 배우고 실행할지 내담자에게 명확히 안내하는 작업을 포함한다. 종종 내담자가 구체적인 상황에서 어떻게 기술을 적용할 수 있을지 이해하기 위해서는 기술에 대한 교육이 필요하다. MI-CBT 통합치료에서는 ATA 방식을 활용하여 교육을 제공하고, 다음 예와 같이 회기 안과 밖에서 연습을 위한 특정 상황에 초점을 맞추는 질문이 이어진다.

**전문가**: 몇몇 활동들이 어떻게 세아 씨의 기분을 더 좋게, 덜 우울하게 만들 수 있는지에 대해 이전에 우리는 이야기를 했습니다. 세아 씨는 그것에 대해 무엇을 기억하고 있나요? [묻기]

**세아**: 네, 저녁식사를 준비할 때 기분이 좋아졌고, 앉아서 무엇을 해야 할지 결정하기 어려워 기분이 안 좋아졌다고 일지에 기록했습니다.

**전문가**: 요리는 기분을 나아지게 하는 한 가지 방법이군요. [반영하기] 기분을 나아지게 하는 방법 중 하나는 기분이 나아질 수 있는 활동을 계획하는 것입니다. 그리고 기분이 안 좋아서 평소보다 힘들더라도 그 계획을 실천하는 겁니다. [알려주기] 세아 씨는 이 방법에 대해 어떻게 생각하시나요? [묻기]

**세아**: 어떤 방법이 기분을 좋아지게 하는지 알지만 어떤 것부터 시작해야 할지 모르겠어요.

**전문가**: 그래서 세아 씨는 기분이 좋아지게 하는 활동에 대한 몇 가지 아이디어가 있지만 어쩔 줄 모르시겠군요. [반영하기] 이 상황을 다루는 한 가지 방법은 세아 씨가 하길 원하는 활동을 정하고, 그 활동을 여러 단계로 나누는 것입니다. 그런 다음 단계별로 활동을 계획할 수 있습니다. [알려주기] 세아 씨는 이 방법에 대해 어떻게 생각하시나요? [묻기]

**세아**: 해 볼 수 있을 것 같아요.

**전문가**: 그 방법을 시도해 볼 의향이 있으시군요. [반영하기] 특별한 음식을 만들어 보세요. 세아 씨가 어떤 단계를 고려해야 할까요? [묻기]

**세아**: 글쎄요, 레시피를 찾아야 하고, 그리고 나서 장을 보러 가야 합니다.

**전문가**: 그래서 내일은 레시피를 찾고, 수요일에는 식료품점에 가서 장을 보고, 목요일에는 요리를 할 수도 있습니다. [알려주기] 세아 씨가 해 볼 수 있는 다른 활동은 무엇이 있을까요? [묻기]

**세아** : 특별한 음식을 만드는 아이디어가 좋다고 생각합니다.

# 유발하기

동기 유발하기는 중요성(욕구, 이유, 필요) 및 자신감(능력)을 유발하는 것이다. 앞 장에서 열린 질문, 눈금(자) 질문, 반영하기, 인정하기를 활용하여 중요성과 자신감을 유발하고, 개인의 강점을 찾아내는 전략을 기술하였다. CBT에 대한 순응도를 증진시키기 위해서는 내담자가 구체적인 기술에 초점을 맞췄을 때 이 과정을 건너뛰면서 서둘러 계획하기 과정으로 이동하지 않는 것이 중요하다. 반두라(Bandura, 2004)는 역할극을 활용해 행동 기술에 대한 자기효능감을 높이기 위한 추가적인 전략들을 제시하고 있다. 이러한 전략에는 시연modeling, 사전연습(언어, 행동)rehearsal, 피드백feedback이 포함된다(Miltenberger, 2008). 전문가가 단계별로 시범을 보인 후 각 단계를 구두로 설명하는 동안 내담자는 각 단계를 수행해 본다(행동 사전연습). 만약 이 과정이 너무 이르다면 당신이 기술을 시범 보이는 동안 내담자가 단계를 설명할 수도 있다(언어적 사전연습). MI 기술들은 역할 연기role-play 연습에 대한 내담자의 걱정을 다루는 데 필요할 수도 있으며, 항상 그렇듯이 당신은 이러한 유형의 훈련에 대한 근거rationale를 우선 이끌어내야 한다. 피드백은 이러한 기술의 실행을 지원하기 위하여 긍정적인 부분, 개선해야 할 부분, 그리고 내담자가 갖고 있는 강점들과 함께 '샌드위치' 형식으로 제공된다(내담자 유인물 6-8 참조).

> **전문가**: 그래서 지금 유진 씨는 스트레스 받는 상황에서 자신의 반응을 돕기 위하여 마음챙김을 활용하기로 하셨습니다. 유진 씨는 밤에 침대에 누워 잠을 잘 수 없을 때부터 시작하고 싶어 합니다. 유진 씨는 회기 동안 이 기술을 연습하는 것이 왜 도움이 된다고 생각하세요? [묻기]
>
> **유진** : 어떻게 해야 할지 모르겠어요. 지침을 읽는 것은 저에게 도움이 되지 않아요.
>
> **전문가**: 그 방법을 어떻게 하는지 지침을 읽는 것은 실제로 연습하는 것만큼은 효과가 없군요. [반영하기] 먼저 제가 단계를 보여 드리는 것이 도움이 될 것 같군요. 그러고 나서 유진 씨가 한번 시도해 보시면 제가 피드백을 드리겠습니다. 만약 유진 씨가 연습할 때 큰 소리로 해당 단계들을 말한다면 기억하는 데 도움이 될 수 있

습니다. [알려주기]. 이런 접근 방법에 대해 유진 씨는 어떻게 생각하나요? [묻기]

**유진** : 어떤 것이든 제가 기억하는 데 도움이 될 것 같네요.

전문가는 사전연습을 진행한 다음 MI 스타일로 피드백을 제공하는데, 여기에는 내담자 자신이 무엇을 잘 해냈고 있고 무엇을 개선하길 원하는지에 대한 내담자 자신의 인식에 대한 피드백 요청하기, 잘한 단계들을 인정하기, 그리고 개선을 위한 제안들을 제공하기와 같은 후속 단계들도 포함한다.

**전문가**: 열심히 노력했군요. [인정하기] 명희가 보기에 어떻게 진행된 것 같나요?

**명희** : 잘 모르겠어요. 제 말은 기분이 나아지도록 노래를 부르는 것이 좀 바보 같긴 했지만 효과가 있었어요.

**전문가**: 바보 같은 기분이 들었지만 기분이 나아졌군요. [반영하기] 명희는 엄마와의 싸움이 음식 섭취의 촉발요인이라는 것과 자신의 경고 신호들 및 화난 감정을 확인해 봤어요. 기분이 나아지기 위해 부엌에 가는 대신 노래를 부르는 연습을 했지요. [알려주기] 명희는 자신이 이루어 낸 단계들에 대해 어떻게 생각하나요? [묻기]

**명희** : 제가 그렇게 잘 했는지 몰랐던 것 같아요.

**전문가**: 자신이 해낸 만큼 잘 해낼 거라고 생각하지 않았군요. [반영하기] 한 가지 고려해야 할 점은 자신의 감정들을 먹는 행동으로 회피하는 대신에 그 감정들을 받아들이겠다고 말로 결단을 내려보는 겁니다. 연습할 때 그걸 크게 말해 볼 수 있고, 결국엔 자동적으로 스스로에게 말할 수 있게 될 거예요. [알려주기] 제가 시범을 보였을 때 명희에게 했던 말을 생각해 보면, 명희는 어떤 식으로 말할 수 있다고 생각하나요? [묻기]

**명희** : 화가 나는 건 괜찮아요. 저는 엄마와 협상할 수 있어요.

**전문가**: 명희가 느끼는 디스트레스를 감내하는 걸 시작할 수 있는 아주 좋은 방법 같아요. [인정하기]

## 답보대화와 불화

기술 훈련의 맥락에서, 답보대화는 새로운 기술의 학습을 회피하려는 욕구, 능력, 이유,

필요와 같은 이야기로 표현될 수 있다. "저는 정말 이런 게 필요 없어요. 혼자서는 안 될 것 같아요." 기술 훈련은 학교처럼 느끼게 할 수 있고, 이는 협력적인 입장을 약화시킬 수 있다. 내담자가 자신의 기술은 보잘 것 없고 강점은 미미하다고 느끼기 시작한다면 주의해야 한다. 당신은 과업에 대한 내담자 자신의 변화대화(근거를 이끌어낼 때 종종 나타난다)를 활용하고, 비심판적인 태도를 유지하며, 내담자의 관심사를 반영해 줌으로써 전문가 입장을 최소화하고 불화를 피해야 한다. 예방이 답보대화와 불화를 다루기 위한 가장 좋은 방법이다. 하지만 변화반대대화counterchange talk가 매우 많아지고 불화가 발생하게 되면, 이전의 장들에서 논의된 전략들—예를 들면, 자율성 강조하기, 강점 인정하기, 그리고 필요하다면 초점 이동하기 등—을 모두 적용해 볼 수 있다.

## 계획하기

계획하기에는 변화에 대한 결단을 개발하고, 구체적인 행동계획을 수립하는 것이 포함된다는 것을 기억하라. 밀러와 롤닉(Miller & Rollnick, 2012)은 계획하기 단계에서 고려해야 할 몇 가지 질문을 제안하였다.

> "변화를 향한 합리적인 다음 단계는 무엇인가?"
> "이 사람이 앞으로 나아갈 수 있도록 도울 수 있는 것은 무엇인가?"
> "계획을 처방하기보다는 유발해야 한다는 것을 기억하고 있는가?"
> "ATA 방식으로 정보나 조언을 제공하고 있는가?"
> "나는 이 사람에게 가장 적합한 것이 무엇인지에 대한 호기심을 드러내진 않지만 유지하고 있는가?"

지금까지의 회기에서 알게 된 강점과 언급된 변화대화를 요약하고, 이후 '핵심 질문'을 하며, 계획하기 과정으로의 전환을 고려해야 한다. 핵심 질문은 [변화] 결단을 강요하지 않으면서 면담 회기 이후 무엇을 할 것인지에 대해 내담자의 생각을 물어보는 열린 질문이다. 예를 들어, "명희 양, 우리는 주변사람들이 명희의 체중 감량 프로그램에 어떻게 더 도움을 줄 수 있을지에 대해 이야기를 나누었어요. 이 부분은 중요해요. 왜냐하면 명희는 6월 댄스파티에 예쁜 옷을 입고 갈 수 있기를 바라기 때문이지요. 문제해결 기술을 활용하는

# 거절 기술을 위한 나의 계획

내가 이루고자 하는 변화들

하루 1,800 칼로리 이상 섭취하지 않기

하루 30분 이상 신체활동 하기

이러한 변화들은 나에게 중요하다. 왜냐하면:

댄스 파티 전에 체중을 10kg 빼기 원한다.

건강을 위해 체중을 빼고 싶고, 유지하고 싶다.

옷이 맞지 않아 불편해지는 것을 원하지 않는다.

스포츠 활동을 하고 싶다.

당뇨병에 걸리고 싶지 않다.

거절 기술은 나에게 어떻게 도움이 될 수 있을까:

주변의 압박과 유혹을 줄일 수 있게 되어서 칼로리 목표를 유지 하는 게 더 쉬워질 것이다.

주변 사람들의 기분을 상하게 하지 않으면서 그들이 나를 도울 수 있도록 할 수 있다.

나는 거절 기술의 이러한 단계를 수행할 계획이다(무엇을, 어디서, 언제, 어떻게):

가능하다면 언제나 섭식 촉발요인들을 피하도록 하겠다.

1. 고칼로리 음식은 눈에 보이지 않게 하기
2. 친구와 패스트푸드점에 가지 않기
3. 가족 야외파티를 할 때 나의 음식을 별도로 누군가에게 요청하기
4. 섭식 촉발요인들을 피할 수 없을 때 내 목록에 있는 거절기술을 사용하기

| 만약(If) 계획대로 되지 않으면 | 그러면(Then) 이렇게 시도한다. |
|---|---|
| 가족과 친구들에게 이야기 했음에도 불구하고 도와주지 않는다. | 당분간 그들과 함께 보내는 시간을 줄여보기 |
| 보다 건강한 음식/음료 선택이 가능하지 않다. | 사전에 무엇이 가능한지 물어보고 필요하다면 음식을 가져간다. |
| | 그리고 더 적은 1인분 음식과 음료를 가져간다. |
| 내가 거절기술을 활용했음에도 불구하고 할머니는 자신이 | 할머니와 미리 이야기하고, 내가 체중감량 중임을 할머니에게 |
| 만든 음식을 먹어보라고 계속해서 이야기한다. | 상기시키고, 엄마에게 미리 도움을 청하고, 맛만 보고 나중에 |
| | 먹는다.(또는 미리 먹어둔다.) |

**[그림 6-2]** 명희의 행동 및 정서 조절을 위한 변화계획

건 명희가 다른 상황에서 이것을 이해하는 데 도움을 줄 거고, 교회에서 일요일 점심식사가 이 부분을 경험하기 좋은 실제 상황이 될 거예요. 명희는 문제해

핵심질문은 [변화] 결단을 강요하지 않으면서 면담 회기 이후 무엇을 할 것인지에 대해 내담자의 생각을 묻는 것이다.

결 기술 단계를 실천하였고 실제로 잘 해냈지만, 거절하기 전에 가능한 모든 해결책을 탐색하는 건 힘든 부분이었어요. 그래서 명희는 연습이 더 필요하다는 걸 깨달았지요. 그렇다면 명희는 다음 단계에서 무얼 해야 한다고 생각하나요?"

계획하기 과정은 한 회기 전반에 걸쳐 이루어질 수도 있지만, 이 시점에는 일반적으로 회기들 사이에서 실습하는 것과 초점을 맞춘 상황에서 기술을 시도해 보는 것과 같이 다음 단계에 대한 명확한 계획이 있다. 명확한 계획이 없다면, 목표를 달성하기 위한 몇 가지 명확한 대안들이 있을 수 있다. 내담자가 옵션을 나열하고, 우선 시도해 볼 수 있는 최선의 옵션에 대한 선호나 '직감'을 말로 해 보도록 안내하는 것이 중요하다. 만약 명확한 선택 옵션이 없다면, 해결방법들을 제공하기 전에 (ATA 맥락일지라도) 앞서 소개한 '문제해결 기술'에서 설명한 것처럼 브레인스토밍을 고려해 본다. 다음 단계는 계획을 요약한 다음 세부사항을 논의하는 것이다.

내담자가 변화계획을 선택하면, 전문가는 다음과 같은 방법으로 결단을 공고히 할 수 있다는 점을 기억하라([그림 6-2] 및 내담자 유인물 6-9 참조).

(1) 실행의도를 포함하는 행동 단계들을 구체화하기(구체적 행동계획when–then plans)
(2) 실행에 대한 잠재적인 방해요인들을 확인하기
(3) 잠재적인 방해요인들에 대한 해결방안을 마련하기(방해물 대처계획if–then plans)
(4) 결단 언어를 이끌어내기 위한 열린 질문, 눈금 또는 척도 질문, 인정 반영, 희망과 낙관에 대한 표현을 통해 결단을 강화하기

상현이 '거짓 희망 증후군false hope syndrome'(4장 참조)의 증거를 보이더라도 전문가가 방해물 대처계획의 개발을 어떻게 촉진하는지 보기 바란다.

> **전문가**: 이제 상현 씨의 공포 순위 목록에서 어떤 것을 선택하고, 가게에서 상현 씨가 어떤 물건을 찾을 수 있도록 누군가에게 도움을 청하고, 실제로 그것을 하기 위한 시간을 정하기 위해 이야기하고자 합니다.

**상현** : 음, 이번 주는 일정이 꽉 차서 편의점에 갈 수 있을지 모르겠네요.

**전문가**: 편의점에 갈 시간을 정할 수 있을지 확신이 서지 않으시군요. [반영하기] 상현 씨가 가게에 갈 수 있는 가장 좋은 날은 어떤 날일까요? [열린 질문]

**상현** : 음, 수요일에 시내 캠퍼스에서 수업이 있는데 집으로 돌아가는 중에 어딘가에 들를 수 있다고 생각합니다.

**전문가**: 좋습니다. 상현 씨의 시간을 관리할 좋은 아이디어네요. [인정 반영] 무엇이 방해가 될까요? [방해요인들을 확인하기 위한 열린 질문]

**상현** : 제가 할 수 있다고 생각합니다.

**전문가**: 방해가 될 만한 것이 생각나지 않는군요. [반영하기] 어떤 사람들은 일정을 변경하는 것이 방해가 될 수 있다고 이야기합니다. 어떻게 생각하세요? [열린 질문]

**상현** : 그 뒤에 어딘가에 있을 필요가 있을지도 모르겠네요. 나중에는 집에 가야 하겠지만 지하철에 사람이 붐빌 때 집에 가고 싶지는 않아요. 사람이 덜 붐빌 때 지하철을 타는 것을 좋아합니다.

**전문가**: 방해가 될 한 가지는 너무 늦을 경우인데, 지하철에 붐비는 사람들 사이에 끼어 있길 원하지 않으시군요. [반영하기] 상현 씨는 어떻게 그 상황을 피할 수 있을까요? [방해물 대처계획을 이끌어내기 위한 열린 질문]

**상현** : 그 상황을 피하려면 수업 직후에 바로 편의점에 가면 될 것 같아요.

**전문가**: 아주 좋은 계획이네요. [인정 반영] 상현 씨는 어떻게 그것을 기억할 수 있을까요? [열린 질문]

**상현** : 제가 기억할 수 있게 노트에 메모를 해서 수업 후 바로 편의점에 갈 수 있도록 하면 좋을 것 같아요.

**전문가**: 상현 씨는 두려움을 관리하기 위해 편의점에 가는 작은 노출을 경험하기로 결단하셨습니다. 수업을 마친 직후 편의점에 가는 것을 노트에 적어두고, 늦게 지하철을 탈 필요가 없는 훌륭한 방해물 대처계획을 세웠습니다. [요약 반영]

## 의미 있는 침묵

침묵은 MI에서 중요한 전략이다. 침묵의 틈을 메꾸고 싶은 것은 자연스러운 본능이다. 치료자는 내담자가 가지고 있지 못한 기술을 가르치는 전문가로 여겨질 때, 기술 훈련 중에 침묵을 메꾸고자 하는 욕구가 특히 강렬해진다. 하지만 침묵의 틈을 허용하면 내담자는 자신의 (내적인) 동기와 변화계획을 숙고하고 개발할 시간을 갖게 된다. 또한 내담자마다 말하기 전에 생각 정리에 필요한 시간이 서로 다르다. 침묵을 허용하면 내담자가 숙고한 다음에 언어화할 수 있는 시간을 주게 된다. 밀러와 롤닉(2012)은 변화계획의 실현 가능성을 증진시키는 데 요약하기와 핵심질문을 한 다음에 의미 있는 침묵pregnant pause이 특히

> 침묵은 MI에서 중요한 전략이다.

유용하다고 언급하고 있다.

# MI-CBT 딜레마

이번 주제에서의 딜레마는 MI와 인지 기술들을 통합할 때와 아주 비슷하다. 하지만 이번 딜레마는 뭔가 달리 생각하는 게 아니라 적극적으로 어떤 것들을 하는 작업이 포함되기 때문에 보다 어려울 수 있다. 내담자가 특정 기술을 훈련받을 준비가 되어 있지 않다면, 그렇지만 당신은 내담자의 관심사를 다루기 위해서 그것이 중요한 기술이라고 생각한다면, 당신에게는 여러 선택안들이 있다. 당신은 특정 기술이 자신이 제공하는 종류의 CBT에 필수적이라고 언제든지 결정 내릴 수 있다. 그래서 만약 내담자가 그 과제를 완수할 준비가 되어 있지 않다면, 내담자는 다른 전문가를 찾아갈 수도 있다. 보통 이러한 일은 동기를 유발하기 위한 여러 번의 시도를 하고, 다음 행동 단계가—당신 의견으로는—내담자의 어려움을 개선하는 유일한 방법이라는 것을 당신이 솔직하게 이야기한 뒤에 일어날 것이다. 이 시점에서 내담자는 변화할 준비가 되었는지 아니면 변화에 대해 생각할 시간이 필요한지를 결정해야 한다. 당신은 내담자의 목표 관심사들을 다룰 수 있는 다른 기술들에 대한 옵션 메뉴를 제공할 수 있으며, 이것이 당신이 믿기에는 2차적인 선택안이지만 내담자의 선호를 우선시한다는 것을 명확히 한다. 예를 들어, 내담자의 디스트레스를 다루기 위해 노출치료가 더 효과가 있다고 당신이 믿더라도, 내담자는 마음챙김을 통해 그것을 다루는 작업을 선택할 수도 있다. 물론 경과가 만족스럽지 않다면 당신은 추후에 노출치료를 다

시 권해 볼 수도 있다.

  또 다른 딜레마는 내담자가 회기 사이의 실습(즉, 과제)을 하고 싶어 하지 않거나 지속적으로 하지 않을 때 발생할 수 있다. 이럴 경우 당신은 이러한 실습 없는 기술 훈련이 시간 낭비일 수 있다는 생각을 하게 된다. 이런 경우에는 다음과 같은 선택안들이 있다. 즉, 회기 사이의 실습을 위한 근거를 검토하고 동기를 다루는 MI 전략들을 활용하기, 내담자가 회기 내에서 실습을 하면서 회기 사이의 실습 없이 더 느린 진전을 준비하게 하기, 또는 마지막 방법으로서 이러한 실습 없이는 CBT에서 치료 효과가 없기 때문에 내담자를 다른 전문가에게 의뢰할 것을 결정하기 등이다. 치료과정이 더딘 이유를 탐색하고(앞의 '간이 기능 분석' 참조), 제한된 연습과 제한된 성과 사이의 연관성에 대한 내담자의 이해를 도우면 회기 사이의 실습에 대한 동기가 점진적으로 증진될 수 있다. 다시 말해, 당신과 내담자는 회기 사이의 실습을 할 준비가 되어 있는 기술로서 다른 기술, 또는 보다 덜 어려운 기술을 고려할 수도 있다. 특히 자가 모니터링을 활용하면서, 보다 작은 단계들을 취하고, 이렇게 보다 작은 단계들을 수행한 다음에 어떻게 느끼는지 모니터하며, 이러한 단계들 이후에 어떤 성과가 있는지를 측정하도록 내담자를 격려할 수 있다. 이러한 과정은 내담자가 그러한 기술들의 활용 여부를 결정하도록 도울 것이다. 과제와 관련한 보다 자세한 내용은 7장을 참조한다.

**6-1 전문가를 위한 활동** --------------------------------------------

### 청크-체크-청크Chunk-Check-Chunk [3)

  기술 훈련 회기는 일반적으로 많은 정보를 제공한다. ATA는 MI-CBT 통합치료의 토대가 되는 기술이다. 로즌그렌(Rosengren, 2009)은 내담자가 많은 정보에 압도되지 않게 하고 상호작용을 하면서 MI 정신(특히 유발)을 계속 유지할 수 있는 청크-체크-청크 전략을 제안하였다. 가능하다면 한 번에 두세 개 문장의 작은 정보묶음(청크)을 제공한 다음, 내담자의 반응을 확인하고 나서 다른 정보묶음(청크)을 제공하는 것이다.

---

1) [역주] Chunk-Check-Chunk는 관련 저서에 따라 '청크-체크-청크' 또는 '정보묶음 제공하기-확인하기-정보묶음 제공하기'로 해석되기도 한다.

**활동 목표**: 이 활동에서는 당신은 청크-체크-청크 전략을 활용해서 기술 관련 정보를 사용하여 내담자에게 전달할 정보를 정보묶음(청크)으로 나눌 것이다. 이런 방식으로 CBT를 MI-CBT 통합치료로 변환하기 시작할 것이다.

**활동 지침**: 우리는 기술 관련 정보의 사례를 몇 가지 제공한다. 당신은 청크-체크-청크 전략을 활용해서 해당 기술 정보의 각 부분을 작성하면 된다. 각 부분에 작은 정보(청크)를 작성하고, 내담자의 반응을 확인하는 질문(체크)을 작성하며, 다음에 제공할 작은 단위의 정보(청크)를 작성하면 된다. 내담자의 반응을 확인하는 질문의 예는 다음과 같다. 그것은 어떻게 들리나요? 이것이 지금까지 당신에게 잘 맞았나요? 이 정보가 얼마나 새로운가요? 이전에 이 내용에 대해 얼마나 많이 들어보셨나요? 이것에 대해 지금까지 어떤 생각이 드시나요? 당신은 내담자의 응답을 작성하고 난 후 정교한 반영을 만든 다음 정보묶음(청크)을 작성한다.

**샘플 [정보묶음(청크) 이전의 정보]**

생각, 감정, 행동 및 신체 반응은 서로 연결되어 있습니다. 이것이 의미하는 것은 감정은 이 네 가지 영역 중 어느 하나에서 시작해서 다른 세 영역으로 빠르게 퍼질 수 있다는 것입니다. 네 가지 영역이 어떻게 조화를 이루는지를 보여 주는 예로서, 당신이 직장에서 승진하지 못했다면, 당신은 '완전 불공평해. 나는 승진할 자격을 더 많이 갖추었고 일도 더 열심히 한다고. 이건 편파적이야.'라고 생각할 수도 있습니다. 당신이 이러한 생각을 하고 있다면, 화가 날 것입니다. 소리를 지르거나, 문을 두드리거나, 분노에 찬 이메일을 보내는 등의 행동을 할 수도 있겠지요. 신체 반응은 화나는 감정과 관련된 근육 긴장, 심장박동 증가, 턱이나 주먹의 떨림 등의 증상이 나타날 수 있습니다. 믿거나 믿지 않거나 당신은 네 가지 영역 중 하나에서 시작한 자극에 대한 반응 방식을 변화시킴으로 당신의 감정을 조절할 수 있습니다. 대부분의 사람들에게 감정을 조절하는 방법 중 가장 쉬운 방법은 생각하는 방식을 바꾸는 것입니다.

- 청크: 생각, 감정, 행동 및 신체 반응은 서로 연결되어 있습니다. 이것이 의미하는 것은 감정은 이 네 가지 영역 중 어느 하나에서 시작해서 다른 세 영역으로 빠르게 퍼질 수 있다는 것입니다.
- 체크: 이것에 대해 어떻게 생각하세요?
- 내담자 반응: 그런 식으로 생각해 본적은 없지만 일리가 있네요. 가끔 머리가 아프고 손이 떨리면, 저는 강한 감정의 신호를 느낍니다.

- 반영: 새롭게 접하시는 내용이군요. 신체적 반응이 당신에게 강한 감정의 신호일 수 있기 때문에 맞는 말 같군요.
- 청크: 네 가지 영역이 어떻게 조화를 이루는지 보여 주는 예로서, 당신이 직장에서 승진하지 못했다면, 당신은 '완전 불공평해. 나는 승진할 자격을 더 많이 갖추었고 일도 더 열심히 한다고. 이건 편파적이야.'라고 생각할 수도 있습니다. 당신이 이러한 생각을 하고 있다면, 화가 날 것입니다. 소리를 지르거나, 문을 두드리거나, 분노에 찬 이메일을 보내는 등의 행동을 할 수도 있겠지요. 신체 반응은 화나는 감정과 관련된 근육 긴장, 심장박동 증가, 턱이나 주먹의 떨림 등의 증상이 나타날 수 있습니다.
- 체크: 당신도 비슷한가요?
- 내담자 반응: 논리적으로 들리지만, 그 순간에 일어나는 모든 것을 인식하기는 어려울 것 같은데요.
- 반영: 그게 압도적으로 느껴지지만, 감정이 여러 면에서 사람들에게 어떻게 영향을 미칠 수 있는지 알고 계시군요.
- 청크: 믿거나 믿지 않거나 당신은 네 가지 영역 중 하나에서 시작한 자극에 대한 반응 방식을 변화시킴으로써 당신의 감정을 조절할 수 있습니다. 대부분의 사람들에게 감정을 조절하는 방법 중 가장 쉬운 방법은 생각하는 방식을 바꾸는 것입니다.

**당신 차례입니다!**

우선 우리는 전문가가 내담자에게 제공할 수도 있는 정보를 서술할 것이다. 우리는 당신이 정보묶음(청크)으로 나누어서 다시 정보를 제공해 보고, 내담자의 피드백을 요청했을 때의 내담자의 반응을 가정해 보도록 요청할 것이다. 끝으로, 내담자의 반응에 어떻게 반영할지 실습하는데, 가능하다면 변화대화를 강화할 수 있도록 해 본다.

**예제 1 [정보묶음(청크) 이전의 정보]**

당신이 마음챙김 실습을 시작할 때 따르면 도움이 될 수 있는 팁이 몇 가지 있습니다. 마음챙김의 주된 목표는 반응함이 없이 주의집중이나 알아차림을 증진하는 것입니다. 많은 사람들은 시작할 때 무언가 집중할 것—호흡이나 간단한 활동과 같은 것들—을 선정하는 게 도움이 된다는 것을 알게 됩니다. 또한 아주 조용하고 단순한 환경에서 연습하는 것이 좋습니다. 마음챙김 하는 걸 시작하면서 당신은 감각에 집중합니다. 즉, 반사적으로 반응하지 않으면서 당신 주변과 당신의 몸 안에서 진행되는 것을 그저 알아차리는 것입니다. 만약 생각들이 떠올라 마음챙김을 방해하기 시작하면, 그 생각들에 머물거나 해석하려고 하지 말고 그것들을 그저 떠나보내십시오. 실습을 통해 이렇게 하는 것이 더 쉬워지실 것입니다. 얼마나 자주, 오랫동안 연습을 해야 한다고 정해진 시간은 없습니다. 한번 연습할 때 시간은 몇 초에서 몇 분까지 다양할 수 있습니다. 전화벨이 울릴 때마다, 앉거나 일어설 때마다, 또는 양치질을 할 때 등과 같이 실습을 위한 힌트를 자신에게 주는 것이 도움이 될 수 있습니다. 선택은 당신의 몫입니다.

- 청크: _____
_____
_____

- 체크: _____
- 내담자 반응: _____
- 반영: _____
- 청크: _____
_____
_____

- 체크: _____
- 내담자 반응: _____
- 반영: _____
- 청크: _____
_____
_____

예제 2 [정보묶음(청크) 이전의 정보]

노출치료가 효과적이기 위해서는 불안을 유발하는 상황에서 당신의 불안이 증가했다가 감소하는 것을 당신이 경험하는 것이 중요합니다. 불안이 높을 때 그 상황을 그대로 두는 것은 불안을 강화시킵니다. 우선, 공포 순위 목록을 만드는데, 가장 두렵지 않은 것에서부터 가장 두려운 것까지 당신이 공포를 느끼는 상황들을 목록화하고, 그 상황들을 10점 척도로—10점을 가장 두려운 상황으로—평가하십시오. 사회불안이 있는 사람들에게는 한 무리의 다른 사람들과 함께 강의실에 앉아 있는 것, 혼자 영화를 보러 가는 것, 낯선 사람들 앞에서 발언하는 것과 같은 여러 가지 상황이 이 목록에 포함될 수 있습니다. 실제 노출활동을 위해 우리는 당신의 목록에서 두려운 상황을 선택하는 작업을 함께할 것입니다. 당신은 우리가 함께 작업해 온 불안 관리 기술들을 활용하여 당신의 목록에서 두려움이 낮은 상황부터 중간 정도의 상황까지의 사이에서 선택해서 시작할 것입니다. 당신은 목표를 달성할 때까지 당신의 목록에서 두려움이 점점 더 높은 상황들에 대해 점진적으로 극복하기 위해 시도할 것입니다.

- 청크: _____
  _____
  _____
- 체크: _____
- 내담자 반응: _____
- 반영: _____
- 청크: _____
  _____
  _____
- 체크: _____
- 내담자 반응: _____
- 반영: _____
- 청크: _____
  _____
  _____

### 예제 3 [정보묶음(청크) 이전의 정보]

과거의 패턴들을 깨뜨리고 다른 선택안들을 결정하는 일은 어려울 수 있습니다. 친한 친구들조차 당신이 왜 함께하지 않는지 물어볼 수도 있고, 그것이 당신의 결정을 흔들리게 할 수도 있습니다. 하지만 당신이 그걸 보다 쉽게 해낼 수 있는 방법이 있습니다. 만약 당신이 술을 마시는 상황을 미리 피할 수 있다면, 많은 부담을 줄일 수 있습니다. 술자리를 피할 수 있는 상황이 아니라면, "아니오"라고 어떻게 거절할지 미리 준비할 수 있습니다. 술을 권할 때 단순히 "고맙지만 괜찮아"에서부터 "술을 덜 마시려고 노력하고 있는 중이야. 좋은 뜻으로 권하는 건 알지만 나에게 맥주를 마시라고 권하지 않았으면 고맙겠어. 그래 줄 수 있겠니?"와 같은 말을 통해 지원을 요청하는 것까지 미리 연습해 볼 수 있는 몇 가지 반응을 생각해 볼 수 있습니다. 당신이 이러한 반응들을 미리 연습하고, 설명을 짧게 하는 것은 실제 상황에서 "아니오"라고 거절하는 것을 보다 쉽게 만들 수 있습니다.

- 청크: _____
_____
_____

- 체크: _____
- 내담자 반응: _____
- 반영: _____
- 청크: _____
_____
_____

- 체크: _____
- 내담자 반응: _____
- 반영: _____
- 청크: _____
_____
_____


**6-2 전문가를 위한 활동** -------------------------------------------

### 작업절차: 행동 및 정서 조절 기술을 위한 변화대화 이끌어내고 강화하기

**활동 목표:** 이 활동에서 당신은 특히 기술 구축<sub>skill building</sub>을 위한 변화대화를 이끌어내는 유발질문들을 연습할 것이다. 그리고 나서 당신은 변화대화를 강화하는 반영을 개발할 것이다.

**활동 지침:** 다음 각 항목의 빈칸을 채우는데, 기술 구축에 대한 변화대화를 이끌어내는 연습을 하는 데 필요한 사례의 추가적인 세부사항들을 만들어 낸다. 당신은 이 작업절차의 세 가지 구성요소 각각을 완성하는 연습을 할 것이다. 첫 번째 부분에서는 세 가지 구성요소(변화대화를 이끌

어내는 질문, 내담자의 변화대화, 변화대화에 대한 반영) 중 하나를 작성한다. 두 번째 부분에서는 창의력을 발휘해서 세 가지 구성요소 중 두 가지를 완성한다.

항목 1

- **변화대화를 이끌어내는 전문가 전략**: 기분 관리에 대한 작업의 결과로 무엇이 일어나길 바라나요?
- **내담자의 변화대화**: 저는 짜증을 그만내고 싶습니다. 만약 제가 왜 사람들에게 심란해하고, 왜 아무것도 하고 싶지 않은지를 알아낼 수 있다면, 저는 다시 제 자신에게 한 발짝 더 가까워질 것입니다. 그게 제가 오랫동안 원해 왔던 그 무엇입니다.
- **전문가의 강화(반영/질문)**: _____
  _____

항목 2

- **변화대화를 이끌어내는 전문가 전략**: 어떤 것을 이미 시도해 보셨나요?
- **내담자의 변화대화**: _____
  _____

- **전문가의 강화(반영/질문)**: 조용한 시간을 갖기 어려웠지만, 일상생활의 스트레스로부터 벗어날 수 있을 때 몇 번의 성공을 하셨군요.

항목 3

- **변화대화를 이끌어내는 전문가 전략**: _____
  _____

- **내담자의 변화대화**: 내 가족들이죠. 저는 이런 기분과 이러한 걱정들을 떨쳐버릴 수가 없어요. 그건 정말 저의 결혼생활에 상처를 입히고 있어요. 제 딸조차 저와 함께 시간을 보내는 걸 피해요. 뭔가 당장 바뀌지 않으면, 저는 중요한 사람들을 다 잃게 될 거라는 생각이 듭니다.
- **전문가의 강화(반영/질문)**: 가족들과 다시 잘 지내기 위해 당신은 몇 가지 중요한 변화를 이뤄야겠군요.

항목 4

- 변화대화를 이끌어내는 전문가 전략: 칼로리 계산이 명희에게 도움이 된다고 생각하나요?
- 내담자의 변화대화: _____

  _____

- 전문가의 강화(반영/질문): _____

  _____


항목 5

- 변화대화를 이끌어내는 전문가 전략: _____

  _____

- 내담자의 변화대화: 차라리 휴대폰 앱 사용 방법을 알고 싶어요. 솔직히, 저는 칼로리 계산 책을 가지고 다니지는 않을 것 같거든요.
- 전문가의 강화(반영/질문): _____

  _____


항목 6

- 변화대화를 이끌어내는 전문가 전략: _____

  _____

- 내담자의 변화대화: _____

  _____

- 전문가의 강화(반영/질문): 명희는 휴대폰을 항상 가지고 다닐 거고, 어쨌든 휴대폰을 많이 사용하기 때문에 휴대폰 앱을 활용하겠다는 게 상당히 납득이 가네요.


## 추천할 만한 응답

항목 1

- 전문가의 강화(반영/질문): 이걸 오랫동안 바라셨던 거고, 어느 정도의 평안을 바라시는군요.

항목 2

- **내담자의 변화대화:** 저는 제 마음에서 제쳐놓으려고 노력하고 있습니다. 어렵지만, 조용한 시간을 가질 수 있게 되면, 저는 긴장을 풀 수 있고 다루기가 좀 더 쉽습니다. 문제는 제 삶이 결코 조용한 적이 없다는 겁니다. 매순간 바쁩니다.

항목 3

- **변화대화를 이끌어내는 전문가 전략:** 그것에 대해 계속 노력하시는 가장 중요한 이유가 무엇인가요?

항목 4

- **내담자의 변화대화:** 제가 충분히 먹었을 때를 알게 되죠—그래서 너무 많이 먹지 않는 거죠.
- **전문가의 강화(반영/질문):** 과식하지 않는 매일의 목표를 네가 지키는 데 도움이 되겠네요.

항목 5

- **변화대화를 이끌어내는 전문가 전략:** 원한다면 칼로리 계산 책이나 휴대폰 앱 사용 방법을 보여줄 수 있어요.
- **전문가의 강화(반영/질문):** 자신에게 가장 효과가 있을 게 무엇인지 잘 알고 계시군요.

항목 6

- **변화대화를 이끌어내는 전문가 전략:** 언제 휴대폰 앱을 사용할 수 있을까요?
- **내담자의 변화대화:** 저는 먹을 때는 언제든지 앱을 사용할 수 있어요. 어쨌든 전 항상 휴대폰을 사용하고 있어서 먹을 때 음식을 바로 검색해 볼 수 있을 거예요.

# 문제 해결하기

문제를 해결하는 방법을 결정할 때 여러 가지 선택과 가능한 결과를 미리 고려함으로써 문제를 해결할 수 있는 기회를 만들 수 있습니다. 아래의 문제해결 단계는 당신이 해결하길 원하는 문제를 확인하고, 가능한 해결방법을 브레인스토밍하고, 그것들을 평가하고 시도할 해결방법을 결정할 때 활용될 수 있습니다. 예제를 참고하여 당신 자신의 행동실험 양식을 작성하십시오.

## 해결할 수 있는 도전 과제

예제:

| 문제 | • 근무 일정 때문에 HIV 약을 처방받아 보충할 수가 없다. 그리고 약을 보충하기 전에 약이 떨어질지도 모른다. |
|---|---|
| 가능한 해결방법 | • 약국에 전화해서 이모 집에 우편으로 배달받을 수 있는지 알아본다.<br>• 이모에게 처방약을 구입해 달라고 요청한다(이모는 내가 HIV 상태인 걸 알고 있다).<br>• 직장 동료에게 근무 시간을 몇 시간 동안 커버해 줄 수 있도록 부탁한다(나는 약국을 오가는 버스를 타야 한다).<br>• 약이 떨어지더라도 다음 휴가일에 약 처방을 받아 온다. |
| 해결방법 평가 | • 우편이 가장 쉬운 방법이지만 이번 달에는 약을 복용하지 않고 적어도 하루는 지날 것이다.<br>• 이모가 화를 낼지 모르지만 이모가 일이 없으면 나를 도와줄 것이다(최선의 해결방법).<br>• 교대 근무를 커버하면 필요한 시간을 낼 수 있지만 상사가 더 적은 시간이면 될 거라고 생각하지 않기를 바란다.<br>• 휴가일에 약국 갈 시간이 있지만 이틀은 약 없이 지내야 한다. |
| 해결방법 시도와 평가 | • 내가 요청한 당일에 이모는 약을 처방 받아 왔으며, 언제든지 부탁하라고 이야기했다.<br>• 외래 예약과 약물처방의 어려움에 대해 이모에게 이야기를 하였다. 이모는 내가 어려움이 있는지 알지 못하였고, 나 스스로 건강을 돌보기 위해 노력하는 모습이 자랑스럽다고 이야기하였다. 나는 지금 더 많은 도움을 받고 있다고 느낀다.<br>• 이모는 외래 예약에 도움이 필요한지 나에게 물었다. |

해결방법 시도 전: 해결방법을 시도할 때 어떻게 될 거라고 생각했습니까?

이모가 도와주지만, 부탁을 했을 때 화를 낼 수도 있다고 생각했다.

해결방법 시도 후: 실제로 무슨 일이 있었습니까?

내가 부탁했을 때 이모는 행복해했다. 이모가 나를 계속해서 도와주겠다고 이야기했다.

다음에는 어떻게 하겠습니까?

혼자서 고민하지 않고 도움이 필요할 때 이모에게 도움을 청해 볼 것이다.

다음 순서에 따라 당신이 해결하길 원하는 문제를 확인하고, 가능한 해결방법들을 브레인스토밍[생각]해 보고, 그것들을 평가해 보며, 시도해 볼 해결방법을 결정하고 나서, 그 방법을 시도해 본 다음 그 성과를 평가하십시오.

| | |
|---|---|
| 문제 | |
| 가능한 해결방법 | |
| 해결방법 평가 | |
| 해결방법 시도와 평가 | |

해결방법 시도 전: 해결방법을 시도할 때 어떻게 될 거라고 생각했습니까? _____

_____

해결방법 시도 후: 실제로 무슨 일이 있었습니까? _____

_____

다음에는 어떻게 하겠습니까? _____

_____

# 행동 활성화

## 해결할 수 있는 도전 과제

1부. 당신이 좋아하거나 좋아했던 활동을 작성해 보십시오. 그런 다음 해당 활동을 할 때 느끼는 느낌을 쓰고, 그러한 느낌의 일반적인 강도를 아래 척도를 참고해서 평가하십시오.

| 활동 | 나의 강점 | 이 활동을 할 때 나의 느낌은 | 느낌의 강도 (퍼센트) |
|---|---|---|---|
| 예: 애완견 산책시키기 | 나는 애완견을 좋아하고, 그가 건강하길 원한다. | 활기찬 | 80 |
| 예: 딸과 함께 요리하기 | 나는 요리를 잘할 수 있고, 딸이 자급자족하도록 도울 수 있다. | 행복한 | 75 |
| | | | |
| | | | |
| | | | |
| | | | |
| | | | |
| | | | |
| | | | |

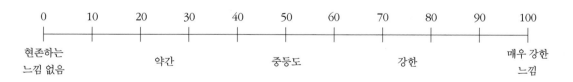

```
0    10    20    30    40    50    60    70    80    90    100
├─────┼─────┼─────┼─────┼─────┼─────┼─────┼─────┼─────┼─────┤
현존하는          약간          중등도          강한        매우 강한
느낌 없음                                                   느낌
```

2부. 기록 유지하기

당신이 이전에 즐겼던 활동들을 해 볼 시간을 내는 걸 생각해 봐야 하는 이유는 무엇입니까?

_____

_____

당신이 즐겼던 활동을 할 때 느낌이 어떻게 변화하는지 기록해 보십시오. 당신이 하는 각 활동을 목록으로 만드십시오. 그런 다음 어떻게 느껴지는지 기록하고 그 느낌의 강도를 평가하십시오.

• 당신이 매일 할 수 있는 활동은 몇 가지가 있습니까? _____

• 1점에서 10점 척도에서 당신이 그것을 하는 것이 얼마나 중요합니까? _____

• 당신이 그 점수를 선택한 이유는 무엇입니까? _____

| 일시 | 활동 | 시작하기 위해 내가 사용한 강점 | 이 활동을 할 때 나의 느낌은 | 느낌의 강도 (퍼센트) |
|---|---|---|---|---|
| 20XX-07-07 오후 4:00 | 예: 애완견 산책시키기 | 결단 | 활기찬 | 55 |
| 20XX-07-07 오후 7:30 | 딸과 함께 저녁식사 준비하기 | 사랑과 사전 준비 | 행복한 | 70 |
| | | | | |
| | | | | |
| | | | | |
| | | | | |
| | | | | |
| | | | | |

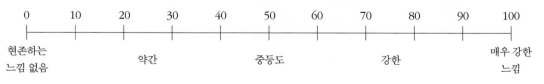

```
   0      10      20      30      40      50      60      70      80      90      100
   |-------|-------|-------|-------|-------|-------|-------|-------|-------|-------|

 현존하는            약간             중등도            강한            매우 강한
 느낌 없음                                                            느낌
```

# 디스트레스(심리적 고통) 감내하기

## 디스트레스 경감시키기

1. 나의 가장 강렬한 감정: _____

_____

_____

2. 지금 나의 감정의 강도(또는 가장 강할 때의 감정의 강도): _____

| 0 | 10 | 20 | 30 | 40 | 50 | 60 | 70 | 80 | 90 | 100 |
|---|----|----|----|----|----|----|----|----|----|-----|

현존하는         약간       중등도       강한      매우 강한
느낌 없음                            느낌

3. 나의 감정을 촉발시킨 것들: _____

_____

_____

4. 나의 첫 충동—그것에 대해 내가 하길 원하는 것: _____

_____

_____

5. 내가 할 수 있는 다른 옵션들:

| 내가 바꿀 수 있는 것들<br>(상황 및/또는 내 자신) | 내가 상황을 수용하거나<br>견딜 수 있는 방법들 |
|---|---|
|  |  |
|  |  |

6. 내가 가장 고려하고 싶은 선택: _____

_____

_____

7. 장점과 단점

| | 나의 첫 충동대로 했을 때 | 나의 최선의 선택을 활용했을 때 |
|---|---|---|
| 장점 | | |
| 단점 | | |

8. 장점과 단점 내용을 볼 때 내가 해야 할 일: _____

_____

_____

9. 내가 처음 할 것: _____

_____

_____

10. 이것이 나에게 중요한 이유: _____

_____

_____

# 디스트레스(심리적 고통) 감내력 증진을 위한 간편 작업지

## 선택은 나의 것

나에게는 선택안들이 있다. 내가 _____을 느낄 때, 그때 내가 반응하길 바라는 방법을 나는 선택할 수 있다.

| _____ (타깃 행동)에 대한<br>감정적인 이유들 | 대안적인 활동들 |
|---|---|
| 예: 나는 외로울 때 술을 마신다. | 영화를 보거나 운동 수업에 참여하러 가겠다. |
| 예: 스트레스를 받을 때 먹는다. | 마음챙김을 실천한다. |
| 1. | |
| 2. | |
| 3. | |
| 4. | |
| 5. | |
| 6. | |

대안적 활동을 실천하는 데 도움이 되는 나의 강점: _____

_____

_____

이것을 할 수 있다고 생각하는 세 가지 이유:

1. _____

2. _____

3. _____

# 점진적 노출

두려운 상황에 대처하는 방법을 기록하다 보면 어떤 전략이 가장 도움이 되는지를 발견할 수 있습니다. 두려운 상황들을 목록화하면서 매우 심각한 불안에서부터 경미한 불안을 일으키는 것까지 평가해 보십시오. 이 기록지를 활용해서 그 상황들에 대한 계획된 노출을 추적하십시오. 각 노출에 대해 자신의 회피 수준, 그 상황에 대해 작업한 날짜, 그리고 당신이 사용한 대처 전략을 평가하십시오.

## 두려움에 대해 점진적으로 작업하기

| | 상황 | 공포 수준 평가<br>(1~100) | 회피<br>(1~100) | 노출 날짜 | 대처 전략 |
|---|---|---|---|---|---|
| 1. | | 가장 높은 점수: | | | |
| 2. | | | | | |
| 3. | | | | | |
| 4. | | | | | |
| 5. | | | | | |
| 6. | | | | | |
| 7. | | | | | |
| 8. | | | | | |
| 9. | | | | | |
| 10. | | 가장 낮은 점수: | | | |

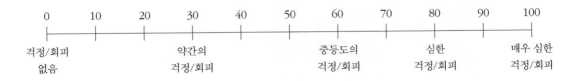

0   10   20   30   40   50   60   70   80   90   100

걱정/회피 없음   약간의 걱정/회피   중등도의 걱정/회피   심한 걱정/회피   매우 심한 걱정/회피

# 걱정 통제

## 걱정 길들이기

내가 만약 덜 걱정한다면, 내 삶에 있게 될 긍정적인 변화: _____
_____

걱정하는 시간을 제한하는 것이 나에게 중요한 이유: _____
_____

내가 덜 걱정하기 위해서, 나는 아래 시간에 한해서 걱정을 할 것이다. 이 시간 동안 나는 걱정거리를 생각할 수 있다. 만약 이 시간 이외에 걱정을 한다면, 나는 다음과 같이 내가 지금까지 작업해 온 대처 기술들을 활용하여 걱정하는 일을 미뤄둘 것이다.

_____

_____

나의 생각과 걱정들

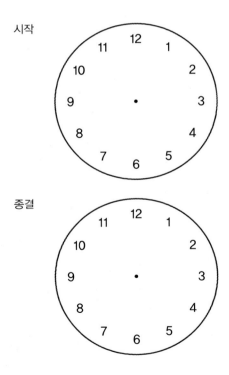

# 거절 기술

다양한 상황에서 사회적 압력에 어떻게 반응할 것인지 계획을 작성해 보십시오. 첫 번째 단계는 당신을 자극하는 사람이나 상황을 가능하면 피하는 것입니다. 두 번째 단계는 각 거절 기술이 사용될 상황들을 확인하고, 그 기술이 필요할 때 사용합니다(당신의 거절을 전달합니다). 거절 기술을 활용하기 전에 그것을 말해 보는 연습을 하는 것이 좋습니다. 상담자, 친구, 거울 앞 등에서 연습을 해 볼 수 있습니다. 이 유인물의 맨 아래의 질문에 대한 답변을 반드시 작성하십시오.

| 거절 기술 | 상황 |
|---|---|
| 1. "아니오. 괜찮습니다."라고 주장적으로 말하기 | |
| 2. 당신이 왜 "아니오"라고 말하는지 이유를 설명하기 | |
| 3. 대안을 제안하기 | |
| 4. 주제 바꾸기 | |
| 5. 그것이 왜 당신의 목표에 도움이 되지 않는지 이유를 설명하기 | |

나의 거절 기술의 목표: _____

1 단계: 목표 달성에 도움이 되지 않는 행동의 촉발요인(자극하는 상황이나 사람)을 피하기

2 단계: 나를 자극하는 상황이나 사람을 피할 수 없다면, 거절 기술을 활용하기

나를 자극하는 상황이나 사람을 피하거나 거절 기술 활용이 가장 중요한 이유는: _____

_____

목표를 달성하기 위해 도움이 될 선택을 하는 데 활용할 수 있는 나의 강점은: _____

_____

# 회기 중 기술 훈련 단계들

다음의 빈칸에 당신이 배우고 싶은 새로운 기술의 각 단계를 작성하십시오. 그런 다음 이 페이지 하단에 있는 지시들을 따라가면서 상담자와 함께 그 단계들을 연습해 보는데, '지켜보세요'부터 시작하십시오.

## 걱정 길들이기

단계들

1. _____
2. _____
3. _____
4. _____
5. _____
6. _____
7. _____

■ (상담자가 하는 것을) 지켜보세요(WATCH IT): 상담자는 단계들을 완성해 가면서 동시에 그것을 말합니다.

■ 당신은 지금 상담자에게 보여 줄 자신감이 얼마나 있나요? 만약 자신감이 그리 크지 않다면 그때 '(상담자가 하는 것을) 지켜보고, 말해 보세요(WATCH IT AND SAY IT)'를 시도해 보십시오. 그렇지 않으면 '(상담자가 하는 것을) 해 보고, 말해 보세요(DO IT AND SAY IT)'로 넘어가십시오.

■ (상담자가 하는 것을) 지켜보고 말해 보세요(WATCH IT AND SAY IT): 상담자가 그 단계들을 완성하고 당신이 그 단어들을 말해 봅니다.

■ 그것을 해 보고, 그것을 말하십시오(DO IT AND SAY IT): 당신이 그 단계들을 완성하고 그 단어들을 말해 봅니다.

**피드백**

잘된 점들: _____
_____

일주일 동안 집중해야 할 것들: _____
_____

도움이 될 수 있는 나의 강점들: _____
_____

# 행동 및 정서 조절 기술을 위한 변화계획

_____ 기술을 위한 나의 계획

내가 이루고자 하는 변화들:

_____

_____

_____

이러한 변화들은 나에게 중요하다. 왜냐하면:

_____

_____

_____

_____ 기술들은 나에게 어떻게 도움이 될 수 있을까?

_____

_____

_____

_____ 기술들을 위한 나의 단계별 계획(무엇을, 어디서, 언제, 어떻게):

_____

_____

_____

_____

| 만약(If) 계획대로 되지 않으면 | 그러면(Then) 이렇게 시도한다. |
|---|---|
| | |
| | |
| | |

제**7**장

# 회기 사이의 실습 및
# 지속적인 회기 참석 촉진하기

**우**리는 CBT '과제homework'를 제대로 하게끔 MI가 어떻게 촉진할 수 있을지가 대단히 중요하다고 느낀다. 왜 그러한가? 과제 또는 회기 사이의 실습은 CBT의 주요 요소일 뿐만 아니라 치료 성과와 일관되게 연관되어 있기 때문이다. CBT에서 치료의 명시적 초점은 어떻게 내담자가 회기 밖에서, 즉 그들의 실제 삶에서 변화를 만들어 낼 수 있는가에 있어야 한다. '과제'는 치료장면 밖에서 기술을 숙달하고, 실제 세상의 상황들에 일반화하며, 종결 이후에 치료의 유익을 확장하도록 촉진하는 기술들을 실습하는 것이다.

회기 사이의 실습과 치료의 성공 사이의 관계에 대한 첫 번째 메타분석은 2000년에 출판되었는데, 우울과 불안을 주요하게 다룬 27개 연구를 검토한 결과, 과제를 잘 수행하는 것이 치료 성과에 소규모에서 중간 사이의 효과 크기가 있음을 보여 주었다(Kazantzis, Deane, & Ronan, 2000). 그 효과는 우울과 불안에서 비슷했고 완수된 과제의 유형 전반에 걸쳐 일관되었다. 23개 연구에 대한 후속 메타분석(Mausbach, Moore, Roesch, Cardenas, & Patterson, 2010)은 비슷한 효과 크기를 발견하였고, 다시 그 효과는 완수된 과제의 유형 전반과 타깃 행동 전반에 걸쳐 일관되었다. 하지만 이 저자들은 과제와 관계없이 긍정적이고 신뢰하는 치료관계가 치료 성공과 커다란 관련이 있다고 지적한다(예: Green et al., 2008). 그러므로 이 장에서 다루는 전략이 과제에 대한 충실성을 증가시키는 데 성공적이지 않더라도, MI 정신을 보여 주는 관계 형성하기 기술은 내담자가 그들의 걱정을 다루도록 안내한다는 점에서 계속 유지될 것이다.

## 과제의 첫 번째 규칙: 과제에 대해 이야기하지 말라

> 변화반대대화를 피하기 위해 다른 용어를 사용하여 과제 관련 참여를 증가시켜라.

대부분의 사람에게 '과제'라는 단어는 '지루한' '하기 싫은' '싫증나는' 같은 부정적 함의를 가진다. 따라서 어떤 변화반대대화나 불화를 즉시 피하기 위해서 '실습' '회기 사이의 활동' '집에서의 연습' 같은 다른 용어를 사용하여 과제 관련 참여의 증가를 고려하라. 어떤 활동들(예: 자가 모니터링)은 좀 더 활동 지향적이지만, 이번 장의 나머지 부분에서는 '실습practice'이라는 용어를 사용할 것이다. 이는 비현실적인 맥락에서 실습하는 것이 아니라 현실 세계의 상황에 기술을 통합해 보기 위한 것이다.

또 다른 예방책으로 MI 정신(협동, 수용, 동정, 유발)을 전달하는 것이다. ATA를 사용하여 연습의 근거[이유]rationale를 주의 깊게 논의하는 것과 연습 완료와 관련하여 제기되는 변화대화를 반영하는 것을 통해 그렇게 할 수 있다. ATA는 내담자에게 실습에 대한 근거를 스스로 표현할 기회를 주는 것, 그리고 당신이 제공하는 근거에 내담자가 단순히 동의하고 있다고 가정하지 않음을 통해 회기 사이에 실습할 동기를 증가시킨다. 따라서 과제를 완료하지 못하는 것을 다루기 위한 첫 단계는 내담자가 과제의 목적에 동의하는 것과 그 과제들이 그들의 목표와 어떻게 관련 있는지를 명확히 하는 것이다. 다음의 예에서 전문가가 반영과 질문을 활용하여 근거를 이끌어낼 수 있다는 것과 ATA를 사용하여 그 근거를 제공할 필요가 없다는 점에 주목하라.

> **전문가**: 명희 양, 오늘 살펴본 문제해결 기술을 지금부터 다음에 만날 때까지 실습하는 일이 왜 중요할 수도 있다고 생각하는지 궁금하네요. [묻기]
>
> **명희**: 확실히는 모르겠어요. 주중에는 시간이 별로 없어요.
>
> **전문가**: 주중에 많이 바쁘다면 실습을 하고 싶어 하는 이유가 확실하지는 않다는 거네

요. [반영하기] 명희가 이전에 실습을 완료했어야 하는 다른 것들이 있었는지 궁금하네요.

**명희** : 밴드 연습 같은 거 말인가요? 매일 밤 트럼펫 연습을 하기로 되어 있었죠.

**전문가**: 악기 연습과 관련된 경험이 몇 번 있군요. [반영하기] 명희가 트럼펫을 연습하는 중요한 이유는 무엇일까요? [변화대화를 위한 묻기]

**명희** : 더 나아지겠죠. 그리고 새로운 곡도 연습할 필요가 있고요.

**전문가**: 연습이 명희의 실력을 나아지게 만든다는 것을 알고 있군요. [반영하기] 식단 계획을 지지하지 않는 사람을 상대하는 데 도움을 주기 위해 명희가 오늘 배운 문제해결 기술을 어떻게 적용할 수 있을까요? [묻기]

**명희** : 연습을 많이 하면 할수록 더 잘할 수 있을 거라고 생각해요.

**전문가**: 연습이 자신을 더 나아지게 하는 것을 알고 있군요. 명희가 하고 싶어 하는 음악 연주나 문제해결 기술을 개선하는 것처럼 말이죠. [반영하기] 이번 주에 문제가 될 수도 있던 일이 많았다는 것도 기억나네요.

**명희** : 으악! 그래요. 여동생에 대해 모든 것들이 그래요. 내가 다 알고 있어야 하는 것들이죠.

**전문가**: 우리가 상담실 밖에서 하기로 합의한 것이 명희의 목표를 달성하는 것과 직접적으로 관련이 있다는 것을 확실히 하고 싶네요. [반영하기]

대화는 일반적으로 실습에 대한 변화대화를 이끌어내지만, 특별한 과제에 대해서도 변화대화를 이끌어낼 수 있다. 예를 들어, "주중에 당신의 생각을 기록하는 일이 왜 중요하다고 생각하시나요?" 또는 "우리가 다시 만나기 전에 왜 이런 행동실험을 하고 싶으신가요?"와 같이 물을 수 있다.

당신이 회기 사이의 실습 근거를 논의할 때, 계획하기로 옮겨가기 위해 변화대화나 결단commitment의 말을 충분히 듣지 못했다면 유발하기 전략들을 고려하라. 변화를 향한 욕구, 능력, 이유, 필요, 결단을 이끌어내기 위한 열린 질문으로 동기를 유발할 수 있다는 사실을 기억하라. 또한 중요도와 자신감 척도 같은 전략도 사용할 수 있다. 내담자들의 반응에 대해 당신이 반영을 해줄 때 동기는 강화된다. 다음으로 당신은 회기 사이의 활동을 위한 계획을 이끌어내서, 세부계획을 만드는 작업에서 내담자가 운전대를 잡도록 한다(내담자 유인물 7-1 참조). 당신은 유발하기 전략으로 계획에 대하여 왜why를 이끌어 냈고, 이제는 다른 네 가지$_{four\ W's}$(무엇$_{what}$, 어디$_{where}$, 언제$_{when}$, 누구$_{who}$)를 이끌어낸다.

계획에서 '무엇'이라는 용어는 개인 선택을 강조하기 위한 옵션 메뉴를 제공한다. 두 가지 이상의 옵션을 제공할 수 있도록 창의성을 발휘하라. "회기 사이의 실습을 할 때 일어날 수 있는 문제들에 대해 명희 양은 작업지를 사용할 수 있어요. 다음 주에 이미 알고 있는 처리해야 되는 몇 가지 문제를 고를 수 있고, 그것들을 처리하기 위한 단계들의 목록을 생각할 수도 있어요. 또는 실습하기 위한 다른 아이디어를 만들 수도 있어요." 다음 단계는 명희가 언제 연습할지 이끌어내는 것이다. 회기 사이 실습을 하기로 한 것을 잊는 것은 실습 계획이 실패로 돌아가는 가장 흔한 이유이다. 그래서 단순하게 실습을 위한 시간과 날짜를 결정하는 대신에, 구체적 행동계획$_{when-then\ plan}$을 만드는 것이 도움이 된다. '언제'는 명희가 실습하는 것을 기억하도록 자극하는 신호이다. 예를 들면, "내가 밤에 이메일을 확인할 때 실습할 것이다."가 된다. 마지막으로, 어디서 연습할지 명희에게 알아보는 것이다. 계획에 대한 네 가지$_{four\ W's}$를 이끌어낼 때, 잠재적인 방해물들을 논의하고 그 방해물들을 넘어서는 방해물 대처계획$_{if-then\ plans}$을 만들어라. 예를 들면, "작업지를 잃어버리면, 내 휴대폰으로 문제해결 기본 단계를 밟을 것이다."와 같다. 이 논의를 하는 동안, 만약 변화대화나 결단의 말이 약해지면(예: "나는 할 것이다" 대신에 "나는 그럴지도 모른다"), 유발하기 단계로 돌아가는 것을 고려하거나 좀 더 구체적인 결단의 말이 될 때까지 계획을 변경하라.

## 과제를 하지 않거나 미완수하는 것

회기 사이의 실습에서 양가감정은 흔하지만, 합의된 것을 완수하지 않고 내담자가 방문하기 전까지는 변화반대대화나 불화가 크게 드러나지 않을 수도 있다. 과제를 하지 않거나 미완수하는 것은 변화반대대화나 불화가 구체적으로 나타나지 않아도 동기가 약해졌음을 나타내는 신호가 된다. 상담실 밖에서의 작업 과제를 완료하지 않은 것에 대한 변명은 일반적으로 거듭되는 변화반대대화이다("시간이 없었어요." "정말 필요하지는 않았어요." "이번 주에는 할 수 없었어요."). 그러한 진술 속에는 그 과제를 완료하는 데 걸리는 시간, 과제의 난이도, 기억해야 할 내용을 기억하는 것, 문제 타깃이나 치료

> 하지 않았거나 미완수된 과제는 동기가 약해졌음을 나타내는 신호이다.

에 대해 다른 사람이 알게 되는 것에 대한 우려가 흔히 포함되어 있다. 이런 진술들은 반영이나 자율성 강조하기 같은 변화반대대화를 관리하는 방법을 사용해서 다루어야 한다.

> **전문가**: 노출을 몇 가지 해 보는 것과 관련해서는 어떠셨나요?
>
> **상현**: 글쎄요, 솔직히 말하면, 그런 시간을 갖지 못했어요.
>
> **전문가**: 시간을 갖기가 어려웠군요. [반영하기] 어떤 방해물이 있었나요? [열린 질문]
>
> **상현**: 잘 모르겠어요. 학교, 수업, 그리고 과제를 마치려고 노력한다는 점에서 정말 바빴어요. 맞출 수가 없었어요.
>
> **전문가**: 네. 할 일이 산더미군요. [반영하기] 연습할 시간을 만들지 말지는 정말 상현 씨만이 결정할 수 있는 일이에요. 그리고 지난번에 실습하는 것이 상현 씨가 더 좋아지는 데 도움이 되는 좋은 이유가 있다고 이야기하셨어요. [자율성 강조]
>
> **상현**: 음, 저의 큰 걱정거리는 다른 사람과 말하는 것에 대한 불안이었어요. 그리고 그러한 노출은 다른 사람과 이야기하려고 노력하고 극복하는 일이죠. 그래서 그런 실습이 꽤나 관련이 있다고 생각해요.

## 결정저울

변화반대대화나 불화를 다루는 전략은 2장에서 설명하였다(예: 심판 없이 반영하기, 자율성 강조하기). 하지만 변화대화가 나타나지 않고 있고 변화반대대화들이 지배적일 때 변증[법적]행동치료(Linehan, 1993)에서 설명한 결정저울decisional balance 활동은 내담자가 양가성(양가감정) 논의에 참여하도록 할 수 있다. 결정저울은 원래 재니스와 만(Janis & Mann, 1977)에 의해 잠재적 이익(장점)과 잠재적 손해(단점)를 비교하는 '대차대조표'로서 개념화되었고, 장점과 단점의 균형이란 면에서 이해되는 개인의 변화에 대한 준비에서 '변화 단계stages-of-change'의 핵심 구조가 되었다. 이 생각은 단점을 경청하며 반영해 주고, 판단 없이 그 단점을 요약하며, 그러고 나서 잠재적 장점에 대해 질문함으로써 불화를 줄여주는 것이다. 이것은 쓰기나 구술 활동으로 이루어질 수 있다. 밀러와 롤닉(Miller & Rollnick, 2012)은 변화반대대화를 나오도록 하고 싶지 않지만 변화대화를 이끌어내기 위한 전략이 실패한 경우, 이러한 결정저울 전략은 변화의 장점 토론에 대한 '시작 단계'를 제공할 수 있다고 강조한다.

## '과제 효용성'에 대한 내담자 관점 이끌어내기

요벨과 사프런(Yovel & Safren, 2007)은 '치료 과제 효용성therapy homework utility'을 과제 완수와 회기 전반의 개선 사이의 관계 강도로서 정의했다. 뒤집어 보면, 과제 효용성은 수행 못한 과제와 변화 없음 사이의 관계로 규정지을 수 있다. 이런 관계가 강하다면 이에 대한 정보를 이끌어내거나 제공하는 것이 과제 완수에 대한 내담자의 동기를 증가시킬 수 있다고 제안한다. 대신에 이들 관계가 약하고 효용성이 낮다면 치료계획의 변경은 정당화될 수 있다. 앞의 두 가지 전략, 즉 간이 기능 분석(4장)과 개인별 맞춤 피드백(3장)은 실습 효용성을 다루는 작업을 통해 동기를 높일 수 있다.

### 간이 기능 분석

치료작업의 성공은커녕 목표도 달성하지 못할 경우 선행요인(촉발요인들)과 결과(성과)에 대한 간이 기능 분석을 수행하라. 이러한 대화를 하는 동안 당신은 내담자가 회기 사이의 실습이 성공에 어떤 기여를 하는지와 실습 부족이 목표 달성을 어떻게 방해하는지를 고려하도록 안내할 수 있다. 이는 이러한 관계에 대한 내담자 관점을 이끌어내는 것이다. 그리고 내담자가 변화를 향해 가는 데 생길 수 있는 방해물 또는 촉진제로서 회기 사이의 실습을 자발적으로 보고한다면, 당신은 ATA를 사용하여 실습의 효용에 대해 당신이 관찰한 내용을 제공할 수 있다. 다음의 예에서 세아는 생각, 느낌, 그리고 더 도움이 되는 생각을 기록하기 위해 노력했지만 그녀의 실습은 불규칙했다. 전문가가 어떻게 자율성을 지지하는 언어를 지속적으로 사용하는지, 그래서 회기 사이의 실습이 전문가에 의해 처방된 무언가가 아니라 내담자가 하겠다고 선택한 무엇으로 개념화될 수 있는지를 주목하라.

> **세아** : 네. 침대에서 일어날 수 없어요. 그리고 저 스스로에게 더 화가 나요.
> **전문가**: 악순환이군요. 이런 상황에서 도움이 될 실습으로 세아 씨가 하고 싶었던 것으로 어떤 게 기억나나요? [열린 질문]
> **세아** : 제 생각에는 생각과 느낌에 대한 것이었는데 너무 바쁜 주였고 잊어버렸어요.
> **전문가**: 맞아요. 세아 씨는 종이에 생각과 느낌을 분리하고 나서 생각 바꾸기 작업을 하고 싶다고 했어요. [반영하기] 한주가 지나고 수요일이 안 좋았던 것 같네요. [반영하기] 세아 씨가 실습을 놓친 것과 나쁜 하루를 보낸 것 사이에 어떤 관계가

있다고 생각하나요?

**세아** : 확실하진 않네요. 하지만 뭔가 다른 일을 하지 않는다면, 상황은 바뀌지 않을 거라는 걸 알아요.

**전문가** : 회기 사이에 기술들을 실습하는 것과 같은 다른 무언가를 시도해 보지 않는다면, 세아 씨가 원하는 그런 변화는 일어나지 않을 것임을 알고 계시네요. [반영하기]

**세아** : 네, 뭔가 바뀌어야 해요.

**전문가** : 세아 씨는 더 이상 지금처럼 살고 싶지 않군요. 새로운 것에 도전하지 않았거나 우리가 대화 나누었던 새로운 것을 실습하지 않았고, 그래서 상황이 변하지 않았던 그런 경우들이 어떤 게 있나요? [묻기]

**세아** : 잘 모르겠어요.

**전문가** : 네, 제가 기억하기로는 세아 씨는 기록 남기는 데 어려움이 있었어요. 그래서 나쁜 상황이 이어지고 그 주에 일어난 좋았던 일들을 볼 수 없었다는 느낌이 들었어요. 연습하는 것이 변화가 일어나지 않는 것과 어떤 연관성을 가진다고 생각하나요?

**세아** : 제 생각에, 그냥 몇 주가 흐르면, 상황은 항상 이렇겠죠.

**전문가** : 세아 씨가 이 주에 할 것들이 이러한 기술 연습보다 우선순위가 높다면, 원하시는 것보다 더 이런 문제들로 힘들어하고 있겠네요. [반영하기] 작업지를 완료하는 계획에 투자하는 시간에 비하여 이런 문제들로 씨름하는 시간에 대해 생각해 보면 세아 씨는 어떤 생각이 나시나요? [열린 질문]

당신은 실습과 내담자가 인지한 성공 사이의 관계를 논의하는 비슷한 접근법을 사용할 수 있다.

**전문가** : 금요일에 정말 좋은 하루를 보냈다고 말씀하셨잖아요. 그것에 대해 한번 말씀해 주시죠.

**상현** : 네, 제 옆에 앉은 사람과 이야기하는 것 정도를 목표로 설정했죠.

**전문가** : 당신은 목표에 정말 집중했군요. [인정 반영]

**상현** : 저는 제 자리로 갔는데 그녀가 물어봤어요. 지난번 수업에 제가 있었는지에 대해서요. 저는 그때 있었고 그녀는 없었지요.

**전문가**: 상현 씨는 그 상황에 스스로를 노출했군요. [반영하기]

**상현**: 네, 수업에 있었다고 저는 말했고, 그녀는 없었다는 것을 저는 알게 되었죠. 기본적으로 우린 대화를 했던 거예요. 그녀는 내 노트를 볼 수 있는지 물어봤고 괜찮다고 말했죠. 내 노트 사진을 찍어도 좋다고 제안했고 수업 후에 그렇게 했어요. 내게 많이 고마워했죠.

**전문가**: 상현 씨는 불안한 상황에 스스로를 노출시키는 연습을 할 때 잘 되고 있다는 것을 알아차렸네요. 상현 씨는 대화를 하고 질문에 반응하는 목표를 달성했고, 추가해서 도와주려고 제안까지 했어요. [실습을 성과와 연결하는 반영하기]

**상현**: 네, 그렇게 생각해요.

**전문가**: 그리고 그런 게 전에는 어떻게 느껴졌나요? [열린 질문]

**상현**: 글쎄요, 그렇게 하다 보니까 결국엔 대화를 시작해야겠다고 생각했고, 정말 긴장했죠. 다른 사람들이 앉는 것을 기다리는 동안 약간 떨기까지 했어요.

**전문가**: 시작할 때는 참 어려웠네요. [반영하기] 그리고 나서는요? [열린 질문]

**상현**: 바로 다음에, 저는 여전히 불안했지만, 그날 그리고 그다음 날 내가 실제로 그걸 해냈다는 것이 진짜 좋더라고요. 그런 걸 해낸 지 정말 오래되었어요.

## 개인별 맞춤 피드백

3장에서 변화에 대한 동기를 유발하는 전략으로서 개인별 맞춤 피드백을 논의했다. 개인별 맞춤 피드백은 MI에서 타깃 행동에 대해 사실에 기반한 정보를 제공하는 것과 그 정보가 변화에 대한 내담자의 관심사, 열망, 이유, 필요를 증가시키는지 여부를 확인할 공간을 제공하는 것을 포함한다. 어떤 정보가 회기 사이 실습을 증가시키기 위한 개인별 맞춤 피드백으로서 전달되는 데 유용한 것인가? 요벨과 사프런(2007)은 전문가가 산정한 지난 주 실습 완수에 대한 주간 평가와 지난주에서 이번 주까지의 성과 측정치의 변화(예: 몸무게, 음주, 우울 증상, 약물치료 순응도) 사이의 상관관계를 계산하여 산출하는 효용성 지수utility index를 제안하고 있다. 1에 근접하는 높은 점수는 효용성과 변화 사이의 강한 관계를 나타냄을 구두로 논의할 수도 있지만, 실습 완수에 대한 주간 평가와 그 성과를 보여 주는 그래프를 만드는 것이 더 도움이 될 수도 있다([그림 7-1]과 [그림 7-2] 참조).

ATA를 활용하면 결과에 대한 판단이나 즉각적인 분석 없이 내담자의 선택과 책임을 강조하는 진술과 함께 사실facts만을 제공할 수 있다. 당신은 치료계획에 대한 동기를 구축하기 위해 피드백에 대한 내담자의 해석을 이끌어낼 것이다. 효용성이 높다면 내담자의 실습 동기를 증가시킬 것이다.

> **전문가**: 우리가 기술을 실습하는 것에 계속 공을 들일지 또는 치료계획을 바꿀 것인지 결정할 때, 실습하는 것이 상황이 어떻게 되는가와 어떠한 관계를 갖는지 살펴보는 것이 철수 씨는 괜찮은가요? 알코올 사용이라는 관점에서요. [허락 구하기]
>
> **철수**: 좋아요.
>
> **전문가**: 좀 더 많은 정보가 현명한 결정을 내리는 데 도움이 됩니다. [반영 및 자율성 강조] 여기 그래프([그림 7-1])가 연습이 음주에 어떻게 연관성이 있는지 보여 주네요. 이쪽에는 연습이 없을 경우 0, 부분 연습의 경우 1, 전체 연습의 경우 2로 평가되었어요. 이쪽에는 한 주에 몇 병을 마셨는지 보고한 것입니다. [알려주기] 철수 씨는 여기까지 어떤 생각이 드시나요?
>
> **철수**: 그러니까 이 그래프가 자기주장 기술과 관련된 것이고, 제가 연습했는지 아닌지가 음주하는 것 여부와 관련이 있다는 말씀이신가요?
>
> **전문가**: 맞아요. 자기주장에 대해서죠. 선이 아래로 내려가는 것은 일반적으로 연습을 많이 할수록 음주 횟수 더 낮아진다는 것을 보여 줍니다. [알려주기] 지금까지 철수 씨는 어떤 생각이 드시나요? [묻기]
>
> **철수**: 흠, 저의 음주에 어떤 패턴이 있었던 것처럼 보이지는 않았어요.

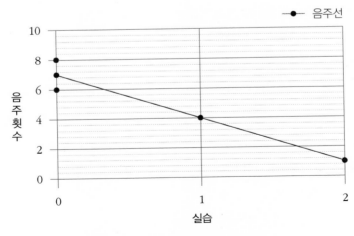

**[그림 7-1]** 철수의 높은 과제 효용성

전문가: 당신의 음주 횟수가 오르기도 하고 내려가기도 하는 것처럼 느껴지죠. 어떤 때는 좀 더 좋아지기도 하고 어떤 때는 당신이 먹고 싶었던 것보다 더 먹기도 하고요. 자기주장 기술을 연습하는 것이 더 적게 마시게 된다는 것, 그리고 연습하지 않는 것은 더 많이 마시게 된다는 패턴이 있을 수도 있다는 것을 이 그래프가 보여 주고 있다는 것을 지금 철수 씨는 보고 계십니다. [반영하기] 다음 두 달 동안 기술연습에 대해 어떻게 생각하는가라는 점에서 이 패턴은 철수 씨에게 무슨 의미인가요? [변화대화를 이끌어내기 위한 열린 질문]

철수 : 제 생각에는 더 많이 연습하도록 노력해야겠어요.

전문가: 철수 씨는 자기주장에 초점 맞추기를 원하고 있어요. 그리고 나서 우리는 그게 충분한지 또는 다른 기술들을 추가할 필요가 있는지 나중에 다시 평가해 볼 수 있어요. [반영하기]

효용성이 낮은 경우([그림 7-2] 참조), 실습이 효과적이지 못했다는 신호일 수도 있다. 비효과적인 실습의 이유는 그 실습의 질 또는 과제와 변화를 위해 필요한 것들 사이의 불일치와 관련될 수 있다. 어느 쪽이든 치료계획이 협력적으로 수정될 필요가 있다는 표시이다.

전문가: 우리가 정서적 고통 감내 실습을 계속 해나갈지 아니면 치료계획을 변경할 것인지를 결정하기 위해, 실습이 유진 씨의 약물 복용이라는 측면에서 어떤 관계가 있는지 살펴봐도 괜찮을까요? [허락 구하기]

유진 : 네, 그래서 우리가 약 먹은 횟수를 세었던 것인가요?

전문가: 복용 횟수를 세는 것은 약을 먹으면 어떻게 되는가라는 점에서 더 나은 평가를 하게 합니다. 그래서 유진 씨가 다음에 무엇을 하고 싶은지 결정할 수 있도록 말이죠. [자율성 강조] 여기 그래프([그림 7-2])가 있어요. 실습이 매주 약을 먹는 것과 어떤 관계가 있는지 보여 주지요. 이쪽은 실습을 하지 않았을 때 0, 부분적으로 실습했을 때 1, 완전히 실습했을 때 2를 나타내요. 이쪽은 유진 씨가 복용한 약의 수를 나타냅니다. [알려주기] 지금까지 얘기를 유진 씨는 어떻게 생각하세요? [묻기]

유진 : 흠, 실습이 제대로 매겨진 것이 맞나요?

전문가: 당신은 우리가 실습 평가를 얼마나 정확하게 했는지 궁금하시군요. [반영하기]

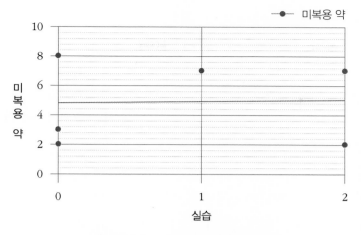

**[그림 7-2]** 유진의 낮은 과제 효용성

저는 유진 씨의 보고를 바탕으로 했지만 물론 실수가 있을 수 있습니다. [알려주기] 수긍하시기 어렵다면, 우리가 이 그래프를 다시 그려 볼 수도 있어요. 계속 진행해도 될까요? [허락 구하기]

유진 : 물론이죠. 다시 하고 싶은지에 대해 나중에 결정할 수 있죠.

전문가: 좋아요. 나중에 결정하실 수 있어요. [반영하기] 기본적으로 선은 여기 있고요. 주변의 모든 점들은 실습과 복용 사이에 아주 강한 상관은 없는 것으로 보이네요. 이것은 우리가 실습에 대한 정확한 평가를 하지 못했기 때문일 수도 있고요. 실습이 잘 진행되지 않았을 수도, 또는 디스트레스 감내가 복용에 실제 도움이 되지 않았기 때문일 수도 있습니다. [옵션 알려주기] 유진 씨는 어떻게 생각하시나요? [묻기]

유진 : 흠, 저는 디스트레스 감내는 좋게 생각하지만 제가 복용을 놓치는 진짜 이유인지는 모르겠네요. 다른 것에 초점을 맞추고 매주 그래프를 갱신해서 무엇이 평가와 관련 있는지 볼 수 있을 거라 생각해요.

전문가: 유진 씨는 우리가 다른 기술에 우선순위를 두어야 한다고 생각하시는군요. [반영하기] 또한 매주 그래프 그리는 데에 더 많이 참여하기를 바라고요. [자율성 강조하기] 두 가지 모두 오늘 우리가 논의할 수 있는 훌륭한 아이디어입니다. [인정하기]

피드백 전달을 위한 추가적인 도움말은 3장을 참조하라.

# 회기 참석

회기 사이의 실습에 대한 동기를 높이기 위해 앞에서 설명한 동일한 전략을 회기 참석을 장려하는 데 적용할 수 있다. 회기 참석은 치료작업 전반에 걸쳐 들쭉날쭉할 수 있다. 첫째, 호미로 막는 '예방'이 가래로 막는 '치료'보다 더 가치가 있다. 치료 초기에, 변화대화를 이끌어내고 강화하기 위한 세심한 주의는 치료작업의 유지가 허술해지지 않도록 예방할 수 있다. 자율성을 강조하는 가운데 타깃 행동이나 증상을 다루기 위한 동기 구축, 치료근거에 대한 협력적 논의, 그리고 내담자 자신의 치료계획을 개발하기 위해 안내하는 것들 모두는 회기 참석을 촉진하는 역할을 한다. 내담자가 불쾌한 감정을 느끼는 것 때문에 회기 사이의 작업을 완료하지 못한 것과 치료 참석률이 낮은 것의 관계를 명시적으로 다루는 것 또한 중요하다. 치료자는 회기 사이의 작업이 진정 내담자의 문제를 해결하는 데 도움이 되고자 하는 데 있음을 분명히 해야 하고, 그렇지 못하다면 치료자와 내담자가 함께 알아내야 할 무언가가 있는 것이다. 이렇게 하기 위해서는 내담자가 합의된 작업을 완료하지 않았더라도 회기에 참석해야 한다. 물론 회기 사이의 작업이 완료되지 않는 일관된 패턴이 있을 때는 다르다. 이를 통해 내담자가 치료를 받을 알맞은 시기인지 아닌지에 대한 논의를 시작할 수 있다. 이런 전략은 내담자가 전혀 참석하지 않는 경우 전화로도 수행할 수 있다. 장단점에 대한 논의는 공감을 표현할 수 있는 기회를 줄 수 있고, 참여가 가지는 단점에 대해서도 개인의 선택임을 강조할 수 있는 기회를 줄 수 있다. 동시에 다음 예와 같이 회기 참여에 대한 변화대화를 이끌어낼 수 있는 기회를 줄 수 있다. 상담자가 공감과 이

> 장단점에 대한 논의는 공감을 표현할 수 있는 기회를 주고 변화대화를 이끌어내면서 개인의 선택임을 강조할 수 있다.

해를 표현하기 위해 잠시 단점을 이끌어 냄으로써 장점에 대한 보다 폭넓은 논의를 위한 길을 닦는 것을 주목하라.

**전문가**: 세아 씨, 안녕하세요. 전화로 대화하는 것에 동의해 주셔서 다음에 무엇을 하고 싶은지 살펴볼 수 있게 되어 좋군요. [인정하기 및 자율성 강조하기] 치료를 계속하는 것이 이해가 되시는지 논의해 보는 것에 대해 세아 씨가 괜찮을지 궁금하군요. [허락 구하기, 자율성 강조하기]

**세아**: 네, 제가 나타나지 않아서 화내실까 봐 걱정했어요. (불안한 듯 웃음)

**전문가**: 세아 씨가 하고 있는 다른 여러 가지를 하면서 동시에 치료를 결심하는 일은 어려울 수 있습니다, 만약 세아 씨가 지금 그리고 나중에 결정하는 어떤 시점이 변화를 만들기에 더 좋은 시기라고 결정한다면 세아 씨가 어떤 결정을 내리시든지 저는 지지할 겁니다. [공감 표현하기, 자율성 강조하기]

**세아**: 좋아요. 이걸 제가 해낼 수 있을지 잘 모르겠어요.

**전문가**: 세아 씨는 약속을 지킬 수 있을지에 대해 몹시 고민하고 있네요. [반영하기] 세아 씨가 원하신다면 지금 장단점을 살펴보고 무엇을 하고 싶은지에 대해 결정을 내릴 수 있어요. [허락 구하기]

**세아**: 좋아요. 5분 안에 할 수 있다면요. 딸을 데리러 가야 해서요.

**전문가**: 해야 할 일이 많으시군요. [반영하기] 우리는 이것에 대해 5분 정도 쓸 예정이고 더 이야기하고 싶은지는 세아 씨가 직접 결정하실 수 있어요. [자율성 강조하기] 세아 씨 입장에서 치료를 계속하는 것의 단점에는 어떤 것들이 있나요? [단점 묻기]

**세아**: 대부분 시간 때문이죠. 전 바빠요. 나를 힘들게 하는 한 가지가 더 늘어나는 것이죠.

**전문가**: 그렇게 하기에는 방해되는 것이 정말 많네요. 그래서 스트레스가 늘어나는 것을 원치 않고요. [반영하기] 장점에는 어떤 것들이 있나요? [장점 묻기]

**세아**: 글쎄요, 스트레스를 다루는 데 도움이 된다면 할 수 있지 않을까요?

**전문가**: 치료는 스트레스를 관리하는 데 도움을 줄 수 있고, 비록 시간이 더 들지만, 장기적으로 더 가치가 있군요. [반영하기] 다른 장점은 무엇이 있나요? [장점 묻기]

**세아**: 나아지기 위해서 뭔가 하는 것에 대해 가족이 알고 싶어 해요.

**전문가**: 가족분들은 세아 씨가 스스로에 대해 좀 더 애쓰길 원하고, 세아 씨 본인은 좀 더 나아지기 위한 어떤 것을 하고 있는 모습을 가족에게 보여 드리고 싶군요. [반영하기]

**세아**: 네, 특히 제 딸에게요. 하지만 잘 모르겠어요.

**전문가**: 주요한 단점은 시간이네요. 그리고 장점은 스트레스를 더 잘 관리할 수 있고 당신이 더 나아지길 원한다는 것을 가족에게 보여 줄 수 있다는 것이고요. 따님이 무엇보다 중요하고 무엇인가 이루어 낼 의지가 있다는 점에서 따님에게 모델이 되고 싶으시네요. [요약하기] 세아 씨는 다음에 무엇을 하고 싶으신가요? [핵심

질문]

세아 : 다음 주에 전화로 이야기할 시간을 만들 수 있을까요?

전문가: 물론이죠. 전화로 치료계획을 다룰 수는 없지만, 세아 씨가 원한다면 회기 참석을 논의하는 데 시간을 더 쓸 수도 있겠죠.

회기 참석을 높이기 위한 다른 옵션으로는 2장에서 기술된 치료작업 시작 시 동맹과 동기를 증가시키는 전략으로 돌아가거나, 열린 질문이나 가치관 카드 분류를 사용해서 가치관과 낮은 회기 참석 간의 불일치를 탐색하는 것이 될 수 있다.

# MI-CBT 딜레마

의무감醫務監, Surgeon General[1](1999)은 자신이 제출한 정신건강 주요 보고서에서 문제가 발생하는 사태를 예방하는 것이 문제를 관리하는 것보다 본질적으로 더 낫다고 선언했다. 협동, 수용, 동정, 유발이라는 MI 정신을 보여 주는 기술들을 사용하여 치료 불응과 회기 참석 저하를 더 많이 예방할 수 있다. 모든 회기가 MI의 모든 과정을 포함하는 것은 아니지만, 치료 과제의 근거를 논의하기 위해 시간을 쓰고 모든 회기에서 변화대화를 유발해야 한다. 내담자가 회기 사이 활동에 참여할 준비가 되어 있지 않은 경우, 당신이 할 수 있는 선택이 있다. 실습은 당신이 제공하는 CBT에 필수적이라는 것과 내담자가 CBT를 할 준비가 되어 있지 않다는 사실을 알릴 수 있다. 당신은 MI로만 된 회기를 내담자와 갖기로 할 수도 있고, 내담자가 회기 사이 활동에 참여할 준비가 되었을 때 돌아오도록 할 수도 있다. 과제 없이 치료를 제공할 수도 있지만 진전이 느릴 것이라고 언급해야 한다. 그런 다음 나중에 치료에서 회기 사이의 활동에 대한 아이디어를 다시 다룰 수 있다. 회기 참석에 대해 언급하자면, 궁극적으로 치료 참여 여부는 내담자의 결정에 달려 있다. 당신은 여전히 내담자가 치료 없이도 잘 해나갈 수 있다는 희망을 전하고, 개인의 선택과 책임에 대해서 강조할 수 있다. 그렇게 해서 그들이 치료 받을 준비가 되었을 때 당신에게 돌아올 확률을 높일 수 있다.

---

1) [역주] 미국 공중보건 서비스 위원회(Public Health Service Commissioned Corps)의 운영책임자

## 작업절차: 회기 사이 실습을 위한 변화대화 이끌어내고 강화하기

**활동 목표:** 이 활동에서 당신은 특히 회기 사이 실습을 위해 변화대화를 이끌어내는 유발 질문을 개발하는 것을 연습하게 된다. 그리고 나서 변화대화를 강화하기 위한 반영을 개발하게 될 것이다.

**활동 지침:** 다음 각 항목에서 빈칸을 채우고, 필요에 따라서 사례에 대한 추가적인 세부사항을 작성하라. 작업절차의 세 가지 구성요소를 각각 완성하는 연습을 하게 된다. 첫 번째 부분에서 절차의 세 가지 요소(변화대화를 이끌어내는 질문, 내담자의 변화대화, 변화대화에 대한 반영) 중 하나를 완성하게 된다. 두 번째 부분에서 당신은 창의성을 발휘하여 세 가지 요소 중 두 가지를 완성한다.

항목 1

- 변화대화를 이끌어내는 전문가 전략: 이번 주에 힘든 상황에 스스로를 노출하는 것을 계속하는 것이 도움이 될 수 있는지에 대해 당신은 어떻게 생각하시나요?
- 내담자의 변화대화: 제가 모르는 사람과 대화하는 게 조금 더 편해질 수 있어요. 그걸 계속한다면 더 쉬워질 수 있을 거예요.
- 전문가의 강화(반영/질문): _____
_____

항목 2

- 변화대화를 이끌어내는 전문가 전략: 당신은 전에 사람들과 더 쉽게 대화하는 것이 중요한 목표라고 말했어요.
- 내담자의 변화대화: _____
_____

- 전문가의 강화(반영/질문): 당신이 사람들과 대화하는 것에 대한 두려움을 극복하는 일은 다른 목표를 달성하기 위한 중요한 단계이군요. 함께 외출할 수 있는 친구를 갖는 것과 같은 목표 말이에요.

항목 3

- **변화대화를 이끌어내는 전문가 전략:** _____

  _____

- **내담자의 변화대화:** 좋은 질문이네요. 다음 단계를 시도하기 전에 최소한 두세 번은 더 대화를 해봐야 한다고 생각해요.

- **전문가의 강화(반영/질문):** 당신은 가까워지고 있네요. 하지만 당신은 우선 실습을 좀 더 할 필요가 있군요.

항목 4

- **변화대화를 이끌어내는 전문가 전략:** 철수 씨, 이번 주에는 시간이 없어서 거절 기술을 다시 연습할 기회가 없었다고 좀 전에 말씀하셨어요. 우리가 그것에 대해 이야기를 나누고 당신에게 도움이 될 해결책을 생각해 낼 수 있을지 궁금하네요.

- **내담자의 변화대화:** _____

  _____

- **전문가의 강화(반영/질문):** _____

  _____

항목 5

- **변화대화를 이끌어내는 전문가 전략:** _____

  _____

  _____

  _____

- **내담자의 변화대화:** 음… 선생님이 그 이야길 꺼낸 이후로, 그래요, 제가 그렇게 느낀다고 생각해요. 제가 할 수 없다고 생각하는 것은 아니에요. 저는 할 수 있으니까요. 단지 선생님이 말한 것처럼 그렇게 될까 하는 것에 대해 확실치 않은 거예요. 솔직히 말하면 저는 우리 가족을 아는데요, 내가 아니라고 말하면 우리 가족은 나를 더 강하게 밀어붙일 거예요. 그게 가족이랑 효과가 있을지 모르겠고요, 절 난처한 상황에 처하게 만들 거예요.

- 전문가의 강화(반영/질문): _____
  _____
  _____
  _____
  _____

## 항목 6

- 변화대화를 이끌어내는 전문가 전략: _____

- 내담자의 변화대화: _____

- 전문가의 강화(반영/질문): 당신은 가족에게 기술을 써보기 전에 다른 분과 테스트해 보고 싶으신 거군요.

### 추천할 만한 응답

## 항목 1
- 전문가의 강화(반영/질문): 연습을 더 많이 하는 게 당신의 자신감을 더 강하게 만들 수 있군요.

## 항목 2
- 내담자의 변화대화: 그거예요. 제가 사람과 대화하는 두려움을 벗어날 수 있다면 다른 것들, 친구를 만들고 재미있게 외출하는 것들을 할 수 있다는 느낌이 드네요.

## 항목 3
- 변화대화를 이끌어내는 전문가 전략: 다음 단계로 넘어가기 전에 대화를 시작하는 연습을 얼마나 해야 한다고 생각하시나요?

항목 4

- **내담자의 변화대화:** 이번 주의 마지막은 저도 모르게 휙 지나가 버린 것 같아요. 연습할 계획이었지만 그러질 못했네요.
- **전문가의 강화(반영/질문):** 삶이라는 게 꽤 빨리 지나가 버리긴 하지만, 철수 씨는 우리가 다루었던 기술을 시도해 보고 싶었군요.

항목 5

- **변화대화를 이끌어내는 전문가 전략:** 때때로 사람들이 연습 시간을 내는 것에 애를 먹을 때, 그들이 저에게 말하는 건 그 기술이 도움이 될지 또는 그것을 할 수 있을지 확신이 없다는 거예요. 심지어 그들 중 일부는 연습을 하고 싶어 하는데 말이죠. 당신도 그런 생각을 갖고 계신지 궁금하네요.
- **전문가의 강화(반영/질문):** 듣는 것이 정말 도움이 됩니다. 당신이 그것에 대해 저에게 말씀해 주실 수 있어서 기쁘네요. 그 연습 아이디어는 도움이 될 거예요. 하지만 당신이 좌절하고 있다는 것도 알겠어요. 당신이 자신의 상황을 가장 잘 알고 있고, 당신이 취할 단계들은 당신의 선택에 달려 있습니다.

항목 6

- **변화대화를 이끌어내는 전문가 전략:** 당신은 거절 기술을 실습하는 다른 옵션에 대해 이야기하거나 거절 기술을 사용하는 것이 치료작업에서 맞는 시기인지 아닌지를 이야기해 볼 수 있어요. 또는 당신은 다른 생각을 가지고 있을 수도 있죠.
- **내담자의 변화대화:** 다른 옵션에 대해 이야기해 보면 좋겠어요. 가족과 그걸 해 보기 전에 그게 어떻게 효과를 내는지 제가 알아야 할 것 같아요.

### 실습을 위한 동기를 구축해 보는 체험

기술 실습은 성공적인 CBT의 중요한 구성요소지만 쉽지는 않다! 이 장에서 논의된 기술들을 어떻게 실습할지 생각해 보라. 지금까지 각 장의 마지막에 있는 활동을 완료하였는가? 당신의 실습이 제한적인 이유는 당신의 내담자들이 갖는 이유와 비슷할 것이다. 우리가 내담자에게 제안하는 전략들이 당신의 동기를 변화시키는지 살펴보라. 동일한 활동을 당신의 내담자를 위해서 내담자 유인물로 활용하는 것을 고려해 보라.

**활동 목표:** 이 활동에서 이번 장에서 설명된 전략들을 사용하여 MI-CBT 기술 실습을 위한 당신 자신의 동기를 탐색한다.

**활동 지침:** 활동을 완료하거나 이 책에서 일반적이거나 또는 특정한 MI-CBT 기술(예: ATA, 근거 토론, 주제 선정, 반영)을 실습하는 것 같은 실습 목표를 선정한다. 그리고 그 행동을 위한 훈련을 완수한다.

**실습 행동:** _____

훈련 1. 중요도 척도: 이 실습 행동이 변화를 위하여 얼마나 중요한지 눈금에 표시하시오.

```
1        2        3        4        5        6        7        8        9        10
|--------|--------|--------|--------|--------|--------|--------|--------|--------|
전혀 중요하지 않다              어느 정도 중요하다                    매우 중요하다
```

왜 이 점수를 골랐고 더 낮은 점수는 아닌가? _____

_____

_____

훈련 2. 장점과 단점: _____(실습 행동)의 장점과 단점들을 기술한다. 가장 큰 장점에 원을 그린다.

| 실습의 단점 | 실습의 장점 |
|---|---|
| _____ | _____ |
| _____ | _____ |
| _____ | _____ |
| _____ | _____ |

훈련 3. 가치관-행동 불일치: 가치 목록을 살펴보고 최상위의 가치 세 개에 원을 친 다음 가치 목록 밑의 질문에 답하시오.

| | |
|---|---|
| **매력적인** | **독립적인** |
| (내면이나 외관이 보기 좋음) | (나 스스로의 통제 속에 존재하기) |
| **영적인** | **건강한** |
| (영성 또는 종교적 신념을 갖는 것) | (좋은 건강을 가지는 것) |
| **정직한** | **희망적인** |
| (진실하게 존재하기) | (긍정적으로 존재하거나 희망이 가득 찬) |
| **사랑받는** | **행복한** |
| (사랑받는 존재가 되거나 타인에게 사랑을 주는) | (즐거움을 느끼거나 행복한 기분을 갖는) |
| **책임지는** | **조직적인** |
| (다른 사람이 믿거나 의지할 수 있는 존재가 되는) | (정돈되거나 정리해 놓는) |
| **헌신하는** | **성공적인** |
| (어떤 것을 끈기 있게 하는) | (목표를 향해 나아가거나 목표를 달성하는) |
| **롤 모델** | **좋은 의사소통자** |
| (다른 사람이 우러러 보는 존재인) | (다른 사람들이 들어주거나 이해해 주는) |
| **탄탄한/건강한** | **요리 잘하는** |
| (육체적으로 활동적인 존재인) | (맛있거나 사람들이 즐기는 음식을 만들 수 있는 존재인) |
| **관계들** | **자신감 있는** |
| (가족, 친구, 또는 연인과 튼튼한 관계를 갖는) | (스스로 확신하는 존재가 되는 또는 목표를 달성할 수 있을 것같이 느끼는) |
| **자기 존중** | **수용되는** |
| (나 자신에게 마음을 쓰거나 돌보는 것) | (다른 사람들이 존중하거나 받아들여 주는 존재가 되는) |

이제 다음 질문들에 응답한다.

당신이 실습하지 않기로 결심했다면 그것은 이 가치들을 어떻게 방해하게 될까? _____
_____
_____

당신이 더 실습하기로 결정했다면 그것은 당신이 이 가치들을 실행하는 데 어떻게 도움을 주
게 될까? _____
_____
_____

# 회기 사이의 실습을 위한 5 W's

당신의 기술 실습을 계획하기 위해 아래의 활동을 완료하시오. 이렇게 하면 당신이 다섯 가지 'W'를 결정하는 데 도움이 될 것입니다: 당신은 무엇what을 할 것인가, 당신은 언제when 그리고 어디서where 그것을 할 것인가, 그것은 왜why 중요한가, 그리고 당신은 왜 할 수 있다는 자신감을 느끼는가, 그리고 도움이 필요할 경우 누가who 도와줄 것인가.

## 나의 실습 계획표

1. 나의 계획된 실습 활동: _____

_____

_____

2. 나의 실습을 언제 어디서 할지 계획: _____

_____

_____

3. 나의 실습을 계획대로 하는 것의 중요성:

| 0 | 10 | 20 | 30 | 40 | 50 | 60 | 70 | 80 | 90 | 100 |
|---|----|----|----|----|----|----|----|----|----|-----|

전혀
중요하지 않은          약간          보통          타당한          매우
중요한

왜 그 점수를 골랐고 더 낮은 점수가 아닌지? _____

_____

_____

4. 계획된 나의 실습을 수행할 수 있는 나의 자신감:

| 0 | 10 | 20 | 30 | 40 | 50 | 60 | 70 | 80 | 90 | 100 |
|---|----|----|----|----|----|----|----|----|----|-----|

전혀
중요하지 않은          약간          보통          타당한          매우
중요한

왜 그 점수를 골랐고 더 낮은 점수가 아닌지? _____

_____

_____

5. 가능한 방해물들 그리고 내가 그것들을 다룰 방법들

| 내가 실습하는 걸 중단시킬 수 있는 것들 | 내가 어쨌든 실습하도록 확실하게 만드는 것들/<br>누가 도울 수 있나 |
|---|---|
|  |  |

제8장
- - - - - - - - -
# 변화유지

내담자가 변화 목표를 달성하였다고 해도, 지속적으로 변화를 유지하는 일은 어려울 수 있다. 초기 치료에서 행동 변화를 달성한 이후에 절반 이상의 사람들은 행동 변화를 유지하지 못한다. 이는 물질 사용, 신체활동, 건강관리, 우울증, 그리고 다른 만성 정신건강 질환을 포함하여 많은 영역에서 적용된다(Keller & McGowan, 2001; McKay et al., 1999; Miller & Hester, 986; Piasecki, 2006; Wing & Phelan, 2005). MI는 본래 초기의 변화동기를 증진하기 위해 개발되었다. 그렇다 보니 변화를 유지하기 위한 MI 전략은 구체적으로 제시되지 못하였다. 행동변화를 달성한 이후에도 여전히 많은 내담자들은 행동유지를 위한 지지가 필요하다. 동기는 내담자가 변화를 실행한 후에도 계속해서 변화한다. 따라서 변화를 유지하는 과정 동안 MI와 CBT의 통합은 내담자가 행동변화를 유지하여 재발을 예방하는 데 상호 보완적인 역할을 할 수 있다(예: Beck, 2011; Marlatt & Donovan, 2005).

벡(Beck, 2011)은 치료기간 동안 변화유지를 돕는 데 필요한 특정 전략들을 제시하였다. 이러한 전략들은 앞 장에서 설명한 바와 같이, 과정에 대한 반영, 긍정적 행동변화에 대한 기능분석, 인정하기 진술이 해당된다. 물질사용에 대해 독창적인 접근을 한 말렛과 도노반(Marlatt & Donovams, 2005)은 재발을 막기 위하여 성공적인 치료 이후에 실행할 특정 전략들을 기술하고 있는데, 여기에는 촉발요인들에 대한 평가, 촉발요인들을 다루기 위한 대처기술의 검토와 실습, 차질<sub>setback</sub>에 대해 대처기술로 대비하기, 그리고 실수를 정상화하는 것들이 포함된다. 벡(2011) 그리고 말렛과 도노반(2005)은 서서히 회기를 줄이는 것 tapering sessions과 종결 후 효과 촉진 회기<sub>booster session</sub>를 고려할 것을 제안하고 있고, 양측 모두 자기효능감과 사회적 지지의 중요성을 언급하고 있다. 이번 장에서 우리는 초기 치료계획을 세운 후에 변화를 유지<sub>maintenance</sub>하도록 돕는 CBT의 전략들과 MI의 통합을 다룰 것이다.

## 관계 형성하기

관계 형성하기의 첫 번째 신조는 '재발'이라는 용어를 피하는 것이다. 밀러는 '재발'이라는 용어를 사용하는 것은 변화를 유지하는 것과 관련하여 오직 두 가지 상태, 즉 성공 또는 실패만이 있다고 여기는 것이라고 주장한다(Miller, Forcehimes, & Zweben, 2011). 변화유지의 과정은 마치 밀물과 썰물처럼 개입 전의 양가성(양가감정)의 상태로 되돌아가기도 하며 빈도와 강도에서 상당한 변화를 보일 수 있다. 따라서 내담자의 변화에 대한 '과오<sub>lapse</sub>'나 '재발<sub>relapse</sub>'을 '일시적인 차질'이나 '실수<sub>slips</sub>'의 관점으로 이해하는 것이 중요하다. 만약, 내담자가 변화를 유지하는 것을 어려워한다면 공감을 표현하고, 일시적인 실수들에 대한 내담자의 견해를 이끌어내야 한다. 그리고 변화의 방향으로 다시 선택하는 과정에서 자율성과 선택권을 존중해 주어야 한다.

'목표 위반 효과<sub>goal violation effect</sub>'는 어떤 차질에 마주해서 행동변화의 추구를 포기하는 현상을 말한다. 그것은 본래 중독에 대한 재발예방이라는 말렛의 모델에서 제기되었는데, '금욕 위반 효과<sub>abstinence violation effect</sub>'로서 언급되었다(Marlatt & George, 1984). 만약에 내담자가 차질이나 실수를 회복할 수 없는 실패의 관점으로 본다면, 이전의 변화유지 상태로 되돌아가는 것이 훨씬 더 힘들 것이다. 따라서 실수를 학습경험<sub>learning experience</sub>의 관점으로 여기는 것이 장기적으로는 변화유지 가능성을 극대화시키는 데 도움을 줄 수 있다. 따라서 실수에 대하여 공감을 표현하는 것은 관계 형성의 중요한 부분이다. 내담자가 표현하는 것이 정상적인 변화 과정의 한 부분이라는 것을 나타내는 말 또는 진술을 덧붙이는 반영인 '정상화하는 반영normalizing reflection'이 중요하다. 또한 ATA를 사용하여 실수와 재발의 차이점을 토론하는 것은 위반 효과를 예방할 수 있다.

실수를 학습경험으로 여기는 것은 행동변화를 장기간 유지할 기회를 높여준다.

> **전문가**: 유진 씨가 괜찮다면, 유진 씨가 이루어 낸 변화들을 유지할 때 사람들이 재발이라고 부르는 것과 정상적인 것 사이의 차이점을 논의해 보는 것이 도움이 될 수도 있어요. [묻기]
>
> **유진**: 네, 재발은 망쳐 버리는 거죠.
>
> **전문가**: 만약 유진 씨가 약물복용을 잊어버린다면 그것은 일을 망치는 것과 같군요. [반영하기] 약물복용을 잊어버리는 것과 같은 실수를 하는 것도 때로는 정상적인 변화의 과정인 것이죠. 어느 누구도 완벽하지 않아요. 유진 씨가 처음 시작했을 때처럼 처음부터 다시 시작해야 한다는 것을 의미하지는 않지요. [알려주기]
>
> **유진**: 제 몸이 다시 안 좋아져서 남자친구를 감염시키게 되는 것이 두려워요.
>
> **전문가**: 이루어 낸 변화들을 잃어버릴까 봐 두려움을 느끼고 있군요. 이해됩니다. [반영하기] 유진 씨가 실수를 할 때 스스로에게 관대해질 필요가 있어요. 그리고 다시 원래 모습으로 되돌아가는 것은 변화 과정의 일부분이죠. 스스로를 비난하면서 오래된 패턴으로 다시 돌아가는 것보다 더 도움이 될 거예요. 재발보다 실수로 생각하는 방식에 대해 어떻게 생각하시나요? [묻기]
>
> **유진**: 저희 엄마는 항상 말했어요. 모든 사람이 실수를 하니까, 저도 실수에 대해 괜찮게 생각해야 한다고요.

　내담자가 초기에 성공적인 변화를 이뤄낸 후, 치료가 여전히 필요한지에 관해 생각하게 되는 일은 일반적이다. 일시적으로 실패가 예상되는 상황이라면, 변화유지를 지지해 줄 치료계획에 대한 동기를 새롭게 하는 작업이 필요할 수도 있다. 따라서 ATA로 근거를 사전에 논의할 시간을 갖도록 한다. 변화를 유지하기 위한 치료를 계속하는 것에 대한 양가감정은 당연하다는 점을 강조하면서 정상화하는 반영을 제공하도록 한다. 다음의 예처럼, 치료의 변화유지 단계에 대하여 선택권을 제공함으로써 당신은 자율성을 한층 더 지지할 수 있다.

**전문가**: 과식을 하는 실수로 이끄는 것이 무엇인지를 파악하는 것이 명희는 왜 중요하다고 생각하나요? [묻기]

**명희**: 글쎄요, 제 생각에는 실수를 하는 상황들을 피할 수 있을 것 같아요.

**전문가**: 우리는 이러한 촉발요인들에 대해 대처하는 방법을 알아내는 데 앞으로 몇 회기의 시간을 가질 수 있어요. 이것은 명희가 이루어 낸 변화들을 유지하는 데 도움이 될 수 있을 거예요. [실행 반영과 묻기] 오늘 촉발요인들에 대한 목록작성을 시작하는 것은 어떨까요? [묻기]

**명희**: 괜찮을 거 같네요. 얼마나 걸릴까요?

**전문가**: 치료 기간이 얼마나 걸릴지 궁금하시군요. [반영하기] 그것은 명희에게 달려 있어요. [자율성 지지하기] 우리는 촉발요인들을 다룰 기술들을 연습하고 일어날 수 있는 실수들—변화유지에 대해 작업할 때 흔히 있는—에 대하여 대화를 하는 데 몇 회기를 진행할 수 있어요. [알려주기] 명희는 이런 방식에 대해 어떻게 생각하나요? [묻기]

**명희**: 좋아요. 괜찮을 거 같네요. 그런데 저는 여전히 과식을 하고 싶은 유혹을 느끼게 돼요.

**전문가**: 여전히 과식하고 싶은 유혹을 느끼는군요. [정상화하는 반영] 회기를 마무리 짓고 있었지만, 명희가 필요하다면 유혹을 극복하도록 우리는 계속해서 매주 만날 수 있어요. 또는 격주로 바꾸고서 명희가 준비가 되면 한 달에 한 번으로 줄일 수도 있고요. [옵션 메뉴 제공]


# 초점 맞추기


초기 치료계획을 세우는 목표가 완수되었지만, 변화유지 회기maintenance sessions에서는 다시 초점 맞추기refocusing의 과정과 함께 시작된다. 초점 맞추기는 대화의 범위—사고, 감정, 관심사뿐 아니라 목표와 과업도 포함시킬 수 있다—를 결정하는 협동적인 과정이라는 점을 상기해야 한다. 치료의 변화유지 단계에서 가치와 목표가 달라졌을 수도 있다. 그리고 내담자의 현재 관심사를 탐색하는 작업은 내담자의 현재 가치관과 조화를 이루는 변화유지 목표들에 대하여 치료의 초점을 다시 맞추는 일에 도움이 될 수 있다.

**전문가**: 지금 우리는 기본적으로 불안 순위 목록에 있는 모든 항목들을 진행해 왔어요. 상현 씨는 다음 과정이 무엇이라고 생각하나요? [열린 질문]

**상현**: 음, 확실하진 않지만요, 선생님, 처음에는 어려웠지만 이제는 제가 열심히만 노력하면 제가 해내야 할 것들을 해낼 수 있다고 생각해요.

**전문가**: 상현 씨는 분명 많은 발전을 보여 왔죠. [반영하기] 상현 씨는 그런 발전에 대해 어떤 마음이 드나요? [열린 질문]

**상현**: 기분은 좋아요. 그리고 저는 정말 과거 상황으로 되돌아가고 싶지는 않아요.

**전문가**: 상현 씨는 발전을 계속하기를 원하는군요. 그래서 과거 상황으로 다시 되돌아가지 않으려 하는군요. [반영하기] 우리는 이런 변화들을 유지하기 위한 다음 단계가 무엇일지 논의해 볼 수 있어요.

**상현**: 네, 다음 단계가 궁금하네요.

**전문가**: 우리는 세 가지 각각의 목표를 고려하면서 시작했었는데요, 첫째로는 당신의 불안을, 둘째로는 충분한 교우관계의 부족으로 인한 당신의 우울한 기분을, 셋째로는 음주에 대해 다뤘었죠. [요약 반영]

**상현**: 네, 이제 저는 제가 불안감을 통제하고 있다고는 생각해요. 하지만 여전히 새로운 친구들을 사귀지는 못하고 있어요.

**전문가**: 여전히 친구를 사귀는 것에 대한 목표들이 있군요. [반영하기] 기분에 대해서는 어떤가요? [열린 질문]

**상현**: 조금 나아지긴 하지만 여전히 학교에 가면 친구가 몇 명이라도 있었으면 좋겠어요.

**전문가**: 기분은 약간 나아졌지만, 학교에서 친구를 사귀는 것이 이제 주된 목표인 거군요. [반영하기]

**상현**: 친구를 사귀는 것이 노출치료보다 더 힘들 수도 있겠지만, 그렇지 않을 수도 있을 거라고도 생각해요.

**전문가**: 비록 노출치료가 힘들긴 했어도 상현 씨는 그것을 해냈어요. [인정 반영] 그래서 이제 친구를 사귀는 일에 초점을 두기를 바라는군요. 아마도 동일한 단계적 접근법을 사용해서요. [실행 반영]

잠재적인 촉발요인들과 가능한 대처계획들에 대하여 협력적으로 사정하는 작업은 치료의 변화유지 단계를 위한 구체적 목표에 초점을 맞추는 데 기여할 수 있다(내담자 유인물 8-1 참조). 쉽게 촉발요인을 발견하지 못하는 내담자들을 위하여 상당수의 CBT 접근들이 안내식 면담guided interview이나 기능 분석을 추천하고 있다(예: Witkiewitz & Marlatt, 2007). 선행사건은 개인 내면(감정, 생각) 또는 개인 외부(사람, 장소, 상황)와 관련될 수 있고, 이러한 촉발요인들은 대부분 인지 모델이 말하는 바에 따라 연결되어 있다. 변화유지 단계에서는 실수를 유발하는 촉발요인들뿐만 아니라 성공적 행동 변화에 대한 선행요인과 결과들을 판정하는 일은 특히 중요하다. 이러한 정보는 촉발요인을 관리하는 대처계획들을 지원해 줄 것이다.

앞서 3장에서 설명된 바와 같이, 반영과 질문을 균형 있게 진행하고 멈추어서 요약을 하고 '큰 그림을 그려봄connect the dots'으로써 MI를 평가 과정에 통합한다. 실행 반영을 사용해서 잠재적 대처전략들을 반영 속에 새겨넣는다. 실행 반영에는 하위 유형 세 가지—행동 제안behavioral suggestion, 인지 제안cognitive suggestion, 행동 배제behavior exclusion—가 있다는 사실을 기억하라. 다음의 예는 왜 변화를 유지해야 하는지에서 어떻게 유지해야 하는지로 옮겨가기 위하여 어떻게 실행 반영들을 짜 넣을 것인가를 보여 준다.

실행 반영에 행동 제안 포함하기: 당신이 외로움을 느낄 때 과식을 할 가능성이 더 많이 있는데, 당신을 지지할 적합한 사람들을 파악해 놓는 일은 이러한 촉발요인을 피하는 데 도움이 될 수도 있다.

실행 반영에 인지 제안 포함하기: 당신이 외로움을 느낄 때 우울해질 가능성이 더 많이 있는데, 어떻게 그러한 외로운 느낌들을 감내할지 생각해 놓는 일은 이러한 촉발요인을 관리하는 데 도움이 될 수도 있다.

실행 반영에 행동 배제 포함하기: 당신이 외로움을 느낄 때 남자친구와 대화를 나누기 위해 노력하겠지만, 당신이 그에게 의지할 수 있다는 점을 확신하지 못하기 때문에 그러한 시도가 항상 효과적이지는 않다. 그래서 몇 가지 다른 전략들도 생각해 놓는 것이 도움이 될 수도 있다.

1장에서 우리는 교정반사, 즉 잘못된 것으로 지각되는 상황을 바로잡으려는 인간의 경향에 대하여 설명하였다. 이러한 반사는 종종 조급하게 문제를 해결하려 하거나 조언 제공하기로 나타나는데, 이는 둘 다 MI 정신에 어긋난다. 여러 가지 이유에서 교정반사는 치료의 변화유지 단계에서 특히 심할 수 있다. 첫째, 당신은 동맹이 튼튼하다고 느껴서 내담자가 더 많은 조언 제공하기와 문제 해결하기를 감내할 것이라고 생각할 수도 있다. 둘째, 당신이 치료의 시작 시점에 비해서 내담자를 매우 잘 알고 있기 때문에, 당신은 이러한 앎에 근거한 정보나 조언을 제공하는 일에 끌릴 수도 있는데, 그것이 당신이 내담자에 대해 알고 있는 것들에 근거하기 때문에 여전히 내담자 중심 태도being client-centered를 유지하고 있다고 스스로 합리화하게 된다. 셋째, 내담자가 처음으로 호전되기 시작할 때, 당신은 내담자에게 앞으로 일어날 수 있는 실수로부터 학습할 여유를 주는 대신, 취약한 상태에 있는 내담자의 치료에 대해 책임을 지는 일에 대한 압박감이 늘어나는 것을 느낄 수도 있다. 끝으로, 종결이 가까워짐에 따라 서두르는 느낌이 들면서 당신은 변화유지 단계를 진전시키는 방법으로서 정보나 조언을 제공하도록 끌리는 느낌이 들 수도 있다.

하지만 앞에서 언급한 바와 같이, 변화유지 단계에서 동기 수준이 올라갔다 내려갔다를 거듭할 때 관계 형성은 여전히 매우 중요한 과정이 된다. 내담자에게 해결책을 제시하는 것은 그들이 스스로의 안내자로서 기여할 수 있는 능력을 훼손할 수도 있다. 당신이 불확실성에 대한 자신의 감내력을 증가시키는 것은 교정반사에 저항할 수 있게 해 줄 것이다. 촉발요인들 및 관련된 대처계획들을 파악하는 데 있어 모호함을 감내하는 것은 실수가 발생할 때 그것을 탐색하는 것을 통해서뿐만 아니라 면담 과정을 통해서 드러날 수 있도록 해 준다. 이러한 방식으로, 변화유지 단계에 초점을 맞추는 시점에서 당신은 승객석에서 항해를 계속 돕는 가운데 내담자가 여전히 운전자석에 있도록 보장한다.

# 유발하기

당신은 변화유지 단계에서 유발하기 과정을 서둘러야 한다고 느낄 수도 있다. 하지만 행동과 상황 전반에 걸쳐 차질이 발생하는 비율이 높은 경우는 이러한 과정의 중요성을 강조해야 할 상황이다. 실수 뒤에 결단을 새롭게 갱신하는 일은 추가적인 실수를 예방하기 위해 특히나 중요하다. 우리는 변화 동기를 유지하기 위해 특정한 방식들을 활용하는데, 여기에는 변화유지에 대한 동기를 유발하는 언어의 구체성specificity, 성과 예측의 역할을 이해하는 것,

가치관과 목표 사이의 불일치를 탐색하는 것, 그리고 자기효능감을 지지하는 것이 포함된다.

## 언어의 구체성

MI는 목표 지향적이고, MI−CBT 통합에서 당신은 내담자를 분명한 변화 목표로 안내하게 된다. 동기는 이러한 목표의 구체성에 기초하여 보류될 수 있다. 예를 들어, 어떤 내담자는 자신이 이루어 낸 진전을 계속해 가는 것에 대해 상대적으로 높은 동기를 나타낼 수도 있지만, 당신이 더 많은 탐색을 함에 따라 그는 특정한 촉발요인들의 맥락에서는 어떤 행동을 유지하는 것에 대하여 더욱 양가적임을 드러낼 수도 있다. 따라서 당신은 초점 맞추기 과정에서 결정된 특정한 변화유지 목표에 대한 변화대화와 결단을 이끌어내고 강화하는 언어를 사용하여야 한다.

여기서 당신이 사용하는 언어의 구체성이 중요하다. 치료의 초기 단계들에서 변화대화는 전반적으로 변화를 다루는 반면, 변화유지에 대한 변화대화는 변화를 유지하는 일에 대해서 구체적이다(예: "저는 실업자 상태로 돌아가길 원하지 않기 때문에 금주상태를 지속하는 게 중요합니다." "저는 살을 뺀 후 제가 느끼는 상태가 좋고 그 상태가 지속되기를 바랍니다."). 변화유지에 대한 변화대화는 또한 변화유지에 대한 욕구, 능력, 이유, 필요 그리고 결심을 포함할 수도 있다(예: "저는 처음부터 다시 시작하길 원치 않아요. 그렇기 때문에 비록 제가 기분이 나아진 걸 느끼고 있지만 계속해서 회기에 오는 걸 유지하는 게 필요하다는 걸 알고 있어요"). 따라서 변화유지에 대한 변화대화를 이끌어낼 수 있고 이어서 변화유지를 강화할 수 있는 당신의 전략들을 활용하도록 한다(예: 반영의 활용). 다음의 예에서, 전문가가 변화를 유지하기 위하여 특정한 열린 질문과 반영을 활용하여 변화유지에 대한 변화대화를 어떻게 구체적으로 이끌어내고 강화하는지 보기 바란다.

> **전문가**: 세아 씨는 매우 어려운 변화들을 이루어 냈어요. 왜 이러한 변화들을 유지해야 한다고 느끼죠? [묻기]
>
> **세아** : 음, 처음에 저는 가족들을 위해 이것을 했지만 이제는 저 자신을 위해서 하고 있어요. 저는 지금의 저를 이전보다 훨씬 더 좋아해요.
>
> **전문가**: 세아 씨는 지금의 자신을 좋아하고 그런 상태를 지속하길 바라기 때문에 이러한 변화들을 유지하길 원하는군요. [반영하기]

유사하게, 중요성 척도와 같은 당신의 유발하기 전략들은(4장 및 7장 참조) 변화유지를 위하여 구체화될 수 있을 것이다.

> **전문가:** 철수 씨, 1에서 10의 척도 상에서, 이제 보호관찰이 끝났다면 금주를 유지한다는 게 자신에게 얼마나 중요할까요? [유발 질문]
>
> **철수 :** 대략 6 정도요.
>
> **전문가:** 중간쯤이지만 더 중요한 쪽이군요. [반영하기] 무엇 때문에 당신이 만든 변화들을 유지하는 데 있어서 더 낮은 숫자가 아닌 6이라고 말했죠? [변화대화를 이끌어내는 열린 질문]
>
> **철수 :** 저는 컵에 소변을 받아낼 필요가 없어지자마자 술을 마시기 시작하리라 생각했지만 저희 가족들은 이제 훨씬 더 행복해합니다.
>
> **전문가:** 당신은 가족이 행복하길 바라고 이전의 상황으로 돌아가고 싶지 않기 때문에 당신이 만든 변화들을 유지하는 것이 중요하군요. [변화대화 반영하기]

> 치료의 초기 단계들에서 변화대화는 전반적으로 변화를 다룬다. 이러한 단계에서 변화대화는 변화를 유지하는 일에 초점을 맞춘다.

## 성과 예측

내담자가 어떤 실수를 한 뒤에 하게 되는 생각은 그 사람이 실수를 더 하게 될 것인지에 대해서 핵심적인 결정 요소로 고려된다(Marlatt & Donovan, 2005). 타깃 행동에 관여하는 긍정적인 성과 예측(예: 음주가 긴장을 풀어줄 것이다) 또는 변화를 유지하는 것에 대한 부정적인 성과 예측(만약 이 파티에 간다면 나는 초조해질 거야)을 하는 사람들은 변화를 유지하는 데 어려움이 있을 가능성이 더 높다. 변화를 유지하기 위하여 욕구, 능력, 이유, 그리고 필요를 살펴보는 일은 변화에 긍정적인 성과 예측을 지지해 준다. 당신은 오래된 부정적 행동들(회피 목표)을 피하는 것에 대한 이유들을 이끌어낼 수도 있다. 하지만 변화대화와 새로운 행동을 유지하는 것(변화유지 목표)에 대한 결단 언어를 강조하는 것이 훨씬 더 중요함을 강조하는 몇 가지 증거가 있다(Nickoletti & Taussig, 2006; O'Connell, Cook, Gerkovich, Potocky, & Swan, 1990). 예를 들어, 실수에 대해 논의할 때, 하루 동안 침대에 누워 있거나 비디오 게임을 피하는 것 대신 운동의 기쁨과 체육관에 돌아가는 것의 기쁨, 마음챙김을 사용할 때 이완되는 느낌, 또는 즐거운 활동들을 계획할 때 경험할 수 있는 긍정적 기분들에 대하여 변화대화를 이끌어내는 것이 유용할 수 있다. 이것은 관계의 재형성_reengagement 그리고 더 습관적인 활동에 대한 지속적인 참여의 가능성을 증가시킬 수도 있다.

## 불일치감 만들기

변화유지에 대한 변화대화를 이끌어내는 또 다른 방법은 내담자의 가치관 및 목표들과 실수나 차질들 사이의 불일치를 살펴보는 것이다. 첫째, 앞서 논의되었던 가치관을 반영해 주고 내담자가 초기의 행동 변화를 경험한 이래로 개발된 새로운 가치와 목표들을 탐색한다. 그런 다음에는 특히 실수 뒤에 단기적 욕구들(예: 스트레스 다루기)—이는 장기간의 가치나 목표와 상충할 수도 있다(예: 만성적인 신체 질환 예방하기)—에 공감을 표현하라. 양면 반영은 불일치감을 강조하기 위하여 공감과 함께 사용될 수 있다. "스트레스를 받을 때 과식하는 것을 피하는 것은 분명 어려운 일입니다만, 당신은 당뇨병에 대해 걱정하지 않는 것이 중요하다고 말씀하시는군요." 불일치감을 강조한 다음에 유발적인 열린 질문이 따라올 수 있다. "원래대로 돌아오기 위해서 무엇을 해 보고 싶나요?"

## 자기효능감 증진시키기

앞에서도 언급되었듯이, 자기효능감은 성공적으로 변화를 유지하기 위한 핵심적인 예측 변수로 여겨진다(Beshai, Dobson, Bockting, & Quigley, 2011; Herz et al., 2000; Lam & Wong, 2005; Marlatt & Donovan, 2005; Minami et al., 2008; Nigg, Borrelli, Maddock, & Dishman, 2008). 하지만 어떻게 자기효능감을 정확하게 지지할지를 구체화한 유지 개입방법은 거의 없다. 이전 장에서 설명된 것처럼, 기술을 구축하는 단계들은 유능감을 증진시키는 방법들이다. 촉발요인을 관리하기 위한 대처 기술을 연습하기 위해 이러한 단계들(모델링, 사전연습 그리고 피드백)을 계속해서 활용하도록 한다.

내담자가 차질을 겪은 후 효능감을 지지하기 위한 추가적인 전략들이 필요할 수도 있다. 인정("당신은 자신의 목표에 대해 매우 끈기가 있군요.") 그리고 변화를 유지하는 능력에 대한 변화대화를 이끌어내기 위한 열린 질문("이전에는 변화를 어떻게 유지해 왔나요?")을 계속해서 활용한다. 내담자가 여태껏 어려운 변화들을 성취하기 위해 활용해 온 강점들을 이끌어내도록 한다("바이러스 수준을 낮추기 위해 어떤 강점들을 사용하셨나요?"). 내담자가 개인의 강점들을 쉽게 식별할 수 없을 때—특히 변화유지와 관련하여—내담자의 강점에 대해 다른 사람들(친구, 가족)은 무어라고 말하는지 알아보는 것이 유용할 수 있다("당신의 어머니는 당신이 매우 강한 사람이라고 말씀하신다고 했죠. 강한 사람이 되는 것이 당신이 자신의 음주에 대해 이루어 낸 변화를 유지하도록 어떻게 도울 수 있을까요?"). 또 다른 전략은 변화를 유지하기 위한 내담자의 능력과 관련하여 희망과 낙관주의를 직접 전하는 것이다. 이것은 변화에 대한 포괄적인 믿음이 될 필요는 없지만, 특정한 제약들과 연결될 수 있다. 예를 들면, 이렇게 말할 수 있다. "제 생각에는요, 당신은 [실수를 한 다음에] 정상 궤도로 복귀할 수 있다고 생각해요, 가족으로부터 도움을 받는다면 말이죠." 전문가의 낙관론은 긍정적 치료 성과에서 분명한 공통 요인이라는 사실을 연구는 제시하고 있다(Lambert & Barley, 2001).

폴리비와 허먼(Polivy & Herman, 2002)은 자기효능감에 대한 중요한 포인트를 강조한다. 그들은 '거짓 희망 증후군'을 "자기변화 시도들의 가능한 속도, 양, 용이함, 그리고 결과들에 대한 비현실적인 기대"(p. 677)로 정의한다. 지나친 자신감과 비현실적인 목표 설정은 종종 성공적인 변화를 저해한다. 사실 그들의 관찰은 치료가 끝날 때쯤 현실적인 자기효능감(즉, 내담자의 체험에 의해 획득된 자기효능감)을 충분히 갖는 것이 자기효능감이 아직 '획득'되지 않았을 때인 치료의 시작 무렵에서의 자기효능감보다 성공을 더 잘 예견할 수 있다는 점을 시사한다. 따라서 과거에 성공했던 구체적인 변화 시도들과 기술의 성공적인 학습에 대한 자신감을 쌓는 시도를 해 보는 것은 희망과 낙관성에 대한 포괄적인 표현보다 더욱 강력할 것이다. 이러한 거짓 희망 증후군은 다음에서 보듯이 계획하기에 대하여 몇 가지 함의를 가진다.

## 계획하기

경직된 '이분법적인' 목표를 정하는 사람들은 실수를 실패로 간주하면서 목표 위반 효과를 경험할 가능성이 더욱 크다. 목표가 유연할 때, 실수를 한 뒤 긍정적 행동 변화로 돌아올 가능성이 더욱 크다(예: Marcus et al., 2000; Marlatt & Gordon, 1985). 예를 들어, 전통적인 익명의 알코올 중독자들 모임traditional Alcoholics Anonymous(AA)의 관점에서, 내담자는 영구적인 금주(또는 우울증의 경우, 다시는 우울감을 느끼지 않겠다고 하기)라는 엄격한 목표를 세우는 것 대신에 '한 번에 하루씩'을 위한 계획하기에 대해 생각해 볼 수 있다. 이는 금주가 내담자의 궁극적 목표가 될 수 없다고 말하는 것이 아니라, 유연한 단기 목표는 실수나 차질

## 나의 계획

내가 유지하고자 하는 변화들:

1. 금주 유지하기

2. 0~100 척도에서 20 이상의 슬픔 평가를 유지하기

3. 아내와의 관계를 향상시키기 위해 계속해서 노력하기


이러한 변화들은 나에게 중요하다. 왜냐하면:

1. 나는 법적인 곤경과 감옥에서 빠져나와야 한다.

2. 나는 아내가 행복하길 원한다.

3. 나는 모든 이에게 내가 금주 상태를 유지할 수 있음을 보여 주고 싶다.

4. 나는 이제 매일 정신을 차리고 있기를 기대하고, 그 느낌이 지속되길 바란다.


나는 거절 기술을 위하여 이러한 단계를 수행할 계획이다(무엇을, 어디서, 언제, 어떻게):

1. 활동 일정을 잡는 걸 계속하고 그 활동들을 매일매일 해낸다.

2. 계속해서 거절 기술을 사용하고 갈망을 관리한다.

3. 분노 다루기를 지속해서 활용한다.

4. 계속해서 소통기술에 대해 작업하고 최소한 일주일에 한 번은 유인물의 '팁'을 읽는다.


| 만약(If) 계획대로 되지 않으면 | 그러면(Then) 이렇게 시도한다. |
|---|---|
| 아내와 말다툼 뒤에는 동기를 잃어버린다. | 내가 이룬 성공들 그리고 계속해서 시도하는 게 왜 중요한지 나 자신에게 상기시킨다. |
| | 만약 동기를 유지하는 것에 어려움을 겪는다면(만약 내가 스스로에게 "그건 잊어버려" 또는 "그건 그럴만한 가치가 없어"라고 말하기 시작한다면) 치료로 되돌아 간다. |
| 나는 일정 잡힌 활동들을 하기에 너무 바쁘다. | 하루에 최소 하나의 활동을 계속 유지하기 위한 스케줄을 다시 우선시키고, 그 활동들을 하는 게 어떻게 나를 도왔는지 스스로 상기해 본다. |
| 나는 절주상태에서 실수를 한다. | 나의 슬립(SLIP) 계획을 활용한다. |
| | 만약 내가 한 달 안에 한 가지 이상의 실수를 한다면 치료로 되돌아간다. |

**[그림 8-1]** 철수의 변화유지를 위한 계획

에 대한 정상화를 허용해 줄 수 있다는 것이다. 그러므로 옵션 메뉴를 제공하는 것이 유연한 목표 설정을 지원할 수 있도록 하는 가운데 자율성을 지지하고 따라서 변화유지 기회를 극대화할 수 있다. 아울러 메뉴를 제공함으로써 성공에 대한 여러 길이 있다는 생각을 당신이 지원함에 따라 내담자가 제안을 거절할 가능성도 낮아진다. 만약 어떤 것이 성공적이지 못하다면, 앞으로는 다른 것을 고려할 수 있다.

> 유연한 단기 목표는 실수나 차질에 대한 정상화를 허용해 줄 수 있다.

변화유지 계획을 구체화하는 작업은 초기 변화에 대한 계획을 세울 때의 구성요소와 비슷하지만(예: 변화대화 요약하기, 단기적인 단계들 개발하기, 잠재적인 방해물들 이끌어내기, 그리고 방해물 대처계획 논의하기), 그 언어는 변화유지에 대한 것이다. 여기에는 변화유지에 대한 변화대화 요약하기, 대처기술 발전을 위한 단기적인 단계들을 이끌어내기, 잠재적인 방해물들을 논의하기, 촉발요인들을 피하기 위한 방해물 대처계획을 개발하기, 그리고 변화유지를 지지하기 위한 대처계획을 시행할 회기 사이의 실습을 결정하기가 포함된다(내담자 유인물 8-2와 작성 사례로서 [그림 8-1] 참조). 방해물 대처계획의 일부로서 효과 촉진 회기booster sessions를 포함하는 것을 고려하라. 변화유지 계획하기 과정 동안 내담자 자신이 어떻게 목표를 성취하고 잠재적인 방해물을 극복할지 자세히 설명할 수 없다면, 이것은 거짓 희망을 지녔다는 신호일 수도 있다. 그러면 당신은 그들을 좀 더 현실적인 목표와 계획으로 안내해야 한다.

사회적 지지는 변화유지에 대한 예측 변수로서 오랫동안 확인되어 왔다(예: Havassy, Hall, & Wasserman, 1991; Perri, Sears, & Clark, 1993). 행동 변화를 유지하기 위한 사회적 지지를 증진시키기 위해 사용되는 방법들이 몇 가지 있다. 다중 행동 영역들에 대한 개입들은 종종 배우자나 다른 가족 구성원을 포함한다(Anderson, Wojcik, Winett, & Williams, 2006; Bird et al., 2010; Kiernan et al., 2012; Lobban & Barrowclough, 2009; Orsega-Smith, Payne, Mowen, Ho, & Godbey, 2007; Westmaas, Bontemps-Jones, & Bauer, 2010). 지지그룹에의 참여를 격려하는 것은 또 다른 방법이다(Amati et al., 2007; Douaihy et al., 2007). 개별 수준의 개입들로는 특히 사회적 지지의 확인, 다른 지지적인 사람들과의 소통, 부정적인 사회적 영향들에 대한 회피를 다루는 기술훈련 구성요소들을 진행해 볼 수도 있다(Marlatt & Donovan, 2005; Westmaas et al., 2010). 끝으로, 당신은 사회적 지지(예: "산책하러 갈 마음이 들지 않으면 친구에게 함께하자고 부탁하겠다.")를 포함해서 방해물들을 극복하기 위한 방해물 대처계획에 대한 옵션 메뉴를 제공할 수도 있다.

**☺ 최종적인 계획 수립을 위한 탑: 종결 회기**

다음은 종결 회기에 필수적인 요소들이다([그림 8-2] 참조). 첫째, 내담자에게 긍정적 변화들에 대해 그들 자신이 지각하고 있는 것들에 대해서 물어보고 그것들을 반영하고 인정하라. 둘째, 긍정적인 변화들에 대해 당신 자신이 지각한 것들을 알려주면서, 그러한 변화들의 공을 내담자의 사고, 감정, 행동들에-당신의 노력들이 아닌-돌리도록 한다. 이러한 진술들은 긍정적이어야 하고 '비록 당신이 ～하[이]더라도' 또는 '～을 제외하고는'처럼 한정하는 수식 어구들로부터 상대적으로 자유로워야 한다.

셋째, 열린 질문을 통해 종결에 대한 감정들을 탐색하고 정상화하는 반영들을 사용하라. 넷째, 미래를 향한 희망과 낙관주의를 표현하면서, 내담자에 대한 당신의 앎에 기초하는 진술들을 만들어 내도록 한다("이러한 모든 도전 과제에 대한 당신의 끈기를 고려해 볼 때, 저는 당신이 목표를 향해 계속해서 노력할 것이라고 믿습니다."). 다섯째, 전화 접촉, 효과 촉진 회기, 또는 지속적인 치료에 대한 옵션 메뉴를 제공하라. 끝으로, 가능한 한 가장 좋은 요약으로 마무리를 짓는데, 여기에 내담자가 시작했던 지점과 끝낸 지점을 포함한다. 그리고 내담자의 변화대화와 결단 언어에서 가장 좋은 예들을 새겨 넣도록 한다.

---

• 치료 전반을 통해 긍정적 변화에 대해 내담자가 지각하고 있는 것들에 대해 물어보도록 한다.
• 반영하고 인정한다.
• 긍정적 변화들에 대한 당신 자신이 지각한 것들을 알려준다.
• 열린 질문과 반영을 통해 종결에 대한 감정들을 탐색한다.
• 구체적인 희망과 낙관주의를 내담자의 강점에 기반하여 표현한다.
• 향후 접촉을 위한 옵션 메뉴들을 제공한다.
• 지속적인 변화계획을 개발한다.
• 지금까지의 여정을 내담자가 시작했던 지점과 끝낸 지점, 인정, 그리고 이 과정에서 내담자가 말했던 변화대화의 구체적 예들을 포함하는 요약을 통해 부각한다.

**[그림 8-2]** 종결 회기의 필수 요소 체크리스트

# MI-CBT 딜레마

핵심 딜레마는 변화유지 단계로 언제 이동하느냐이다. MI-CBT 통합치료에서는 당신이 선택하는 것이 아니며, 오히려 그것은 협력적인 의사결정이다. 지금까지 이 안내서를 따라왔다면, 당신과 내담자는 특정한 목표들에 대한 치료 작업 계획을 갖고서 협동적으로 치료계획을 개발해 오고, 치료 작업 전반에 걸쳐서 이러한 계획을 수정해 왔을 것이다. 목표들이 달성되었을 때 당신은 종결을 준비하는가? 증상이 언제 완전히 가라앉았나? 금단을 일정기간 성취한 것은 언제인가? 내담자가 더 이상 타깃 행동을 보이지 않은 것은 언제인가? 내담자가 종결을 준비하기를 원하지만 당신이 생각하기에는 치료 작업이 더 필요하다고 생각한다면 어떻게 하는가? 당신은 내담자가 변화유지 및 종결을 할 준비가 되었다고 생각하지만 내담자는 그렇게 생각하지 않는다면 어떻게 하는가? 우리는 이러한 딜레마에 대해 기술하기는 하지만, 당신과 내담자 사이의 의사결정이므로 우리가 해답을 제공할 수는 없다. ATA를 사용하여 당신은 내담자의 지각을 이끌어내고, 당신 자신의 관점을 제공하며, 그러고 나서 내담자의 반응을 이끌어낸다.

궁극적으로 그것을 결정하는 것은 내담자라고 우리는 믿는다. 당신과 내담자는 치료가 종결에 가까이 왔다는 것에 대해 동의하지 않을 수도 있겠지만, 내담자를 만족시킨 치료 목표들의 완수는 이제 변화유지 단계로 이동해야 할 시기임을 가리키는 좋은 지표일 수도 있다. 이전 장에서 논의된 딜레마와 비슷하게, 당신이 생각하기에 내담자가 준비가 되어 있지 않다면, 당신은 ATA를 활용하여 당신의 의견을 솔직하게 알릴 수 있다. 당신은 종결에 대한 내담자의 선호도가 실현될 것이라는 희망을 여전히 전달할 수 있고, 동맹을 구축함으로써 내담자가 여전히 어려움을 겪고 있을 경우 당신의 조언이 향후에 고려될 수 있도록 할 수 있다.

## 유지에 대한 변화대화 이끌어내고 강화하기

초기 치료 단계들에서의 변화대화는 전반적으로 초기의 변화 또는 행동 변화를 만들어 내기 위하여 욕구, 능력, 이유, 필요, 결단을 다룰 수 있다. 변화유지에 대한 변화대화는 특히 변화를 유지하는 것에 대한 것이다. 예를 들어, "활력을 갖는 게 좋기 때문에 건강을 유지하는 게 제게는 중요해요." "저는 운동을 시작한 후 내가 느끼는 상태가 좋고, 그런 상태를 유지하길 원해요." 유지에 대한 변화대화에는 또한 변화유지 치료 단계에 대한 욕구, 능력, 이유, 필요 그리고 결단이 포함될 수 있다. 예를 들어, "제가 더 많은 회기가 필요하다는 걸 이해하고 있어요. 다시 실수하지 않는 걸 확실히 하고 싶기 때문이죠." 변화유지에 대한 변화대화를 이끌어내기 위해 당신이 사용하는 언어는 반드시 변화유지를 향해 특정되어야 하는데, 변화대화를 이끌어내기 위한 전략들 그리고 변화대화를 강화하기 위한 기술들 이 두 가지 측면에서 그러하다.

**활동목표**: 이 활동에서는 변화유지에 대한 변화대화를 이끌어내고 강화하는 방법을 연습한다.

**활동지침**: 아래의 각 진술은 반영 또는 열린 질문과 함께 사용하면서 변화대화를 이끌어내거나 강화하기 위하여 의도한 것이다. 진술문을 편집하여 변화유지에 대한 변화대화를 이끌어내고 강화하도록 한다. 고려해 볼 어구들로는 '유지하다maintain' '계속하다continue' '지탱하다stay' '지속하다keep up' '계속해 나가다keep it going' '여전히 ~이다remain' '지켜내다preserve' '끈기 있게 해내다persist' 등이 있다.

예시
1. 당신이 금주하려는 이유에는 어떤 것들이 있나요?
   **변화대화를 이끌어내기 위한 열린 질문**: 당신이 절주를 계속하고 싶은 이유에는 어떤 것들이 있나요?
2. 그래서 당신은 더 많은 활력을 얻기 위해 운동을 하고 싶으시군요.
   **변화대화를 강화하기 위한 반영**: 그래서 당신은 더 많은 활력을 얻기 위해 계속해서 운동을 하고 싶으시군요.

당신 차례입니다!

1. 당신이 과일과 야채를 더 먹는다면 어떤 것들이 더 좋아지게 될까요?

　　변화대화를 이끌어내기 위한 열린 질문: _____

　　_____

　　_____

2. 당신은 딸과 더 잘 지내기를 바라시는군요.

　　변화대화에 대한 반영: _____

　　_____

　　_____

3. 당신이 약을 복용하는 것이 가족을 위한 길이라고 생각하시는군요.

　　변화대화에 대한 반영: _____

　　_____

　　_____

4. 1에서 10까지의 척도상에서 당신이 마음챙김을 연습할 수 있다고 얼마나 자신하시나요?

　　변화대화를 이끌어내기 위한 열린 질문: _____

　　_____

　　_____

5. 만약에 당신이 체중을 어느 정도 줄일 수 있다면 일어날 수 있는 최고의 일은 무엇일까요?

　　변화대화를 이끌어내기 위한 열린 질문: _____

　　_____

　　_____

6. 당신이 이러한 활동들의 일정을 잡지 않는다면 일어날 수 있는 최악의 상황은 무엇인가요?

　　변화대화를 이끌어내기 위한 열린 질문: _____

　　_____

　　_____

7. 당신은 약을 복용할 때 더 통제력을 느끼게 되는군요.

   **변화대화에 대한 반영:** _____

   _____

   _____

8. 사회적 상황에서의 불안감을 이겨내는 연습을 하는 것이 당신에게 왜 중요한가요?

   **변화대화를 이끌어내기 위한 열린 질문:** _____

   _____

   _____

9. 당신은 가족을 소중히 여기시는군요. 당신의 우울증에 대해 작업하는 것이 그러한 가치와
   어떻게 조화되는지요?

   **변화대화를 이끌어내기 위한 열린 질문:** _____

   _____

   _____

# 실수 다루기

누구나 때때로 실수slip를 합니다. 실수가 새로운 규범처럼 굳어지기 전에 당신은 실수를 멈출 수 있습니다. 다음의 슬립(SLIP) 계획을 사용하여 실수를 일찍 파악하고, 해당 상황을 평가하며, 어떻게 계속 해낼지에 대한 계획을 수립합니다. 당신은 또한 잠재적인 촉발요인들, 그리고 촉발요인을 피할 수 없을 때 활용할 수 있는 대처계획들을 분명히 확인함으로써 실수를 방지하는 계획을 세워놓을 수 있습니다(이 유인물에서 '나의 주요 촉발요인 및 대처계획' 부분을 완성해 봅니다).

## 슬립(SLIP) 계획

**S**TOP [멈춥니다]

첫 단계는 문제행동을 멈추는 것입니다.

만약 당신이 이미 멈추었다면, 스스로를 축하해 줍니다.

우스워 보일 수도 있지만, 당신 자신에게 "멈춰"라고 크게 말할 수 있습니다.

또는 커다란 빨간색 멈춤 신호를 떠올려 볼 수 있습니다.

**L**OOK [바라봅니다]

그 상황을 현실적으로 바라봅니다.

한걸음 뒤로 물러나서 당신이 무엇을 행하였는지 스스로 물어봅니다.

구체적으로 봅니다.

어떤 상황도 흑백(이분법)이 아닙니다.

**I**NVESTIGATE [조사해 봅니다]

상황들을 조사해 봅니다.

무엇이 당신의 계획을 방해하였나요?

당신의 목표를 이룰 수 있는 다른 방법들은 무엇인가요?

당신의 목표들은 구체적인가요? 현실적인가요? 달성 가능한가요?

**P**ROCEED [계속해 나갑니다]

긍정적인 자기대화self-talk를 통해 당신의 새로운 계획에 대해 계속 해나갑니다.

당신의 목표들을 적어 봅니다.

목표의 성취에 대한 어떤 보상을 계획에 포함시킵니다.

목표들을 계속해서 밀고 나아가십시오.

---

나는 자신 있다. 왜냐하면

1. 이러한 강점들을 갖고 있다: _____

2. 이러한 것들을 실습해 왔다: _____

_____

3. 이러한 변화들을 이미 이루어 낼 수 있었다: _____

_____


실수를 피하고 가능한 한 빨리 다시 정상궤도에 오르기 위하여 내가 취할 수 있는 조치:

1. 촉발요인을 피할 수 있을 때 피하도록 한다.

2. 각 촉발요인마다 대처계획을 만들어서 촉발요인을 피할 수 없을 때 활용한다.

나의 주요 촉발요인 및 대처계획:

촉발요인 #1: _____

이 촉발요인을 어떻게 피할 것인가: _____

_____

내가 이 촉발요인을 피할 수 없을 때 나는 어떻게 대처할 계획인가: _____

_____

촉발요인 #2: _____

이 촉발요인을 어떻게 피할 것인가: _____

_____

내가 이 촉발요인을 피할 수 없을 때 나는 어떻게 대처할 계획인가: _____

_____

촉발요인 #3: _____

이 촉발요인을 어떻게 피할 것인가: _____

_____

내가 이 촉발요인을 피할 수 없을 때 나는 어떻게 대처할 계획인가: _____

_____

촉발요인 #4: _____

이 촉발요인을 어떻게 피할 것인가: _____

_____

내가 이 촉발요인을 피할 수 없을 때 나는 어떻게 대처할 계획인가: _____

_____

# 변화유지를 위한 계획

## 나의 계획

내가 유지하고자 하는 변화들:

_____
_____
_____
_____

이러한 변화들을 유지하는 것이 나에게 중요하다. 왜냐하면:

_____
_____
_____
_____

내가 이룬 변화들을 유지하기 위해 이러한 것들을 계속해 나갈 계획이다(무엇을, 어디서, 언제, 어떻게):

_____
_____
_____
_____

만약(If) 계획대로 되지 않으면              그러면(Then) 이렇게 시도한다.

_____        _____
_____        _____
_____        _____
_____        _____

제9장

# MI-CBT 통합치료 지침서로서의 활용

**이** 책의 전제는 심리사회적 치료기법들treatments 사이에 공유되는 일반적인 관계요인들이 존재하고, 이러한 요인들이 특정한 개입기술을 넘어서 성공적인 치료의 상당 부분을 설명한다는 것이다. 이 책에서는 치료 회기의 관계요인들이 실제로 제공되도록 보장하기 위해 MI가 이러한 관계요인들을 위한 틀을 어떻게 제공하는지 그리고 기술들(예: 반영, 열린 질문, ATA 등)을 어떤 식으로 구체화하는지 제시하였다. 그리고 이러한 동일한 기술들이 CBT의 공유요소들 전반에 걸쳐 어떻게 활용되고 있는지를 명료하게 보여 주었다.

'공유요소들'은 전혀 다른 치료 프로토콜들에서 공통적인 근거기반 임상실천evidence-based clinical practice의 구성요소를 나타낸다. 이 책에서 우리는 CBT의 공유요소들(사정査定, 자가 모니터링, 회기 사이의 실습, 인지·행동·정서 조절 기술 훈련, 그리고 변화유지 등)이 어떻게 MI와 통합되어서 물질사용에서부터 건강행동과 증상

> 행동 변화와 증상의 차도에 대한 보편적이면서 증거에 기반한 접근법

내재화까지 다양한 문제들을 다루는지 제시하였다. 이 책은 이러한 방식으로 행동 변화와 증상 완화에 대한 보편적이면서 증거에 기반한 접근법을 제공한다. CBT 접근법들 사이에서 관계요인들과 공유요소들을 확인하고 행동 변화의

다양한 영역들에 걸쳐서 그것들을 적용(필요 시 증상군에 대한 특정한 적용 수반)함으로써, 실행과 훈련을 단순화하는 가운데 근거기반 치료들에 대한 접근 범위를 증가시킬 수 있다.

우리의 통합적인 접근은 '초진단적transdiagnostic' 또는 '통합된unified' 치료—특정 장애에 대한 근거기반 CBT 프로토콜들에 숙달하기 위하여 필요한 비용, 훈련, 시간을 경감시키는 것을 목표로 하는—에 대한 최근 관심과 일치한다(McEvoy et al., 2009).

# 통합치료 지침서

일부 초진단적 치료들은 질환들 전반에 대하여 단 하나의 통합된 프로토콜을 활용하는 반면, 다른 일부는 모듈식 접근법을 사용한다(McHugh, Murray, & Barlow, 2009). 모듈식 치료 접근법들은 구조화되어 있어서 모든 모듈을 모든 내담자들에게 실시하여야 하는 것은 아니다. 그리고 각각의 모듈의 '투여량dose'은 환자의 개인적인 필요에 맞춰질 수 있다. 우리가 제안하는 것은 MI의 네 가지 과정(관계 형성하기, 초점 맞추기, 유발하기, 계획하기)과 관련된 MI 기술들(반영, 질문, ATA)은 통합치료를 위한 핵심적인 원리들을 구성한다는 것, 그리고 CBT의 공유요소들에 기반하고 있는 이 책의 장章 구조는 통합된 모듈식 치료작업 지침서로서 활용될 수 있다는 것이다.

- 모듈 1: 초기의 동기 증진 회기(2장).
- 모듈 2: 사정 및 치료계획 수립(3장).
- 모듈 3: 자가 모니터링(4장).
- 모듈 4: 인지 기술(5장).
- 모듈 5: 기술 훈련(문제해결 기술, 행동 활성화, 디스트레스 감내력, 노출을 수반하는/않는 마음챙김 및 이완, 거절 기술 및 자기주장 훈련, 의사소통 기술, 조직화 및 계획하기 기술: 6장).
- 모듈 6: 변화유지(8장).

전문가는 이러한 과정들을 어떤 순서로 진행할 것인가에 대해서 유연성을 발휘하는 것이 좋고, 매 회기마다 네 가지 과정 모두를 다뤄야 한다고 느낄 필요는 없다. 초기의 동기 증진 회기 이후의 각 회기는 다음과 같이 구성될 수 있다.

- 회기 의제를 논의하기
- 성과 사정을 포함하여 지난 한 주에 대하여 점검하기(예: 변화계획 및 과제 완수 점검하기, 객관적인 측정치—해당된다면—다루기)
- 변화 또는 변화의 부족에 대한 간이 기능 분석 완수하기
- 치료작업 요소 또는 모듈에 대한 근거를 논의하기
- 행동 변화 및 회기 과제들을 위한 변화대화를 이끌어내고 강화하기
- 회기 작업 완수하기(전문가 시범 보이기, 안내에 따른 연습, 행동 사전연습, 그리고 기술에 대한 피드백 포함).
- 변화계획 개발하기(실행 의도, 방해물 대처계획, 그리고 회기 사이 실습 포함)

# 사례 예시

우리가 제안한 통합된 MI—CBT 치료작업이 다양한 많은 타깃 행동 또는 문제들을 위하여 어떻게 활용될 수 있는가를 보기 위하여, 우리가 이전의 사례들에서 보여 준 문제들과는 다른 문제들에 대하여 다음에 추가로 예시되는 사례들을 숙고해 보도록 하자.

## 도박 및 분노 관리

이 첫 번째 사례는 도박중독과 정서조절 문제emotional regulation concerns가 있는 내담자이다. 순차적 행동 변화 대 동시적 행동 변화 중에 어느 쪽이 더 선호할 만한 것인지에 대한 데이터가 명확하지 않기 때문에, 우리는 내담자가 접근 방식을 선택하도록 허용한다.

### 호소문제

안토니오는 32세의 다인종 남자로서 네 달 뒤에 첫 아이를 낳을 아내와 어느 도시에서 살고 있다. 그는 최근 실업자가 되었는데, 총괄 매니저와 언쟁한 뒤에 자동차 판매 매니저로서의 일을 그만두게 되었다. 공갈폭행 혐의가 제기되었고 법정은 그에게 분노 관리 치료를 받을 것을 명령하였다. 그의 아내는 남편이 도박을 해서 지난 2년 동안 그들의 집에 대해 담보권이 행사되었고 자동차가 압류되었기 때문에 그에게 도박 문제에 대한 치료도

아울러 받을 것을 강력하게 요구하였다. 그녀는 그들의 아기가 태어나기 전에 그가 분노와 도박을 통제하지 못하면 그를 떠나겠다고 위협하였다. 그는 주로 카지노에 가거나 때때로 불법 도박 장소에 가서 포커나 다른 카드 게임과 같은 도박을 했다. 그의 분노는 주로 언어 공격의 형태를 띠었지만 때때로 사람과 물건들을 향한 물리적인 공격도 하였다. 첫 회기에서, 안토니오는 자신이 도박이나 분노에 대한 문제가 없고 스스로 분노를 다룰 수 있기 때문에 심리상담을 원치 않는다는 걸 명확히 강조하였다. 그는 자신의 분노와 도박에 대해 아내와 이전의 사장이 너무 많은 압박을 가하면서 자기 삶을 통제하려 했다고 말하면서 그들을 비난하였다. 하지만 그는 아내 그리고 아기와 헤어지거나 감옥에 가고 싶지 않기 때문에 모든 회기에 참석할 계획이라고 말했다. 그는 추가로 다른 직장, 집 그리고 차를 갖기를 원했고, 그래서 그는 치료에 참여하는 것이 자신의 목표를 이룰 수 있는 한 가지 방법일지도 모른다고 생각했다.

### 기능 사정 및 치료계획 수립

안토니오의 도박 및 분노에 대한 기능 사정이 치료계획의 일부로서 완료되었다([그림 9-1] 참조). 안토니오의 도박 및 분노 문제를 해결하기 위한 우선순위는 그에게 촉발요인이 되는 장소나 사람들을 피하도록 하는 것, 그리고 스트레스를 감소시키는 것이었다. 안토니오는 도박과 분노 두 가지 사이에 밀접한 관련성이 있다고 생각했기 때문에 두 가지를 동시에 다루기로 선택하였고, 그는 두 가지 모두 다룰 준비가 되어 있었다. [그림 9-2]는 이 치료계획과 변화대화를 예시하고 있고, 〈표 9-1〉은 진행된 회기들 및 관련된 장들을 보여 준다.

### 성과

- 안토니오는 전체 회기의 90%를 참석하였고 그의 회기 사이 실습 과제의 약 75%를 완수하였다. 그는 치료작업 동안 어떠한 도박 재발도 일으키지 않았다. 언어 공격 삽화가 두 차례 발생하였는데 신체 공격으로 악화되지는 않았고, 둘 다 10회기 전에 발생한 것이다.
- 그는 퇴원 시점에 가족과의 관계를 유지하고 감옥행을 면하는 목표를 달성하였다. 그는 또한 직업 재활 프로그램을 완수하고 지역 사회서비스 기관을 통해 제공되는 부채 관리 프로그램에 등록하였다.

• 안토니오는 그의 촉발요인들, 행동들(도박과 분노), 그리고 이루어낸 결과들을 유지하는 것 사이의 관계에 대한 보다 더 나은 통찰을 얻었다. 그는 치료작업 전반을 통하여 심리상담자가 동정 및 수용적이었던 것에 대하여 고마움을 표현하였다.

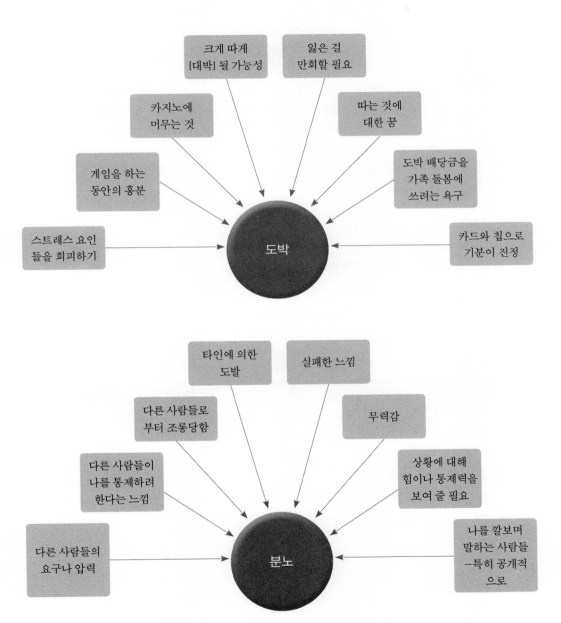

[그림 9-1] 안토니오의 타깃 행동/문제에 대한 기능 사정

| 타깃 행동/증상/문제 | 목적 및 목표 | 치료계획 |
|---|---|---|
| 1. 도박 | a. 가능한 한 언제든 촉발요인들을 피한다.<br><br>b. 촉발요인들을 피할 수 없을 때 사용할 대처계획을 개발한다.<br><br>c. 스트레스에 대한 반동으로서의 도박을 예방하기 위하여 스트레스 관리 기법들을 활용한다. | 1a. 자가 모니터링, 촉발요인 피하기<br><br>1b. 대처기술 훈련, 인지 재구조화<br><br>1c. 이완(점진적 근육이완), 마음챙김 훈련 |
| 2. 분노 | a. 가능한 한 언제든 촉발요인들을 피한다.<br><br>b. 촉발요인들을 피할 수 없을 때 사용할 대처계획을 개발한다.<br><br>c. 스트레스에 대한 반동으로서의 언어 및 신체/물리적 공격을 피한다. | 2a. 자가 모니터링, 촉발요인 피하기, 노출과 반응 방지<br><br>2b. 대처 기술 훈련, 인지 재구조화<br><br>2c. 디스트레스 감내력, 이완, 점진적 근육이완, 마음챙김 훈련 |

이 계획이 나에게 중요한 이유 세 가지:

1. 나는 아내 그리고 아기와 헤어지고 싶지 않다.

2. 나는 감옥에 가고 싶지 않다.

3. 나는 또 다른 직업, 집, 차를 가질 수 있기를 원한다.

[그림 9-2] 안토니오의 치료계획

표 9-1 안토니오의 회기

| 모듈 | 회기 | 관련 장 |
|---|---|---|
| 초기 동기 증진 회기 | 1 | 2장 |
| 사정 및 치료계획 수립 | 2~3 | 3장 |
| 자가 모니터링 | 4~5 | 4장 |
| 기술 훈련: 촉발요인 문제해결하기 | 6~7 | 6장 |
| 도박에 대한 기술 훈련: 거절 기술들 | 8~9 | 6장 |
| 분노에 대한 기술 훈련: 자기주장 및 의사소통 기술 훈련 | 10~11 | 6장 |
| 도박에 대한 인지 기술 | 12 | 5장 |
| 동기 촉진 회기* | 13 | 2장 |
| 분노에 대한 인지 기술 | 14 | 5장 |
| 분노에 대한 노출과 반응 방지 | 15~18 | 6장 |
| 디스트레스 감내력: 근육이완 | 19 | 6장 |

| 마음챙김 | 20~21 | 6장 |
| 변화유지와 종결 | 22~25 | 8장 |

\* 안토니오는 13회기에서 상당한 불화를 표출하였으며, 치료 회기에 참석해야만 했던 것에 대하여 아내와 상사를 향한 분노를 표현하였다. 안토니오와 심리상담자는 계획했던 인지 재구조화 회기를 연기하고, 불화를 줄이는 데 초점을 둔 MI 회기 작업을 하였다.

# 만성적인 암 통증 및 우울증

다음 사례는 통증 관리, 복약 준수의 어려움, 그리고 우울한 기분의 동반과 관련한 전형적인 문제들을 다룬다. MI와 CBT 둘 다 통증에 대한 자기관리를 위하여 추천되어 왔는데, 복약 준수 및 다른 통증 관리 기법들(예: 이완)에 대한 준수 둘 다를 목표로 하는 것이다 (Dorflinger, Kerns, & Auerbach, 2013). MI 단독으로 만성질환 및 다른 신체화 증상이 있는 환자군somatic populations에서의 우울 증상들을 감소시켜 왔다(Naar & Flynn, 2015). 먼저 MI를 토대로 통증을 다루는 작업은 우울한 기분을 어느 정도 완화시켜 줄 수 있다.

## 호소문제

로나는 46세의 백인 여성으로, 유방암 수술 및 치료를 받은 후 생긴 만성 통증, 그리고 2년 전에 받은 유방암 진단 및 치료에 따른 우울증을 겪고 있다. 그녀는 수술, 화학요법 그리고 방사선 치료 이후에 차도를 보이고 있지만, 암 치료 이후부터 신경장애, 피로 그리고 팔의 제한된 움직임 증상을 보이고 있다. 그녀는 남편 그리고 13세 및 17세인 두 아들과 함께 시골에서 살고 있는데, 이동의 제약으로 인해 의약품 수급이 어렵다. 가족들은 그녀에게 지지적이다. 하지만 로나와 그들의 관계는 지난 2년간 돌봄의 책임들로 인하여 압박감을 받아 왔고, 그 뒤로는 그들이 함께 보내는 시간의 즐거움이 줄어들었다. 또한 그녀는 양측 유방을 절제한 뒤 복원 수술을 하지 못했기 때문에 현재 외모에 대한 자존감에 영향을 받았다. 그녀의 목표 중 하나는 가족과 다시 즐거운 시간을 보내는 것이다. 그녀는 실직 상태였고, 두 달 전까지 주에서 지급하는 장애 보조금을 받고 있었다. 그녀의 보조금 수급자격은 그녀가 직장으로 복귀할 수 있다는 사정 결과에 따라 재인증 받은 후 종결되었다. 로나는 최근 그녀의 통증이 잘 통제되지 않아 직장으로 복귀할 수 없을 것이라는 걱정과 경제적 고통에 사로잡히게 되었다. 로나는 가족관계를 향상시키는 것뿐만 아니라, 그녀의 삶의 질을 향상시키길 바라고, 다시 한번 스스로를 사랑할 수 있기를 바란다.

로나의 담당 의사는 그녀에게 우울증과 통증 관리를 위하여 외래 치료를 추천하였다. 담당 의사는 또한 그녀에게 물리치료자와 통증 전문가에게 안내하였다. 그녀는 교통 문제와 별 도움이 되지 않을 거라는 생각 때문에 물리치료를 거부했지만, 지난 4개월 동안 한 달에 한 번 통증치료를 예약하였다. 이번에 그녀는 옥시콘틴OxyContin을 처방받았다(12시간마다 20mg, 정제 형태). 그녀는 자신의 통증이 충분히 완화되지 않았다고 우려하고 있다. 통증치료자인 페리 박사와의 상담을 통해 로나가 종종 약을 부정확한 시간에 섭취하거나 놓침으로써 약물 요법을 잘 지키지 않는다는 점이 밝혀졌다. 그녀는 옥시콘틴이 위장(GI) 문제/변비를 일으키기 때문에 섭취하지 않으려 하고 있다. 또한 그녀는 대변유연제 권고를 준수하지 않았으며, 간호사가 그녀에게 보여 줬던 이완기법을 연습하지도 않는다. 페리 박사는 단순히 약을 증량하는 것보다 그녀의 약물 복용 준수가 약물의 효과성을 평가하고 약물치료 순응도를 높여 상당한 고통감소 효과를 얻을 수 있을 것이라고 생각한다. 또한 다른 자기관리 기술을 보충함으로써 시너지 효과를 일으킬 수 있다.

로나는 심리상담이 그녀의 통증을 감소시켜 줄 수 있을 것이라는 것에 회의적이었고, 치료 과정 전반에 걸쳐 여러 번 이런 생각을 하였다.

### 기능 사정 및 치료계획 수립

암에 따른 만성적인 통증과 우울증에 대한 기능 사정이 치료계획의 일환으로서 수행되었다([그림 9-3] 참조). 로나의 우선순위는 그녀의 고통을 경감시켜서 직장으로 돌아갈 수 있게 되는 것이었다. 그녀는 고통을 더 견딜 수 있는지 알아보기 위해 약물복용을 증진하기 위한 작업에 동의했다. 그녀는 또한 물리치료가 통증관리에 도움이 될 수도 있다는 것에 동의하였지만, 교통과 재정상의 어려움으로 약속을 규칙적으로 지킬 수 없을 것이라고 생각했다. 이러한 어려움을 해결하기 위해 그녀는 사회복지기관을 소개받았고, 만약 그녀가 일을 계획하고 약속을 관리하고 조직화할 수 있다면 물리치료를 고려해 보겠다고 동의하였다. 로나는 통증을 다루지 않으면 우울감을 낮출 수 없을 것이라고 생각하였다. 따라서 그녀는 통증관리와 우울에 대해 순차적으로 작업하기로 하였다. 그녀는 통증관리를 다룬 후 보조적인 접근pacing approach을 통해 행동활성화를 시도하는 것에 동의했다. 그녀의 다른 우선순위는 사회적 지지를 늘려 나가는 것, 그리고 다른 사람들이 그녀의 통증이 진짜라고 믿는지 아닌지에 대한 걱정을 줄이는 것이었다. [그림 9-4]는 치료계획과 변화대화를 보여 주고, 〈표 9-2〉는 진행된 회기들 및 관련된 장을 보여 준다.

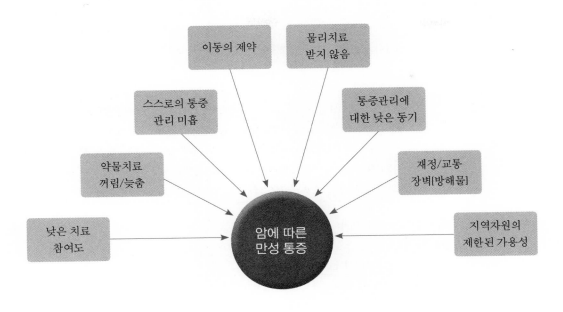

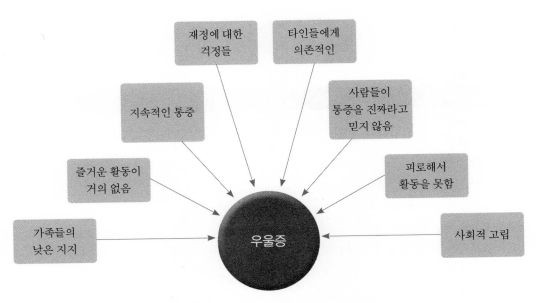

**[그림 9-3]** 로나의 행동/문제에 대한 기능 사정

| 타깃 행동/증상/문제 | 목적 및 목표 | 치료계획 |
|---|---|---|
| 1. 암에 따른 만성 통증 | a. 고통 등급을 5 이상으로 주당 1일 이상 통증 감소(0~10 척도)<br>b. 2달 이내 (중단된) 파트타임 일로 돌아가기 | 1a. 약물치료 준수: 자가 모니터링, 계획 및 조직 기술<br>1b. 디스트레스 감내력: 마음챙김 훈련, 점진적 근육 이완<br>1c. 물리 치료 참석 |
| 2. 우울한 감정 | a. 매일 적어도 하나의 즐거운 활동 실시<br>b. 적어도 한 주에 세 번 이상 다른 사람과 지지적 접촉을 증가(최소한 집에서 벗어나기).<br>c. 다른 사람들이 통증이 진짜라고 믿는지에 대한 걱정을 대체하기(도움이 되는 생각으로) | 2a. 행동 활성화: 자가 모니터링, 활동 계획<br>2b. 사회적 지지를 개발하는 의사소통 기술: 필요와 자원을 평가하고, 사회적 지지 계획을 개발, 의사소통 기술<br>2c. 타인의 신념에 대한 걱정: 인지 재구조화 |

이 계획이 나에게 중요한 이유 세 가지:

1. 나의 삶의 질을 향상시키기를 원한다.

2. 가족들이 나와 함께 보내는 시간을 즐기기를 원한다.

3. 내가 통제 할 수 없는 삶에서의 변화들에도 불구하고 나 스스로를 사랑하기를 원한다.

**[그림 9-4]** 로나의 치료계획

---

표 9-2  로나의 회기

| 모듈 | 회기 | 관련 장 |
|---|---|---|
| 초기 동기 증진 회기 | 1 | 2장 |
| 사정 및 치료계획 수립 | 2 | 3장 |
| 고통 자가 모니터링 | 3 | 4장 |
| 치료관계를 위한 동기 촉진 회기* | 4 | 2장 |
| 고통에 관한 기술 훈련: 계획과 준비 | 6~7 | 6장 |
| 고통에 관한 기술 훈련: 마음챙김 | 8~9 | 6장 |
| 회기 사이의 실습을 위한 동기 촉진 추가** | 10 | 7장 |
| 통증에 관한 기술 훈련: 이완 | 11 | 6장 |
| 참석과 우울에 초점을 둔 동기 촉진 추가*** | 12 | 7장 |
| 우울: 행동 활성화 | 13 | 4, 6장 |
| 행동 활성화(계속) | 14 | 6장 |
| 우울: 사회적 지지 구축을 위한 의사소통 기술 | 15 | 6장 |

제9장 MI-CBT 통합치료 지침서로서의 활용

| | | |
|---|---|---|
| 우울: 인지 재구조화 | 16 | 5장 |
| 종결 회기 | 17 | 8장 |

\* 로나는 파트타임 직장으로 돌아가는 그녀의 목표를 중단하였고, 그녀의 장애수당이 종결되는 것에 이의를 제기하기로 결정하였다. 4회기에서는 치료를 중단하는 것을 논의하였다. 그녀의 치료자는 계획하기, 준비하기 회기를 연기하였고 로나의 치료 참석에 초점을 둔 MI 회기를 실시하였다.

\*\* 로나는 8, 9회기에 이어서 마음챙김에 관한 회기 사이의 실습을 걸렀다. MI 회기에서 자율성을 지지하는 것과 실습을 통한 성공의 연결을 논의하였다. 로나는 몇몇의 마음챙김 전략을 포함할 수 있었으나, 다른 기술들을 해 보기를 희망했다.

\*\*\* 로나는 11회기에 이어서 회기 사이의 실습을 계속 거른 후, 치료 과정에서 낙관적인 자세가 결여되고 반드시 참석해야 하는 모든 과제들에 따른 상충되는 우선순위로 인하여 치료를 중단하는 것을 고려한다고 말했다. 이에 상담자는 MI 기술을 이용하여 내담자와 다시 관계 형성을 하였으며, 그들은 우울감에 새로운 초점을 맞추었다.

## 성과

• 로나는 전체 회기의 85%를 참석하였고, 회기 사이의 실습과제의 약 50%를 완료하였다.

• 그녀는 금전과 교통수단이라는 장벽[방해물]에 대한 도움을 얻기 위해, 지역사회 봉사 조직을 통하여 환자 돌봄(운영) 서비스를 제공받았다.

• 통증평가(0에서 10까지의 단위)가 5 이상인 날의 수는 주당 7일에서 3일로 감소하였으며, 이것은 더 나은 약물치료와 GI 부작용을 고려한 보조 약물치료 때문인 것 같다. 로나는 심리치료가 끝날 무렵 물리치료를 시작하려는 계획을 세웠다.

• 일주일에 5일은 즐거운 활동 하나를 실행하였다.

• 다른 사람과의 지지적인 접촉은 주당 최소 3회까지 증가되었다(집 밖에서 이루어지는 1회를 포함).

• 다른 사람이 로나의 통증이 진짜인지 믿을 것인지에 대한 걱정은 눈에 띄게 감소하지는 않았다. 또한 우울증과 관련된 모든 치료가 완전히 끝나기 전에 그녀는 치료를 종료하였다. 그러나 그녀는 치료를 받는 과정 동안 그녀의 기분이 상당 부분 개선되었다고 생각했다.

• 퇴원할 당시 로나는 자신의 목표를 달성하는 데 있어서 스스로 만족할 정도의 성과를 얻었다고 응답했다. 그녀는 여전히 자신의 통증이 효과적으로 관리되지 않는다고 생각했지만, 가족관계에서는 개선되었고 사회적 고립은 줄어들었고, 더 나은 삶의 질을 만들 수 있는 즐길 수 있는 활동은 늘었다고 생각했다. 또한 그녀의 가족이 그녀를 회피하기보다는 그녀와 함께 대화와 활동들을 시작하였으며, 본인 스스로도 다시 사랑받을 수 있는 한 사람으로 바라보기 시작했다고 말했다.

우리는 이 책에 설명되어 있는 통합된 MI-CBT 접근 방법이 현재 나타나고 있는 다양한 문제들에 어떻게 적용될 수 있을지를 보여 주기 위하여 이 사례연구들을 제시했다.

# MI-CBT 딜레마에 대한 요약

이전 장들에서 제시된 MI-CBT 딜레마들은 모두 회기의 내용과 타이밍이라는 주제에 관한 것이다. CBT 단계로 넘어가기보다는 MI 전략을 가지고 양가성(양가감정)을 다루는 데 시간을 계속해서 보내는 것은 언제인가? 만약 내담자가 변화에 대한 충분한 결단을 보이지 않으면, 당신은 관계 형성하기와 유발하기를 계속 할 것이고 아마도 계획하기 단계로 넘어가지 않을 것이다. 하지만 CBT 작업 시 관계 형성하기 이전에 양가감정이 완전히 해결되지 않은 상태일 수도 있다. 당신은 동기를 구축하는 데 있어서 한 회기 또는 두 회기 이상의 시간을 사용할지도 모른다. 하지만 어떤 지점에서 행동실험으로서 CBT의 다음 단계를 시도하는 작업으로 이동을 제안할 수도 있다. 그런 뒤 양가감정이 진행을 방해할 때 연속적인 CBT 회기 동안 관계를 맺고, 초점을 맞추며, 치료 참석과 타깃 행동 변화를 위하여 동기 유발하기를 계속할 수도 있다.

내담자의 치료 내용에 대한 선호가 효과가 있다는 근거와는 상반될 때(내담자가 필요로 하는 것에 대비되는 내담자가 원하는 것) 당신은 무슨 작업을 하는가? 다음의 선택들을 고려하도록 한다. 당신이 하고 있는 CBT에 무엇이 필수적인지 내담자에게 정보를 알려 줄 수 있다(ATA를 사용하여). 그리고 만약 내담자가 그러한 과업을 완수할 준비가 되어 있지 않다면, 내담자는 CBT에 대한 준비가 되어 있지 않은 것이다. 당신은 MI 회기만으로 내담자를 만날지 아니면 필수적인 치료적 구성요소에 내담자가 참여할 준비가 되었을 때 당신을 다시 보러 오도록 할지를 결정할 것이다. 대안으로, 만약 진전이 더 되지 않는다면 내담자로 하여금 재고할 시간을 주면서 그러한 치료적 구성요소 없이 MI-CBT 통합치료를 제공할 수 있다. 마지막으로 당신은 치료적 구성요소의 대안을 협상할 수 있다. 당신은 어떻게 하겠는가? 선택이 항상 명확하진 못하다. 하지만 이러한 접근법을 따르면, 내담자와 협력을 유지하는 것에 유용할 수 있다. 그리고 치료적 구성요소 없이 진행하든, 종결하든, 휴지기를 가지든, 혹은 양가감정을 해결하기 위해 동기화 작업을 계속 수행하든 이에 대한 결정들은 분명해야 한다.

# MI-CBT 통합치료의 훈련

 전문가들에게 MI와 CBT를 각각 단독치료로써 효과적으로 훈련시키는 방법에 대한 연구가 나타나기 시작하고 있지만(Barwick, Bennett, Johnson, McGowan, & Moore, 2012), MI-CBT 통합치료의 훈련에 대한 연구는 실질적으로 존재하지 않는다. 알려진 바와 같이 이러한 주제에 대한 유일한 출판물은 콤바인(COMBINE) 실험, 즉 알코올 사용을 타깃으로 하는 MI와 CBT가 결합된 개입이 있다(Anton et al., 2006). 밀러와 동료들(2005)은 훈련과정과 품질 관리에 대해 보고했다. 그들은 먼저 숙련된 정확한 공감을 위해 전제되어야 하는 수준을 정하기 위해 전문가를 스크리닝 하였고 MI에 능숙하게 되는 시간이 단축되기를 희망하면서 객관적인 코딩체계를 통해 두 번의 10분짜리 연습테이프를 평가하였다(Moyers, Martin, Catley, Harris, & Ahluwalia, 2003). 초기 7일간의 워크숍에 앞서, 전문가들은 MI와 치료 매뉴얼에 대한 글을 읽으라는 지시를 받았다. 그들은 CBT에 대한 3개의 훈련 비디오, MI에 대한 6개의 훈련 비디오들을 복습했다. 그런 뒤 전문가들은 두 내담자에 대한 MI와 CBT의 구성요소들을 포함한 회기 체크리스트를 가지고 코드화된 MI-CBT 통합치료 회기에 대한 기록들을 모두 제출했다. 그 코딩은 치료요소인지는 기록되었지만 그 치료요소의 품질은 반영하지 못했다.

 CBT 회기 내에 MI의 품질을 코딩하기 위해 어떻게 하면 MI 충실도 코딩방식을 활용할 수 있는가에 대한 정보는 제한되어 있다. 하지만 모이어스와 동료들은 MI, CBT, 알코올 12단계 치료를 비교한 「Project MACH」에서 다양한 치료 회기를 코딩했다(Moyers et al., 2007). 비록 상담자의 MI 기술이 CBT와 12단계의 회기에서 코드화되지는 않았지만, 치료 접근법을 넘어서 내담자의 변화대화는 물질사용에서의 행동 변화와 관련이 있다는 점을 발견했다. 이러한 자료들은 내담자 언어와 치료 결과 사이의 관계가 MI가 아닌 치료적 접근에서도 보인다는 것을 보여 주며, 변화대화를 유발하는 것이 전반적 치료접근의 일반적인 메커니즘이라는 것을 제안한다.

 전문가들이 MI와 CBT를 통합할 것이라고 예상되는 회기에서 MI의 충실도를 평가하는 척도에 대한 임시 데이터가 있다. 작은 실험연구에서, 수퍼바이저는 4점 척도를 사용하여 MI 구성요소에 대해 심리상담자를 평가했다. 측정 모델로부터의 예비 결과들(Chapman, Sheidow, Henggeler, Halliday-Boykins, & Cunningham, 2008)은 조짐이 좋았다. 즉, 구성요인

**표 9–3** CBT회기에서 MI 충실도 측정: MI 코치 평가척도

| 항목 | 정의 |
|---|---|
| 1. 상담자는 내담자에 대한 공감과 동정의 마음을 기른다. | 상담자는 내담자의 관점과 기분을 이해하려고 노력하고, 그 이해한 바를 내담자에게 잘 전달한다. |
| 2. 상담자는 내담자와의 협동을 발전시킨다. | 상담자는 내담자와 협상하며 권위주의적인 입장을 견지하지 않는다. 협동을 은유적으로 표현하자면 씨름[레슬링]보다는 춤[댄싱]이다. |
| 3. 상담자는 내담자의 자율성을 지지한다. | 상담자는 내담자의 선택의 자유를 강조하고, 변화의 중요한 변수는 내담자 자신 안에 있으며, 다른 사람들에 의해 강요될 수 없다는 사실을 잘 전달한다. |
| 4. 상담자는 내담자의 생각과 변화를 위한 동기를 유발하도록 작업한다. | 상담자는 변화를 위한 동기 그리고 변화를 향해 나아갈 수 있는 능력이 대부분 내담자 안에 존재하고 있다는 경험적인 앎을 전달하고, 따라서 치료적인 상호작용 안에서 그러한 동기를 끄집어내어 확장시킬 수 있는 노력들에 초점을 맞춘다. |
| 5. 상담자는 타깃 행동에 초점 맞추기를 한 내담자의 의제에 중심을 잡는다. | 상담자는 내담자의 걱정을 상담하고 있으면서도, 특정한 타깃 행동이나 걱정에 적절한 초점을 지속적으로 유지한다. |
| 6. 상담자는 반영적 경청 기술을 보여 준다. | 반영 진술의 빈도는 질문과 균형을 이룬다 |
| 7. 상담자는 반영을 전략적으로 사용한다. | 낮은 수준의 반영은 부정확하고, 길거나 혹은 명확하지 않다. 높은 수준의 반영은 공감을 표현하고, 불일치감을 만들고, 변화대화를 강화하고, 저항을 줄이며, 대개 전략적으로 동기를 증진시키기 위해서 사용된다. |
| 8. 상담자는 인정하기/인정반영을 이용하여 강점 및 긍정적인 행동변화를 강화한다. | 상담자는 내담자가 생산적인 변화를 촉진하거나 미래의 변화 노력으로 활용할 수도 있는, 내담자 스스로 성취한 개인적 노력이나 자질을 인정해 준다. |
| 9. 상담자는 요약을 효과적으로 사용한다. | 요약은 이전의 내담자의 진술에서 2개 이상의 요점을 종합하는 데 사용된다. 같은 생각에 대한 2개의 반영과는 달리 최소한 2개의 다른 생각들이 전달되어야 한다. 요약은 적극적인 경청을 표현하면서, 내담자에게 해당 '이야기'로 반영해 주는 방법이다. 요약은 회기를 구조화할 뿐만 아니라 내담자에게 변화의 방향을 안내하는 데에도 사용될 수 있다. |
| 10. 상담자는 열린 질문을 한다. | 열린 질문은 다양한 가능성을 가진 답변이 나올 수 있는 질문이다. 닫힌 질문은 하나의 단어로 응답이 가능하다. 선다형 multiple-choice 질문은 열린 질문이나 더욱 추상적인 질문에 어려움을 겪는 내담자에게는 열린 질문으로 간주된다. |

| 11. 상담자는 내담자로부터 피드백을 얻으려고 노력한다. | 상담자는 내담자에게 정보, 추천, 피드백 등에 대한 반응을 요청한다. 이는 MI에서 묻기-알려주기-묻기 또는 이끌어내기-제공하기-이끌어내기 전략과 유사하다. |
| --- | --- |
| 12. 상담자는 변화반대대화/담보대화 그리고 불화를 관리한다. | 상담자는 불화와 담보대화(즉, 변화반대대화)에 반영적으로 또는 전략적으로 대응한다. 내담자는 타깃 행동에 대해, 또는 치료 프로그램 참여에 대해, 또는 둘 사이(내담자-상담자) 관계에서의 불화에 대해 직접적으로 변화에 반대되는 발언을 할 수도 있다. 불화는 내담자와 상담자 사이의 긴장을 나타낸다(씨름). |

들은 단일 차원을 형성했고, 4점 척도는 의도된 대로 수행되었다. 구성요인들은 상담자와 가족의 전체 범위를 사정하였다. 그리고 그 구성요인들은 샘플에서 MI 충실도에 대한 다섯 가지 레벨로 구분 지을 수 있었다. 최종 MI 충실도 측정(Naar & Flynn, 2015)은 〈표 9-3〉에서 제시되었으며, 현재 몇 개의 연합된 기금지원 프로젝트에서 사용되고 있다.

CBT에서 MI 전문가들을 어떻게 훈련시키는지, MI에서 CBT 전문가들을 어떻게 훈련시키는지 우리는 거의 알지 못한다. 콤바인 실험에서는 MI-CBT 통합의 정확한 공감을 토대로 새로운 전문가들을 훈련시켰다. 그러나 훈련의 자료나 내용은 출판되지 않았다. MI-CBT 통합 훈련에서 우리의 경험은 밀러와 롤닉(Miller & Rollnick, 2013)을 토대로 삼았다. 〈표 9-4〉는 MI-CBT 통합 훈련에서 새로운 전문가들이 통합을 나중이 아니라 초기부터 배울 수 있는 계획을 제시한다. MI-CBT 통합치료의 훈련, MI-CBT 정확성 측정에 대한 더 많은 정보는 behaviourchangeconsulting.org에서 확인할 수 있다.

**표 9-4 MI-CBT 통합을 위한 훈련 계획**

| | |
| --- | --- |
| 1단계 | MI 정신과 MI 기술(반영, 열린 질문, ATA) |
| 2단계 | 관계 형성하기 과정: 회기 주제를 설정하는 상황에서의 관계 형성하기 실습 |
| 3단계 | 초점 맞추기 과정: 치료계획 수립 상황에서의 초점 맞추기 실습 |
| 4단계 | 유발하기 과정: 자가 모니터링을 위한 근거를 논의하는 상황에서의 유발하기 실습 |
| 5단계 | 계획하기 과정: 자가 모니터링 과제 상황에서의 계획하기 실습 |
| 6단계 | 초기 회기에 4개의 모든 과정을 통합하기 |
| 7단계 | 인지행동 기술 구축 회기들에서 4개의 모든 과정을 통합하기 |

# 새롭게 부상하는 이슈들

## 다중 건강 행동 변화와 동반 질병

많은 행동들이 함께 발생하고 함께 변화하기 때문에, 지난 10년간 이러한 다중 행동들 multiple behaviors을 변화시키는 데 그 관심이 증가해 왔다(Prochaska, Spring, & Nigg, 2008). 두 가지 또는 그 이상의 관련된 행동들을 타깃으로 설정하는 것은 각각의 행동들을 따로따로 타깃으로 설정할 때에 비하여 적은 비용과 자원을 갖고 개개인이 더욱 의미 있는 변화들을 만들 수 있도록 하는 제공자들의 능력을 증가시킬 수도 있다(Prochaska et al, 2008). 2011 년에 연구된 문헌은 다양한 행동 변화에 관한 순차적이고 동시적인 접근방법을 직접적으로 비교하는 4개의 연구를 확인하였다(Prochaska & Prochaska, 2011). 그중 3개의 연구는 담배와 다이어트(spiring et al., 2004), 담배와 알코올(Joseph, Willenbring, Nugent, & Nelson, 2004), 신체활동과 다이어트(Vandelanotte, De Bourdeaudhuij, Sallis, Spittaels, & Brug, 2005) 를 주요 타깃으로 하였다. 장기적인 결과의 관점에서는 동시적인 개입과 연속적인 개입 사이에 큰 차이는 존재하지 않았다. 신체활동, 담배 그리고 나트륨을 주 타깃으로 삼은 한 연구에서는, 동시적인 개입이 연속적인 개입보다 우위에 있는 것으로 나타났다(Hyman, Pavlik, Taylor, Goodrick, & Moye, 2007). 대부분의 연구들은 기술 구축 개입들을 활용하였으나, MI를 필수적으로 활용한 것은 아니다. 그러나 메타 분석과 신체활동 평가, 영양학적 타깃 행동을 종합해서 보면, 하나의 행동 치료(활동 측면만 또는 영양적 측면만)는 두 개를 동시에 목표로 하는 개입보다 우위에 있었다(Sweet & Fortier, 2010). 이후 발표된 또 하나의 연구에서는 두 개의 순차적인 변화계획(신체활동 우선 그리고 영양 우선)과 영양, 신체활동을 동시에 변화시키려는 계획, 치료 기간에 부합하는 통제 조건을 비교 연구하였다(King et al., 2013). 약 4개월간의 치료 후, 신체활동 우선 조건은 다른 3개의 조건들과 비교해 볼 때, 행동에서 가장 큰 변화를 가져왔다. 또한 순차적인 개입, 동시적인 개입은 영양을 변화시키는 데 있어서 통제 조건보다 나은 결과를 보여 주었다. 그러나 12개월의 장기간의 결과는 하나의 예외를 제외하고는 조건에 따라 차이가 나지 않았다. 영양 우선의 순차적인 조건은 신체적 활동 변화가 나타나

> 두 가지 또는 그 이상의 관련된 행동들을 타깃으로 설정하는 것은 내담자가 보다 의미 있는 변화를 만들어 낼 수 있도록 당신을 도와줄 것이다.

는 것을 억제하는 것으로 보였다. 이에 따라 연구자들은 연구 결과에 기초하여 동시적인 접근 방법을 추천하였다.

동반질환을 치료하는 경우에도 유사한 문제가 발생한다(Mueser & Drake, 2007). 방법은 순차치료, 병행치료 그리고 통합치료가 있다(Ries, 1996). 역사적으로 순차치료는 가장 보편적이었으며, 정신건강과 물질남용 상태가 동반하는 경우 환자는 하나의 치료 체계에 참여하게 되고 그런 다음 분리된 치료작업 및 전문가가 있는 다른 치료 체계로 옮겨 간다. 병행치료 접근방법에서 치료는 각각 분리되어 제공되지만 동시에 제공된다. 만약 다른 전문가들이 치료를 제공하는 경우에는 적절한 협력이 특히 중요해진다. 통합치료 또한 동시에 이루어지나, 각각의 질환은 동일한 전문가에 의해 치료되고 두 질환 사이의 상호관계가 명시적으로 다루어진다. 이러한 치료 전략은 유사한 증상 군집을 목표로 사용될 수도 있다. 다시 한번 말하지만, 가장 좋은 접근법을 판단하기에는 자료가 제한적이다.

임상적으로, 만약 타킷 행동들이 기능 분석에 기초해 볼 때 선행요인과 유사하다면, 이러한 행동들을 동시에 타깃으로 설정하는 것이 유익할 것이다. 그러나 일부 내담자들은 한번에 너무 많은 행동을 바꾸려고 하는 것에 압도감을 느낀다. 다중 행동 변화를 어떻게 다루어야 하는지를 보여 주는 자료가 명확해질 때까지 협력적인 치료계획의 일환으로서 최상의 접근법은 선택지를 제시함으로써 내담자 스스로 선택하게 하는 것이다.

## 수용전념치료 그리고 MI

수용전념치료(ACT; Hayes, Strosahl, & Wilson, 2012)는 아마도 행동치료(제1물결) 및 인지행동치료(제2물결)에서 온 '제3물결' 중에서 가장 많이 연구된 치료법이다. 제3물결 치료법들은 사건들 그 자체를 변경하거나 변화시키기기보다는, 심리학적 사건들의 기능을 변화시키는 데 초점을 둔다(Hayes, 2004). (변증[법적]행동치료는 경우에 따라 제2물결이나 제3물결로 언급되며, 따라서 6장에 포함되어 있다.) ACT의 목표는 매순간에 마음챙김하고 현존하며 핵심 가치들에 기여하는 행동들에 참여하는 능력을 증진시키는 것이다. 이러한 목표들은 다음과 같은 6개의 핵심 ACT 단계를 통해서 성취된다. 수용acceptance, 인지적 탈융합cognitive defusion(부정적 생각의 수용 대 재구조화), 현존하기being present, 맥락으로서의 자기self as context(세계를 관찰하기 대 해석하기), 선택한 가치들chosen values, 결단에 찬[전념하는 행동]committed action. 무작위로 통제된 39개 실험에 대한 최근의 메타분석 자료(Davis, Morina,

Powers, Smits, & Emmelkamp, 2015)는 ACT가 대기통제 치료보다 더욱 효과적이라는 사실을 보여 준다.

우리는 6장에서 마음챙김을 기술로서 다루었음에도 불구하고, CBT의 공유요소들과 통합된 MI에 초점을 맞추면서 ACT를 포함시키지는 않았다. 브리커와 톨리슨(Bricker & Tollison, 2011)은 MI와 ACT의 임상 전략과 그 개념적 해석을 비교하였다. MI는 언어의 내용에 초점을 맞춘 반면(예: 변화대화 대 변화반대대화), ACT는 언어의 병리적 측면과 관련된 과정에 초점을 맞춘다(예: 언어가 맥락을 해석하는 데 어떻게 사용되는지). 그러나 이들 사이의 유사성은 통합이 가능하다는 것을 보여 준다. 그 유사성은 행동 변화에 관한 결단을 강화하는 데 맞춰진 초점, 내담자의 가치관을 활용하여 결단을 강화하기, 내담자의 언어를 연구하여 그들의 목적을 달성하는 것 등이다. 한편, 이러한 통합을 구체적으로 명시하고 그 효과성을 증명하기 위해서는 보다 많은 연구나 임상 실험 연구들을 필요로 한다.

## 외적 강화물 활용하기

MI는 내적 동기를 발달시키는 데 중점을 두고 있지만, 일부 행동 변화 개입은 깨끗한 소변검사 결과나 체중 감량에 대한 바우처, 토큰경제, 가족 행동 계획 등과 같은 체계적인 인센티브의 활용에도 초점을 두고 있다. 외적 강화물을 사용하면 내적 동기를 약화시킬 수도 있다는 우려도 있다. 그러나 내적 및 외적 동기에 관한 연구는 이러한 동기들이 각각의 분리된 현상이며, 반비례 관계에 있는 것이 아니라는 것을 보여 준다(Lepper, Corpus, & Iyengar, 2005). 다른 연구자들은 내적 및 외적 동기 접근 방식의 상승효과를 주목한다(즉, 개인적 목표 성취와 같은 내적 동기요인을 타깃으로 하면서, 동시에 목표 성취에 따른 금전적 인센티브를 제공하는 것과 같은 외적 동기요인을 동시에 활용하는 것). 내적 및 외적 동기 모두를 목표로 하는 것은 시너지 효과를 낼 수도 있다. MI 기술과 외적 강화물을 동시에 사용하는 것은 새로운 행동을 유지하기 위한 내적 이유를 식별하는 것을 촉진한다(Carroll & Pounsaville, 2007; Vallerand, 1997).

외적 동기요인은 답보대화와 불화를 감소시키고 자율성을 지지하기 위하여 옵션 메뉴로서 제공되어야 한다. 유발하기와 관련된 전략은 동기의 내면화를 증대시키기 위하여 외적 동기화 전반에 걸쳐 변화대화를 이끌어내고 강화하며 결단을 굳히고자 사용될 수 있다. 이러한 치료에서 심리상담자의 발언의 예는 다음과 같을 것이다. "저는 당신이 보호관찰을 끝내기 위해서 지금 이것들을 하고 있다고 말하고 있음을 알고 있습니다. 만약 당신이 이러한 행동 변화를 계속해서 한다면 인생은 어떻게 될까요?" 또는 "당신은 30분 운동을 해냈고, 선물을 받을 수 있습니다. 그리고 당신은 목표를 성취하고 나서 더욱 강해진 느낌이 든다고 말했습니다. 그러한 성취가 당신이 말한 강하고 독립적인 사람이 되는 것과 어떻게 조화를 이루나요?" 이러한 방식으로 외적 강화는 양가감정에 결정적 영향을 끼치기 시작한다. MI 전략은 내적 동기를 촉진함으로써 초기 변화의 유지가 지속되도록 도와준다. 통합된 접근법들이 효과적이라는 증거가 있음에도 불구하고(carroll et al., 2006; Naar-King et al., 2016), 우발 사건 관리contingency management와 같은 외적 강화 접근법과 MI를 통합시키는 최상의 방법에 대한 연구는 거의 이루어지지 않았다.

## MI-CBT 통합치료를 돕기 위한 기술 활용하기

지난 10년은 기술technology의 도움에 의한 행동 개입이 급증하는 시기였다. 컴퓨터 기반 CBT를 평가한 메타분석 자료는 치료 통제조건이 없는 것과 비교하여 효과적임이 드러났다(Adelman, Panza, Bartley, Bontempo, & Bloch, 2014; Ebert et al., 2015). 그러나 이러한 자료는 대면 접근방식에 의한 비교를 하지 않았으므로 분명 제한적이다. 통합된 MI-CBT의 공통요소는 관계요인이다. 여러 연구들은 컴퓨터에 의한 MI의 효과성을 증명하였으나(Kiene & Barta, 2006; Naar-King, Outlaw, et al., 2013; Ondersma, Chase, Svikis, & Schuster, 2005; Ondersma et al., 2012; Ondersma, Svikis, & Schuster, 2007; Ondersma, Svikis, Thacher, Beatty, & Lockhart, 2014; Schwartz et al., 2014; Tzilos, Sokol, & Ondersma, 2011), 단지 컴퓨터 기반 MI와 면대면 치료를 비교한 제한적인 연구를 이용하여 증명하였을 뿐이다. MI-CBT 통합치료를 돕기 위한 기술의 활용은 여전히 온전히 연구되지 않았으며, 여러 MI 연구들은 행동 기술과 같은 CBT 전략을 포함하고 있음에도 불구하고 미래 연구를 위한 분야로 남아 있다.

## 결어

통합된(초진단적인) 치료는 미래의 물결이 될 것이나, MI, CBT 그리고 이들의 통합을 어떻게 배울 수 있는가는 여전히 잘 알려지지 않고 있다. 새로운 치료법을 익히는 것은 새로운 언어를 배우는 것과 같다. MI-CBT 통합치료를 배우는 목적이 두 개의 언어를 말할 수 있게 되는 것인가? 아니면 MI-CBT 통합치료를 배우는 목적이 그 자체로 새로운 언어가 되는 것인가? 당신이 두 개의 언어에 유창한 경우 그중 하나의 언어가 주된 언어가 될 것이다. 왜냐하면 그 언어가 먼저 학습되었고 더욱 자주 말해 왔기 때문이다. 그러나 다른 언어의 학습은 당신이 또 다른 새로운 세상을 여행할 수 있게 돕는다. 언어학에서 '코드 변환 code switching'이라는 용어는 하나의 단일한 대화에서 두 개의 언어를 교차시키는 것을 나타낸다(Milroy & Muysken, 1995). 더욱 최근에 언어학자들(Auer, 1999)은 두 언어의 집합으로서 코드 섞기code mixing를 '스펭글리쉬(스페인어+영어)'와 같이 상대적으로 안정되게 섞인 언어를 의미하는 '융합된 말fused lect'이라고 분류한다. 우리는 이 융합된 말이 MI-CBT 통합치료에 한층 가깝다고 생각한다. 당신이 코드 변환 혹은 코드 섞기라고 느끼는 것과 관계없이, 2개 국어 능력은 많은 인지 영역에서 여러 장점을 갖고 있는 것은 분명한 사실이다(Adescope, Lavin, Thompson, & Ungerleider, 2010).

새로운 언어를 익히는 데 있어서 황금률: '연습'

만약 새로운 언어를 배우는데 있어서 황금률이 있다면, 그것은 아마도 '실습'일 것이라고 생각한다. 훈련 활동을 평가하고 혼자서 혹은 그룹으로 실천하는 것은 특히 도움이 된다. 또한 전문가들이 MI-CBT 통합치료를 실습하는 장면을 관찰하는 것도 학습하는 데 있어서 훌륭한 모델이 된다[결합에 관한 모이어스의 비디오]. MI와 CBT 숙련을 위하여 본인 스스로 혹은 동료들의 기록을 코딩하고 듣는 것은 당신의 앎을 향상시킬 수 있다. 통합된 MI-CBT 코딩 체계가 흔치 않은 데 반해, 동일한 회기로 MI역량과 CBT 역량에 대하여 코드화할 수 있다. CBT 회기에 작동하는 MI에 관한 두 개의 코딩 체계를 언급해 두었다. 여기에는 CBT 회기에는 MITI, 결합실험에서 나온 체크리스트, MI 코치 평가 척도(〈표 9-3〉), MI-CBT 통합치료에 관한 충실도에 관한 연구(Haddock et al., 2012)가 포함된다.

잘 지도받은 피드백과 함께 진행하는 실습의 반복은 능숙해지기 위한 핵심이라는 사실을 다시 한 번 상기시키면서, 당신이 MI와 CBT를 어떻게 통합할 것인지를 배우려고 한다면 반복적인 연습을 통해서 이룰 수 있다. 당신은 이 책을 읽은 다음에 워크숍 참석, 코칭과 수퍼비전, 회기 기록 검토, 동료 수퍼비전, 그리고 가장 중요하게는 젊은 사람들의 대화를 경청하기 등과 같은 자신만의 변화 여정을 계속해 갈 수도 있다. 이러한 활동들은 모두 MI-CBT 통합치료를 배울 수 있는 방법이다. 당신은 다음으로 어떤 여정을 선택할 것인가?

## MI-CBT 통합치료를 위한 당신의 변화계획

　우리는 MI-CBT 통합치료를 당신 스스로 훈련하기 위한 옵션 메뉴들—이 책을 공부하고, 워크숍에 참석하고, MI-CBT 통합치료 회기의 녹음을 검토하고, 자신의 녹음을 코딩하고, 그리고 어쩌면 MI-CBT를 다른 사람들에게 훈련시키는 일 등—을 제공했다. MI-CBT 통합에서 당신의 여정을 계속하기 위한 당신 자신의 변화계획을 개발하는 것을 생각해 보자.

　**활동 목표**: 이 활동은 MI-CBT 통합치료를 전달하는 당신 자신의 기술 개발을 위한 계획 과정을 지원한다.

　**활동 지침**: 다음 변화계획을 완료하고 동료와 공유해 본다.

### 나의 변화계획

• MI-CBT 통합치료를 제공하기 위해 내가 이루고자 하는 변화들

_____

_____

_____

• 이러한 변화들은 나에게 중요하다. 왜냐하면

_____

_____

_____

• 나는 이러한 단계를 수행할 계획이다(무엇을, 어디서, 언제, 어떻게):

_____

_____

_____

_____

만약(If) 계획대로 되지 않으면                    그러면(Then) 이렇게 시도한다.

_____        _____

_____        _____

_____        _____

_____        _____

_____        _____

_____        _____

## 참고문헌

Abraham, C., & Michie, S. (2008). A taxonomy of behavior change techniques used in interventions. *Health Psychology, 27*(3), 379-387.

Addis, M. E., & Carpenter, K. M. (2000). The treatment rationale in cognitive behavioral therapy: Psychological mechanisms and clinical guidelines. *Cognitive and Behavioral Practice, 7*(2), 147-156.

Adelman, C. B., Panza, K. E., Bartley, C. A., Bontempo, A., & Bloch, M. H. (2014). A meta-analysis of computerized cognitive-behavioral therapy for the treatment of DSM-5 anxiety disorders. *Journal of Clinical Psychiatry, 75*(7), e695-e704.

Adescope, O. O., Lavin, T., Thompson, T., & Ungerleider, C. (2010). A systematic review and meta-analysis of the cognitive correlates of bilingualism. *Review of Educational Research, 80*(2), 207-245.

Amati, F., Barthassat, V., Miganne, G., Hausman, I., Monnin, D. G., Costanza, M. C., et al. (2007). Enhancing regular physical activity and relapse prevention through a 1-day therapeutic patient education workshop: A pilot study. *Patient Education and Counseling, 68*(1), 70-78.

Anderson, E. S., Wojcik, J. R., Winett, R. A., & Williams, D. M. (2006). Social-cognitive determinants of physical activity: The influence of social support, self-efficacy, outcome expectations, and self-regulation among participants in a church-based health promotion study. *Health Psychology, 25*(4), 510-520.

Andersson, E. K., & Moss, T. P. (2011). Imagery and implementation intention: A randomised controlled trial of interventions to increase exercise behaviour in the general population. *Psychology of Sport and Exercise, 12*(2), 63-70.

Anton, R. F., O'Malley, S. S., Ciraulo, D. A., Cisler, R. A., Couper, D., Donovan, D. M., et al. (2006). Combined pharmacotherapies and behavioral interventions for alcohol dependence: The COMBINE study: A randomized controlled trial. *Journal of the American Medical Association, 295*(17), 2003-2017.

Auer, P. (1999). From codeswitching via language mixing to fused lects toward a dynamic typology of bilingual speech. *International Journal of Bilingualism, 3*(4), 309-332.

Babor, T. F. (2004). Brief treatments for cannabis dependence: Findings from a randomized multisite trial. *Journal of Consulting and Clinical Psychology, 72*(3), 455-466.

Bandura, A. (2004). Health promotion by social cognitive means. *Health Education and Behavior, 31*(2), 143-164.

Barkley, R. A. (Ed.). (2015). *Attention-deficit hyperactivity disorder: A handbook for diagnosis and treatment* (4th ed.). New York: Guilford Press.

Barth, R. P., Lee, B. R., Lindsey, M. A., Collins, K. S., Strieder, F., Chorpita, B. F., et al. (2012). Evidence-based practice at a crossroads: The timely emergence of common elements and common factors. *Research on Social Work Practice, 22*(1), 108-119.

Barwick, M. A., Bennett, L. M., Johnson, S. N., McGowan, J., & Moore, J. E. (2012). Training health and mental health professionals in motivational interviewing: A systematic review. *Children and Youth Services Review, 34*(9), 1786-1795.

Beck, J. S. (2011). *Cognitive behavior therapy: Basics and beyond* (2nd ed.). New York: Guilford Press. 최영희, 최상유, 이정흠, 김지원 공역(2017). 인지행동치료: 이론과 실제. 서울: 하나의학사.

Bell, A. C., & D'Zurilla, T. J. (2009). Problem-solving therapy for depression: A meta-analysis. *Clinical Psychology Review, 29*(4), 348-353.

Berking, M., Meier, C., & Wupperman, P. (2010). Enhancing emotion-regulation skills in police officers: Results of a pilot controlled study. *Behavior Therapy, 41*(3), 329-339.

Berking, M., & Whitley, B. (2014). Emotion regulation: Definition and relevance for mental health. In *Affect regulation training; A practitioner's manual* (pp. 5-17). New York: Springer.

Beshai, S., Dobson, K. S., Bockting, C. L., & Quigley, L. (2011). Relapse and recurrence prevention in depression: Current research and future prospects. *Clinical Psychology Review, 31*(8), 1349-1360.

Bickel, W. K., & Mueller, E. T. (2009). Toward the study of trans-disease processes: A novel approach with special reference to the study of co-morbidity. *Journal of Dual Diagnosis, 5*(2), 131-138.

Bird, V., Premkumar, P., Kendall, T., Whittington, C., Mitchell, J., & Kuipers, E. (2010). Early intervention services, cognitive-behavioural therapy and family intervention in early psychosis: Systematic review. *British Journal of Psychiatry, 197*(5), 350-356.

Bordin, E. S. (1979). The generalizability of the psychoanalytic concept of the working alliance. *Psychotherapy: Theory, Research and Practice, 16*(3), 252-260.

Borkovec, T. D., Wilkinson, L., Folensbee, R., & Lerman, C. (1983). Stimulus control applications to the treatment of worry. *Behaviour Research and Therapy, 21*(3), 247-251.

Brehm, J. W. (1966). *A theory of psychological reactance.* New York: Academic Press.

Bricker, J., & Tollison, S. (2011). Comparison of motivational interviewing with acceptance and commitment therapy: A conceptual and clinical review. *Behavioural and Cognitive Psychotherapy, 39*(5), 541-559.

Burke, L. E., Wang, J., & Sevick, M. A. (2011). Self-monitoring in weight loss: A systematic review of the literature. *Journal of the American Dietetic Association, 111*(1), 92-102.

Carroll, K. M., Easton, C. J., Nich, C., Hunkele, K. A., Neavins, T. M., Sinha, R., et al. (2006). The use of contingency management and motivational/skills-building therapy to treat young adults with marijuana dependence. *Journal of Consulting and Clinical Psychology, 74*(5), 955-966.

Carroll, K. M., & Rounsaville, B. J. (2007). A vision of the next generation of behavioral therapies research in the addictions. *Addiction, 102*(6), 850-862.

Chapman, J. E., Sheidow, A. J., Henggeler, S. W., Halliday-Boykins, C. A., & Cunningham, P. B. (2008). Developing a measure of therapist adherence to contingency management: An application of the Many-Facet Rasch Model. *Journal of Child and Adolescent Substance Abuse, 17*(3), 47-68.

Chasteen, A. L., Park, D. C., & Schwarz, N. (2001). Implementation intentions and facilitation of prospective memory. *Psychological Science, 12*(6), 457-461.

Chen, J., Liu, X., Rapee, R. M., & Pillay, P. (2013). Behavioural activation: A pilot trial of transdiagnostic treatment for excessive worry. *Behaviour Research and Therapy, 51*(9), 533-539.

Chiesa, A., Calati, R., & Serretti, A. (2011). Does mindfulness training improve cognitive abilities?: A systematic review of neuropsychological findings. *Clinical Psychology Review, 31*(3), 449-464.

Chiesa, A., & Serretti, A. (2009). Mindfulness-based stress reduction for stress management in healthy people: A review and meta-analysis. *Journal of Alternative and Complementary Medicine, 15*(5), 593-600.

Chorpita, B. F., Becker, K. D., Daleiden, E. L., & Hamilton, J. D. (2007). Understanding the common elements of evidence-based practice. *Journal of the American Academy of Child and Adolescent Psychiatry, 46*(5), 647-652.

Connors, G. J., Walitzer, K. S., & Dermen, K. H. (2002). Preparing clients for alcoholism treatment: Effects on treatment participation and outcomes. *Journal of Consulting and Clinical Psychology, 70*(5), 1161-1169.

Craske, M. G., & Barlow, D. H. (2006). *Mastery of your anxiety and panic: Therapist guide.* New

York: Oxford University Press. 최병휘 역(2017). 공황장애의 인지행동치료: 불안과 공황의 극복. 서울: 시그마프레스.

Craske, M. G., & Tsao, J. C. (1999). Self-monitoring with panic and anxiety disorders. *Psychological Assessment, 11*(4), 466-479.

Davis, M., Morina, N., Powers, M., Smits, J., & Emmelkamp, P. (2015). A meta-analysis of the efficacy of acceptance and commitment therapy for clinically relevant mental and physical health problems. *Psychotherapy and Psychosomatics, 84*(1), 30-36.

Dimeff, L. A., & Koerner, K. E. (2007). *Dialectical behavior therapy in clinical practice: Applications across disorders and settings.* New York: Guilford Press.

Dimidjian, S., Hollon, S. D., Dobson, K. S., Schmaling, K. B., Kohlenberg, R. J., Addis, M. E., et al. (2006). Randomized trial of behavioral activation, cognitive therapy, and antidepressant medication in the acute treatment of adults with major depression. *Journal of Consulting and Clinical Psychology, 74*(4), 658-670.

Dorflinger, L., Kerns, R. D., & Auerbach, S. M. (2013). Providers' roles in enhancing patients' adherence to pain self management. *Translational Behavioral Medicine, 3*(1), 39-46.

Douaihy, A., Daley, D., Stowell, K., Park, T., Witkiewitz, K., & Marlatt, G. (2007). Relapse prevention: Clinical strategies for substance use disorders. In K. Witkiewitz & A. Marlatt (Eds.), *Therapist's guide to evidence-based relapse prevention* (pp. 37-73). Burlington, MA: Elsevier.

Driessen, E., & Hollon, S. D. (2011). Motivational interviewing from a cognitive behavioral perspective. *Cognitive and Behavioral Practice, 18*(1), 70-73.

Ebert, D. D., Zarski, A.-C., Christensen, H., Stikkelbroek, Y., Cuijpers, P., Berking, M., et al. (2015). Internet and computer-based cognitive behavioral therapy for anxiety and depression in youth: A meta-analysis of randomized controlled outcome trials. *PLoS ONE, 10*(3), e0119895.

Engle, D. E., & Arkowitz, H. (2006). *Ambivalence in psychotherapy: Facilitating readiness to change.* New York: Guilford Press.

Farrell, J. M., Reiss, N., & Shaw, I. A. (2014). *The schema therapy clinician's guide: A complete resource for building and delivering individual, group and integrated schema mode treatment programs.* West Sussex, UK: Wiley. 이은희, 송영희 공역(2018). 심리도식치료 임상가이드. 서울: 학지사.

Fisher, G. L., & Roget, N. A. (2009). *Encyclopedia of substance abuse prevention, treatment, and recovery.* Thousand Oaks, CA: SAGE.

Fixsen, D. L., Naoom, S. F., Blase, K. A., Friedman, R. M., & Wallace, F. (2009). *Implementation*

research: A synthesis of the literature. Tampa: National Implementation Research Network, Louis de la Parte Florida Mental Health Institute, University of South Florida.

Fjorback, L., Arendt, M., Ørnbøl, E., Fink, P., & Walach, H. (2011). Mindfulness-based stress reduction and mindfulness-based cognitive therapy: A systematic review of randomized controlled trials. *Acta Psychiatrica Scandinavica, 124*(2), 102-119.

Flynn, H. A. (2011). Setting the stage for the integration of motivational interviewing with cognitive behavioral therapy in the treatment of depression. *Cognitive and Behavioral Practice, 18*(1), 46-54.

Folkman, S. (Ed.). (2011). *The Oxford handbook of stress, health, and coping.* New York: Oxford University Press.

Freeman, A., & McCluskey, R. (2005). Resistance: Impediments to effective psychotherapy. In A. Freeman (Ed.), *Encyclopedia of cognitive behavior therapy* (pp. 334-340). New York: Springer.

Gilbert, P., & Leahy, R. L. (Eds.). (2007). *The therapeutic relationship in the cognitive behavioral psychotherapies.* Hove, East Sussex, UK: Routledge.

Gollwitzer, P. M. (1999). Implementation intentions: Strong effects of simple plans. *American Psychologist, 54*(7), 493-503.

Gollwitzer, P. M., & Sheeran, P. (2006). Implementation intentions and goal achievement: A meta-analysis of effects and processes. *Advances in Experimental Social Psychology, 38,* 69-119.

Gordon, T. (1970). *Parent effectiveness training.* New York: Wyden Books. 이훈구 역(2002). 부모 역할 훈련. 서울: 양철북.

Green, C. A., Polen, M. R., Janoff, S. L., Castleton, D. K., Wisdom, J. P., Vuckovic, N., et al. (2008). Understanding how clinician-patient relationships and relational continuity of care affect recovery from serious mental illness: STARS study results. *Psychiatric Rehabilitation Journal, 32*(1), 9-22.

Greenson, R. R. (1971). The "real" relationship between the patient and the psychoanalyst. In M. Kanzer (Ed.), *The unconscious today* (pp. 213-232). New York: International Universities Press.

Haddock, G., Beardmore, R., Earnshaw, P., Fitzsimmons, M., Nothard, S., Butler, R., et al. (2012). Assessing fidelity to integrated motivational interviewing and CBT therapy for psychosis and substance use: The MI-CBT Fidelity Scale (MI-CTS). *Journal of Mental Health, 21*(1), 38-48.

Havassy, B. E., Hall, S. M., & Wasserman, D. A. (1991). Social support and relapse: Commonalities among alcoholics, opiate users, and cigarette smokers. *Addictive Behaviors,*

16(5), 235-246.

Hayes, S. C. (2004). Acceptance and commitment therapy, relational frame theory, and the third wave of behavioral and cognitive therapies. *Behavior Therapy, 35*(4), 639-665.

Hayes, S. C., Strosahl, K. D., & Wilson, K. G. (2012). *Acceptance and commitment therapy: The process and practice of mindful change* (2nd ed.). New York: Guilford Press. 문성원 역 (2018). 수용과 참여의 심리치료. 서울: 시그마프레스.

Heckman, C. J., Egleston, B. L., & Hofmann, M. T. (2010). Efficacy of motivational interviewing for smoking cessation: A systematic review and meta-analysis. *Tobacco Control, 19*(5), 410-416.

Henman, M. J., Butow, P. N., Brown, R. F., Boyle, F., & Tattersall, M. H. N. (2002). Lay constructions of decision-making in cancer. *Psycho-Oncology, 11*(4), 295-306.

Herz, M. I., Lamberti, J. S., Mintz, J., Scott, R., O'Dell, S. P., McCartan, L., et al. (2000). A program for relapse prevention in schizophrenia: A controlled study. *Archives of General Psychiatry, 57*(3), 277-283.

Hettema, J., Steele, J., & Miller, W. R. (2005). Motivational interviewing. *Annual Review of Clinical Psychology 1*(1), 91-111.

Hofmann, S. G., Asnaani, A., Vonk, I. J., Sawyer, A. T., & Fang, A. (2012). The efficacy of cognitive behavioral therapy: A review of meta-analyses. *Cognitive Therapy and Research, 36*(5), 427-440.

Horvath, A. O., Del Re, A., Flückiger, C., & Symonds, D. (2011). Alliance in individual psychotherapy. *Psychotherapy, 48*(1), 9-16.

Humphreys, K., Marx, B., & Lexington, J. (2009). Self-monitoring as a treatment vehicle. In W. T. O'Donohue & J. E. Fisher (Eds.), *General principles and empirically supported techniques of cognitive behavior therapy* (pp. 576-583). Hobocken, NJ: Wiley.

Hyman, D. J., Pavlik, V. N., Taylor, W. C., Goodrick, G. K., & Moye, L. (2007). Simultaneous vs sequential counseling for multiple behavior change. *Archives of Internal Medicine, 167*(11), 1152-1158.

Jacob, J. J., & Isaac, R. (2012). Behavioral therapy for management of obesity. *Indian Journal of Endocrinology and Metabolism, 16*(1), 28-32.

Jacobson, N. S., Dobson, K. S., Truax, P. A., Addis, M. E., Koerner, K., Gollan, J. K., et al. (1996). A component analysis of cognitive-behavioral treatment for depression. *Journal of Consulting and Clinical Psychology, 64*(2), 295-304.

Jahng, K. H., Martin, L. R., Golin, C. E., & DiMatteo, M. R. (2005). Preferences for medical collaboration: Patient-physician congruence and patient outcomes. *Patient Education and*

*Counseling, 57*(3), 308-314.

Janis, I. L., & Mann, L. (1977). *Decision making: A psychological analysis of conflict, choice, and commitment.* New York: Free Press.

Joseph, A. M., Willenbring, M. L., Nugent, S. M., & Nelson, D. B. (2004). A randomized trial of concurrent versus delayed smoking intervention for patients in alcohol dependence treatment. *Journal of Studies on Alcohol, 65*(6), 681-691.

Kaplan, S. H., Greenfield, S., & Ware, J. E., Jr. (1989). Assessing the effects of physician-patient interactions on the outcomes of chronic disease. *Medical Care, 27*(3), S110-S127.

Kavanagh, D. J., Sitharthan, T., Spilsbury, G., & Vignaendra, S. (1999). An evaluation of brief correspondence programs for problem drinkers. *Behavior Therapy, 30*(4), 641-656.

Kazantzis, N., Deane, F. P., & Ronan, K. R. (2000). Homework assignments in cognitive and behavioral therapy: A meta-analysis. *Clinical Psychology: Science and Practice, 7*, 189-202.

Keller, C. S., & McGowan, N. (2001). Examination of the processes of change, decisional balance, self-efficacy for smoking and the stages of change in Mexican American women. *Southern Online Journal of Nursing Research, 2*(4). Retrieved from *www.resourcenter.net/images/ snrs/files/sojnr_articles/iss04vol02.htm.*

Kertes, A., Westra, H., & Aviram, A. (2009). *Therapist effects in cognitive behavioral therapy: Client perspectives.* Paper presented at the 117th Annual Convention of the American Psychological Association, Toronto, ON, Canada.

Kiene, S. M., & Barta, W. D. (2006). A brief individualized computer-delivered sexual risk reduction intervention increases HIV/AIDS preventive behavior. *Journal of Adolescent Health, 39*(3), 404-410.

Kiernan, M., Moore, S. D., Schoffman, D. E., Lee, K., King, A. C., Taylor, C. B., et al. (2012). Social support for healthy behaviors: Scale psychometrics and prediction of weight loss among women in a behavioral program. *Obesity, 20*(4), 756-764.

King, A. C., Castro, C. M., Buman, M. P., Hekler, E. B., Urizar Jr., G. G., & Ahn, D. K. (2013). Behavioral impacts of sequentially versus simultaneously delivered dietary plus physical activity interventions: The CALM trial. *Annals of Behavioral Medicine, 46*(2), 157-168.

Kozak, A. T., & Fought, A. (2011). Beyond alcohol and drug addiction: Does the negative trait of low distress tolerance have an association with overeating? *Appetite, 57*(3), 578-581.

Krupnick, J. L., Sotsky, S. M., Simmens, S., Moyer, J., Elkin, I., Watkins, J., et al. (1996). The role of the therapeutic alliance in psychotherapy and pharmacotherapy outcome: Findings in the National Institute of Mental Health Treatment of Depression Collaborative Research Program. *Journal of Consulting and Clinical Psychology, 64*(3), 532-539.

Kurtz, M. M., & Mueser, K. T. (2008). A meta-analysis of controlled research on social skills training for schizophrenia. *Journal of Consulting and Clinical Psychology, 76*(3), 491-504.

Lam, D., & Wong, G. (2005). Prodromes, coping strategies and psychological interventions in bipolar disorders. *Clinical Psychology Review, 25*(8), 1028-1042.

Lambert, M. J., & Barley, D. E. (2001). Research summary on the therapeutic relationship and psychotherapy outcome. *Psychotherapy: Theory, Research, Practice, Training, 38*(4), 357-361.

Leahy, R. L. (2003). *Roadblocks in cognitive-behavioral therapy: Transforming challenges into opportunities for change.* New York: Cambridge University Press.

LeBeau, R. T., Davies, C. D., Culver, N. C., & Craske, M. G. (2013). Homework compliance counts in cognitive-behavioral therapy. *Cognitive Behaviour Therapy, 42*(3), 171-179.

Lepper, M. R., Corpus, J. H., & Iyengar, S. S. (2005). Intrinsic and extrinsic motivational orientations in the classroom: Age differences and academic correlates. *Journal of Educational Psychology, 97*(2), 184-196.

Leyro, T. M., Zvolensky, M. J., & Bernstein, A. (2010). Distress tolerance and psychopathological symptoms and disorders: A review of the empirical literature among adults. *Psychological Bulletin, 136*(4), 576-600.

Linehan, M. M. (1993). *Cognitive-behavioral treatment of borderline personality disorder.* New York: Guilford Press. 조용범 역(2007). 경계선 성격장애 치료를 위한 다이어렉티컬 행동치료. 서울: 학지사.

Lobban, F., & Barrowclough, C. (Eds.). (2009). *A casebook of family interventions for psychosis.* Chichester, West Sussex, UK: Wiley.

Lorig, K. R., Ritter, P., Stewart, A. L., Sobel, D. S., Brown, B. W., Jr., Bandura, A., et al. (2001). Chronic disease self-management program: 2-year health status and health care utilization outcomes. *Medical Care, 39*(11), 1217-1223.

Luborsky, L., Crits-Christoph, P., Alexander, L., Margolis, M., & Cohen, M. (1983). Two helping alliance methods for predicting outcomes of psychotherapy: A counting signs vs. a global rating method. *Journal of Nervous and Mental Disease, 171*(8), 480-491.

Lundahl, B., & Burke, B. L. (2009). The effectiveness and applicability of motivational interviewing: A practice-friendly review of four meta-analyses. *Journal of Clinical Psychology, 65*(11), 1232-1245.

Lynch, M. F., Vansteenkiste, M., Deci, E. L., & Ryan, R. M. (2011). Autonomy as process and outcome: Revisiting cultural and practical issues in motivation for counseling. *The Counseling Psychologist, 39*, 286-302.

Magill, M., & Ray, L. A. (2009). Cognitive-behavioral treatment with adult alcohol and illicit drug users: A meta-analysis of randomized controlled trials. *Journal of Studies on Alcohol and Drugs, 70*(4), 516-527.

Marcus, B. H., Dubbert, P. M., Forsyth, L. H., McKenzie, T. L., Stone, E. J., Dunn, A. L., et al. (2000). Physical activity behavior change: Issues in adoption and maintenance. *Health Psychology, 19*(1S), 32-41.

Marlatt, G. A., & Donovan, D. M. (2005). *Relapse prevention: Maintenance strategies in the treatment of addictive behaviors* (2nd ed.). New York: Guilford Press.

Marlatt, G. A., & George, W. H. (1984). Relapse prevention: Introduction and overview of the model. *British Journal of Addiction, 79*(3), 261-273.

Marlatt, G. A., & Gordon, J. R. (1985). Relapse prevention: A self-control strategy for the maintenance of behavior change. In G. A. Marlatt & J. R. Gordon (Eds.), *Relapse prevention: Maintenance strategies in the treatment of addictive behaviors* (1st ed., pp. 85-101). New York: Guilford Press.

Martell, C., Dimidjian, S., & Herman-Dunn, R. (2010). *Behavioral activation for depression: A clinician's guide.* New York: Guilford Press. 김병수, 서호준 공역(2012). 우울증의 행동활성화 치료: 치료자를 위한 가이드북. 서울: 학지사.

Mausbach, B. T., Moore, R., Roesch, S., Cardenas, V., & Patterson, T. L. (2010). The relationship between homework compliance and therapy outcomes: An updated meta-analysis. *Cognitive Therapy and Research, 34*(5), 429-438.

Mazzucchelli, T., Kane, R., & Rees, C. (2009). Behavioral activation treatments for depression in adults: A meta-analysis and review. *Clinical Psychology: Science and Practice, 16*(4), 383-411.

McEvoy, P. M., Nathan, P., & Norton, P. J. (2009). Efficacy of transdiagnostic treatments: A review of published outcome studies and future research directions. *Journal of Cognitive Psychotherapy, 23*(1), 20-33.

McGowan, S. K., & Behar, E. (2013). A preliminary investigation of stimulus control training for worry: Effects on anxiety and insomnia. *Behavior Modification, 37*(1), 90-112.

McHugh, R. K., Hearon, B. A., & Otto, M. W. (2010). Cognitive behavioral therapy for substance use disorders. *Psychiatric Clinics of North America, 33*(3), 511-525.

McHugh, R. K., Murray, H. W., & Barlow, D. H. (2009). Balancing fidelity and adaptation in the dissemination of empirically-supported treatments: The promise of transdiagnostic interventions. *Behaviour Research and Therapy, 47*(11), 946-953.

McIntosh, B., Yu, C., Lal, A., Chelak, K., Cameron, C., Singh, S., et al. (2010). Efficacy of self-monitoring of blood glucose in patients with type 2 diabetes mellitus managed without insulin: A systematic review and meta-analysis. *Open Medicine, 4*(2), 102-113.

McKay, J. R., Alterman, A. I., Cacciola, J. S., O'Brien, C. P., Koppenhaver, J. M., & Shepard, D. S. (1999). Continuing care for cocaine dependence: Comprehensive 2-year outcomes. *Journal of Consulting and Clinical Psychology, 67*(3), 420-427.

McKee, S. A., Carroll, K. M., Sinha, R., Robinson, J. E., Nich, C., Cavallo, D., et al. (2007). Enhancing brief cognitive-behavioral therapy with motivational enhancement techniques in cocaine users. *Drug and Alcohol Dependence, 91*(1), 97-101.

Miller, W. R. (1999). *Integrating spirituality into treatment: Resources for practitioners.* Washington, DC: American Psychological Association.

Miller, W. R. (2004). *Combined behavioral intervention manual: A clinical research guide for therapists treating people with alcohol abuse and dependence* (Vol. 1). Bethesda, MD: National Institute on Alcohol Abuse and Alcoholism.

Miller, W. R. (2012). MI and psychotherapy. *Motivational Interviewing: Training, Research, Implementation, Practice, 1*(1), 2-6.

Miller, W. R., Forcehimes, A. A., & Zweben, A. (2011). *Treating addiction: A guide for professionals.* New York: Guilford Press.

Miller, W. R., & Hester, R. K. (1986). The effectiveness of alcoholism treatment. In W. R. Miller & N. Heather (Eds.), *Treating addictive behaviors: Processes of change* (pp. 121-174). New York: Springer.

Miller, W. R., & Moyers, T. B. (2015). The forest and the trees: Relational and specific factors in addiction treatment. *Addiction, 110*(3), 401-413.

Miller, W. R., Moyers, T. B., Arciniega, L., Ernst, D., & Forcehimes, A. (2005, July). Training, supervision and quality monitoring of the COMBINE Study behavioral interventions. *Journal of Studies on Alcohol* (Suppl. 15), 188-195.

Miller, W. R., & Rollnick, S. (Eds.). (2002). *Motivational interviewing: Preparing people for change* (2nd ed.). New York: Guilford Press. 신성만, 권정옥, 손명자 공역(2006). 동기강화상담: 변화 준비시키기. 서울: 시그마프레스.

Miller, W. R., & Rollnick, S. (2009). Ten things that motivational interviewing is not. *Behavioural and Cognitive Psychotherapy, 37*(02), 129-140.

Miller, W. R., & Rollnick, S. (2012). *Motivational interviewing: Helping people change* (3rd ed.). New York: Guilford Press. 신성만, 권정옥, 이상훈 공역(2015). 동기강화상담: 변화 함께하기. 서울: 시그마프레스.

Miller, W. R., Taylor, C. A., & West, J. C. (1980). Focused versus broad-spectrum behavior therapy for problem drinkers. *Journal of Consulting and Clinical Psychology, 48*(5), 590–601.

Miller, W. R., Zweben, A., & DiClemente, C. C. (1994). *Motivational enhancement therapy manual* (Project Match Monograph Series, Vol. 2). Washington, DC: National Institute on Alcohol Abuse and Alcoholism.

Milroy, L., & Muysken, P. (1995). *One speaker, two languages: Cross-disciplinary perspectives on code-switching.* Cambridge, UK: Cambridge University Press.

Miltenberger, R. (2008). Behavioral skills training procedures. In *Behaviour modification: Principles and procedures* (pp. 251–265). Belmont, CA: Thomson.

Minami, T., Wampold, B. E., Serlin, R. C., Hamilton, E. G., Brown, G. S. J., & Kircher, J. C. (2008). Benchmarking the effectiveness of psychotherapy treatment for adult depression in a managed care environment: A preliminary study. *Journal of Consulting and Clinical Psychology, 76*(1), 116–124.

Monti, P. M., & O'Leary, T. A. (1999). Coping and social skills training for alcohol and cocaine dependence. *Psychiatric Clinics of North America, 22*(2), 447–470.

Moulds, M. L., & Nixon, R. D. (2006). *In vivo* flooding for anxiety disorders: Proposing its utility in the treatment of posttraumatic stress disorder. *Journal of Anxiety Disorders, 20*(4), 498–509.

Moyers, T. B., & Houck, J. (2011). Combining motivational interviewing with cognitive-behavioral treatments for substance abuse: Lessons from the COMBINE research project. *Cognitive and Behavioral Practice, 18*(1), 38–45.

Moyers, T., Martin, T., Catley, D., Harris, K. J., & Ahluwalia, J. S. (2003). Assessing the integrity of motivational interviewing: Reliability of the motivational interviewing skills code. *Behavioural and Cognitive Psychotherapy, 31*(2), 177–184.

Moyers, T. B., Martin, T., Christopher, P. J., Houck, J. M., Tonigan, J. S., & Amrhein, P. C. (2007). Client language as a mediator of motivational interviewing efficacy: Where is the evidence? *Alcoholism: Clinical and Experimental Research, 31*(10, Suppl.), 40S–47S.

Moyers, T. B., Martin, T., Manuel, J. K., Hendrickson, S. M. L., & Miller, W. R. (2005). Assessing competence in the use of motivational interviewing. *Journal of Substance Abuse Treatment, 28*(1), 19–26.

Mueser, K. T., & Drake, R. E. (2007). Comorbidity: What have we learned and where are we going? *Clinical Psychology: Science and Practice, 14*(1), 64–69.

Naar, S., & Flynn, H. (2015). Client language as a mediator of motivational interviewing efficacy: Where is the evidence? In H. Arkowitz, W. R. Miller, & S. Rollnick (Eds.), *Motivational interviewing in the treatment of psychological problems* (2nd ed., pp. 170–192). New York:

Guilford Press.

Naar-King, S., Earnshaw, P., & Breckon, J. (2013). Toward a universal maintenance intervention: Integrating cognitive-behavioral treatment with motivational interviewing for maintenance of behavior change. *Journal of Cognitive Psychotherapy, 27*(2), 126-137.

Naar-King, S., Ellis, D. A., Idalski Carcone, A., Templin, T., Jacques-Tiura, A. J., Brogan Hartlieb, K., et al. (2016). Sequential Multiple Assignment Randomized Trial (SMART) to construct weight loss interventions for African American adolescents. *Journal of Clinical Child and Adolescent Psychology, 45*(4), 428-441.

Naar-King, S., Outlaw, A. Y., Sarr, M., Parsons, J. T., Belzer, M., Macdonell, K., et al. (2013). Motivational Enhancement System for Adherence (MESA): Pilot randomized trial of a brief computer-delivered prevention intervention for youth initiating antiretroviral treatment. *Journal of Pediatric Psychology, 38*(6), 638-648.

Newman, M., & Borkovec, T. (1995). Cognitive-behavioral treatment of generalized anxiety disorder. *The Clinical Psychologist, 48*(4), 5-7.

Newman, M. G., Consoli, A. J., & Taylor, C. B. (1999). A palmtop computer program for the treatment of generalized anxiety disorder. *Behavior Modification, 23*(4), 597-619.

Nickoletti, P., & Taussig, H. N. (2006). Outcome expectancies and risk behaviors in maltreated adolescents. *Journal of Research on Adolescence, 16*(2), 217-228.

Nigg, C. R., Borrelli, B., Maddock, J., & Dishman, R. K. (2008). A theory of physical activity maintenance. *Applied Psychology, 57*(4), 544-560.

Nock, M., & Kazdin, A. E. (2005). Randomized controlled trial of a brief intervention for increasing participation in parent management training. *Journal of Consulting and Clinical Psychology, 73*(5), 872-879.

Norton, P. J. (2012). A randomized clinical trial of transdiagnostic cognitive-behavioral treatments for anxiety disorder by comparison to relaxation training. *Behavior Therapy, 43*(3), 506-517.

O'Connell, K. A., Cook, M. R., Gerkovich, M. M., Potocky, M., & Swan, G. E. (1990). Reversal theory and smoking: A state-based approach to ex-smokers' highly tempting situations. *Journal of Consulting and Clinical Psychology, 58*(4), 489-494.

Olander, E. K., Fletcher, H., Williams, S., Atkinson, L., Turner, A., & French, D. P. (2013). What are the most effective techniques in changing obese individuals' physical activity self-efficacy and behaviour: A systematic review and meta-analysis. *International Journal of Behavioral Nutrition and Physical Activity, 10*, 29.

Ondersma, S. J., Chase, S. K., Svikis, D., & Schuster, C. R. (2005). Computer-based brief motivational intervention for perinatal drug use. *Journal of Substance Abuse Treatment,*

$28(4)$, 305–312.

Ondersma, S. J., Svikis, D. S., Lam, P. K., Connors-Burge, V. S., Ledgerwood, D. M., & Hopper, J. A. (2012). A randomized trial of computer-delivered brief intervention and low-intensity contingency management for smoking during pregnancy. *Nicotine and Tobacco Research, 14*(3), 351–360.

Ondersma, S. J., Svikis, D. S., & Schuster, C. R. (2007). Computer-based brief intervention: A randomized trial with postpartum women. *American Journal of Preventive Medicine, 32*(3), 231–238.

Ondersma, S. J., Svikis, D. S., Thacker, L. R., Beatty, J. R., & Lockhart, N. (2014). Computer-delivered screening and brief intervention (e-SBI) for postpartum drug use: A randomized trial. *Journal of Substance Abuse Treatment, 46*(1), 52–59.

Ong, L. M., De Haes, J. C., Hoos, A. M., & Lammes, F. B. (1995). Doctor-patient communication: A review of the literature. *Social Science and Medicine, 40*(7), 903–918.

Orsega-Smith, E. M., Payne, L. L., Mowen, A. J., Ho, C.-H., & Godbey, G. C. (2007). The role of social support and self-efficacy in shaping the leisure time physical activity of older adults. *Journal of Leisure Research, 39*(4), 705–727.

Oser, M. L., Trafton, J. A., Lejuez, C. W., & Bonn-Miller, M. O. (2013). Differential associations between perceived and objective measurement of distress tolerance in relation to antiretroviral treatment adherence and response among HIV-positive individuals. *Behavior Therapy, 44*(3), 432–442.

Osilla, K. C., Hepner, K. A., Muñoz, R. F., Woo, S., & Watkins, K. (2009). Developing an integrated treatment for substance use and depression using cognitive-behavioral therapy. *Journal of Substance Abuse Treatment, 37*(4), 412–420.

Öst, L.-G., Alm, T., Brandberg, M., & Breitholtz, E. (2001). One vs five sessions of exposure and five sessions of cognitive therapy in the treatment of claustrophobia. *Behaviour Research and Therapy, 39*(2), 167–183.

Ougrin, D. (2011). Efficacy of exposure versus cognitive therapy in anxiety disorders: Systematic review and meta-analysis. *BMC Psychiatry, 11*(1), 1.

Padesky, C. A. (1993). *Socratic questioning: Changing minds or guiding discovery.* Keynote address delivered at the European Congress of Behavioural and Cognitive Therapies, London.

Papworth, M., Marrinan, T., Martin, B., Keegan, D., & Chaddock, A. (2013). *Low intensity cognitive-behaviour therapy: A practitioner's guide.* London: SAGE.

Parsons, J. T., Golub, S. A., Rosof, E., & Holder, C. (2007). Motivational interviewing and cognitive-behavioral intervention to improve HIV medication adherence among hazardous drinkers: A randomized controlled trial. *Journal of Acquired Immune Deficiency Syndrome, 46*(4), 443-450.

Paul, R., & Elder, L. (2006). *Thinker's guide to the art of Socratic questioning.* Tomales, CA: Foundation for Critical Thinking.

Perri, M. G., Sears, S. F., & Clark, J. E. (1993). Strategies for improving maintenance of weight loss: Toward a continuous care model of obesity management. *Diabetes Care, 16*(1), 200-209.

Piasecki, T. M. (2006). Relapse to smoking. *Clinical Psychology Review, 26*(2), 196-215.

Polivy, J., & Herman, C. P. (2002). If at first you don't succeed: False hopes of self-change. *The American Psychologist, 57*(9), 677-689.

Powers, M. B., & Emmelkamp, P. M. (2008). Virtual reality exposure therapy for anxiety disorders: A meta-analysis. *Journal of Anxiety Disorders, 22*(3), 561-569.

Prochaska, J. J., & Prochaska, J. O. (2011). A review of multiple health behavior change interventions for primary prevention. *American Journal of Lifestyle Medicine, 5*(3), 208-221.

Prochaska, J. J., Spring, B., & Nigg, C. R. (2008). Multiple health behavior change research: An introduction and overview. *Preventive Medicine, 46*(3), 181-188.

Prochaska, J. O., Velicer, W. F., Rossi, J. S., Goldstein, M. G., Marcus, B. H., Rakowski, W., et al. (1994). Stages of change and decisional balance for 12 problem behaviors. *Health Psychology, 13*(1), 39-46.

Resnicow, K., & McMaster, F. (2012). Motivational interviewing: Moving from why to how with autonomy support. *International Journal of Behavioral Nutrition and Physical Activity, 9*(1), 1.

Resnicow, K., McMaster, F., & Rollnick, S. (2012). Action reflections: A client-centered technique to bridge the WHY-HOW transition in motivational interviewing. *Behavioural and Cognitive Psychotherapy, 40*(4), 474-480.

Ries, R. (1996). *Assessment and treatment of patients with coexisting mental illness and alcohol and other drug abuse.* Darby, PA: Diane.

Riper, H., Andersson, G., Hunter, S. B., Wit, J., Berking, M., & Cuijpers, P. (2014). Treatment of comorbid alcohol use disorders and depression with cognitive-behavioural therapy and motivational interviewing: A meta-analysis. *Addiction, 109*(3), 394-406.

Rogers, C. (1951). *Client-centered therapy: Its current practice, implications and theory.* London: Constable.

Rollnick, S., Miller, W. R., & Butler, C. C. (2008). *Motivational interviewing in health care: Helping patients change behavior.* New York: Guilford Press. 신수경, 조성희 공역(2009). 건강관리에

서의 동기면담. 서울: 시그마프레스.

Rosengren, D. B. (2009). *Building motivational interviewing skills: A practitioner workbook*. New York: Guilford Press. 신성만, 김성재, 이동귀, 전영민 공역(2012). 동기강화상담 기술훈련: 실무자 워크북. 서울: 박학사.

Safren, S. A., Otto, M. W., Worth, J. L., Salomon, E., Johnson, W., Mayer, K., et al. (2001). Two strategies to increase adherence to HIV antiretroviral medication: Life-steps and medication monitoring. *Behaviour Research and Therapy, 39*(10), 1151-1162.

Safren, S., Perlman, C., Sprich, S., & Otto, M. (2005). *Mastering your adult ADHD: A cognitive behavioral treatment program—Therapist guide*. New York: Oxford University Press. 이성직 역(2013). 성인 ADHD 인지행동치료 프로그램: 치료자용 지침서. 서울: 학지사.

Schwartz, R. P., Gryczynski, J., Mitchell, S. G., Gonzales, A., Moseley, A., Peterson, T. R., et al. (2014). Computerized versus in-person brief intervention for drug misuse: A randomized clinical trial. *Addiction, 109*(7), 1091-1098.

Smith, D. E., Heckemeyer, C. M., Kratt, P. P., & Mason, D. A. (1997). Motivational interviewing to improve adherence to a behavioral weight-control program for older obsese women with NIDDM. *Diabetes Care, 20*(1), 52-54.

Sobell, M. B., Bogardis, J., Schuller, R., Leo, G. I., & Sobell, L. C. (1989). Is self-monitoring of alcohol consumption reactive? *Behavioral Assessment, 11*(4), 447-458.

Spoelstra, S. L., Schueller, M., Hilton, M., & Ridenour, K. (2015). Interventions combining motivational interviewing and cognitive behaviour to promote medication adherence: A literature review. *Journal of Clinical Nursing, 24*(9-10), 1163-1173.

Spring, B., Doran, N., Pagoto, S., Schneider, K., Pingitore, R., & Hedeker, D. (2004). Randomized controlled trial for behavioral smoking and weight control treatment: Effect of concurrent versus sequential intervention. *Journal of Consulting and Clinical Psychology, 72*(5), 785-796.

Stetler, C. B., Damschroder, L. J., Helfrich, C. D., & Hagedorn, H. J. (2011). A guide for applying a revised version of the PARIHS framework for implementation. *Implementation Science, 6*(1), 99.

Stewart, M., Brown, J., Donner, A., McWhinney, I., Oates, J., Weston, W., et al. (2000). The impact of patient-centered care on outcomes. *Journal of Family Practice, 49*(9), 796-804.

Stotts, A. L., Schmitz, J. M., Rhoades, H. M., & Grabowski, J. (2001). Motivational interviewing with cocaine-dependent patients: A pilot study. *Journal of Consulting and Clinical Psychology, 69*(5), 858-862.

Street, R. L., Jr., Gordon, H., & Haidet, P. (2007). Physicians' communication and perceptions of patients: Is it how they look, how they talk, or is it just the doctor? *Social Science and Medicine, 65*(3), 586-598.

Strickler, D. C. (2011). Requiring case management meetings to be conducted outside the clinic. *Psychiatric Services, 62*(10), 1215-1217.

Sturmey, P. (2009). Behavioral activation is an evidence-based treatment for depression. *Behavior Modification, 33*(6), 818-829.

Surgeon General. (1999). *Mental health: A report of the Surgeon General.* Bethesda, MD: U.S. Public Health Service.

Sweet, S. N., & Fortier, M. S. (2010). Improving physical activity and dietary behaviours with single or multiple health behaviour interventions?: A synthesis of meta-analyses and reviews. *International Journal of Environmental Research and Public Health, 7*(4), 1720-1743.

Tolin, D. F. (2010). Is cognitive-behavioral therapy more effective than other therapies?: A meta-analytic review. *Clinical Psychology Review, 30*(6), 710-720.

Trummer, U. F., Mueller, U. O., Nowak, P., Stidl, T., & Pelikan, J. M. (2006). Does physician-patient communication that aims at empowering patients improve clinical outcome?: A case study. *Patient Education and Counseling, 61*(2), 299-306.

Turner, J. S., & Leach, D. J. (2009). Brief behavioural activation treatment of chronic anxiety in an older adult. *Behaviour Change, 26*(3), 214-222.

Tzilos, G. K., Sokol, R. J., & Ondersma, S. J. (2011). A randomized phase I trial of a brief computer-delivered intervention for alcohol use during pregnancy. *Journal of Women's Health, 20*(10), 1517-1524.

Uhlig, K., Patel, K., Ip, S., Kitsios, G. D., & Balk, E. M. (2013). Self-measured blood pressure monitoring in the management of hypertension: A systematic review and meta-analysis. *Annals of Internal Medicine, 159*(3), 185-194.

Utay, J., & Miller, M. (2006). Guided imagery as an effective therapeutic technique: A brief review of its history and efficacy research. *Journal of Instructional Psychology, 33*(1), 40-44.

Valle, S. K. (1981). Interpersonal functioning of alcoholism counselors and treatment outcome. *Journal of Studies on Alcohol, 42*(9), 783-790.

Vallerand, R. J. (1997). Toward a hierarchical model of intrinsic and extrinsic motivation. *Advances in Experimental Social Psychology, 29*, 271-360.

Vandelanotte, C., De Bourdeaudhuij, I., Sallis, J. F., Spittaels, H., & Brug, J. (2005). Efficacy of sequential or simultaneous interactive computer-tailored interventions for increasing physical activity and decreasing fat intake. *Annals of Behavioral Medicine, 29*(2), 138-146.

Verkuil, B., Brosschot, J. F., Korrelboom, K., Reul-Verlaan, R., & Thayer, J. F. (2011). Pretreatment of worry enhances the effects of stress management therapy: A randomized clinical trial. *Psychotherapy and Psychosomatics, 80*(3), 189-190.

Vincze, G., Barner, J. C., & Lopez, D. (2003). Factors associated with adherence to self-monitoring of blood glucose among persons with diabetes. *The Diabetes Educator, 30*(1), 112-125.

Walters, G. D. (2001). Behavioral self-control training for problem drinkers: A meta-analysis of randomized control studies. *Behavior Therapy, 31*(1), 135-149.

Walters, S. T., Vader, A. M., Harris, T. R., Field, C. A., & Jouriles, E. N. (2009). Dismantling motivational interviewing and feedback for college drinkers: A randomized clinical trial. *Journal of Consulting and Clinical Psychology, 77*(1), 64-73.

Weiss, C. V., Mills, J. S., Westra, H. A., & Carter, J. C. (2013). A preliminary study of motivational interviewing as a prelude to intensive treatment for an eating disorder. *Journal of Eating Disorders, 1*(1), 1.

Westmaas, J. L., Bontemps-Jones, J., & Bauer, J. E. (2010). Social support in smoking cessation: Reconciling theory and evidence. *Nicotine and Tobacco Research, 12*(7), 695-707.

Westra, H. A., & Arkowitz, H. (2011). Introduction. *Cognitive and Behavioral Practice, 18*(1), 1-4.

Westra, H. A., Arkowitz, H., & Dozois, D. J. (2009). Adding a motivational interviewing pretreatment to cognitive behavioral therapy for generalized anxiety disorder: A preliminary randomized controlled trial. *Journal of Anxiety Disorders, 23*(8), 1106- 1117.

Westra, H. A., Constantino, M. J., Arkowitz, H., & Dozois, D. J. (2011). Therapist differences in cognitive-behavioral psychotherapy for generalized anxiety disorder: A pilot study. *Psychotherapy, 48*(3), 283-292.

Westra, H. A., & Dozois, D. J. (2006). Preparing clients for cognitive behavioral therapy: A randomized pilot study of motivational interviewing for anxiety. *Cognitive Therapy and Research, 30*(4), 481-498.

Wilson, G. T., & Vitousek, K. M. (1999). Self-monitoring in the assessment of eating disorders. *Psychological Assessment, 11*(4), 480-489.

Wing, R. R., & Phelan, S. (2005). Long-term weight loss maintenance. *American Journal of Clinical Nutrition, 82*(1), 222S-225S.

Witkiewitz, K., Lustyk, M. K. B., & Bowen, S. (2013). Re-training the addicted brain: A review of hypothesized neurobiological mechanisms of mindfulness-based relapse prevention. *Psychology of Addictive Behaviors, 27*(2), 351-365.

Witkiewitz, K. A., & Marlatt, G. A. (Eds.). (2007). *Therapist's guide to evidence-based relapse prevention.* Burlington, MA: Elsevier.

Yovel, I., & Safren, S. A. (2007). Measuring homework utility in psychotherapy: Cognitive-behavioral therapy for adult attention-deficit hyperactivity disorder as an example. *Cognitive Therapy and Research, 31*(3), 385-399.

Zvolensky, M. J., Vujanovic, A. A., Bernstein, A., & Leyro, T. (2010). Distress tolerance theory, measurement, and relations to psychopathology. *Current Directions in Psychological Science, 19*(6), 406-410.

ATA(묻기-알려주기-묻기 참조)

CBT(인지행동치료 참조)

MI(동기면담 참조)

PACE(또한 수용, 동정, 유발, 협력 참조) 19

ㄱ

감정

　유지와 _____ 244-245

　인지 재구조화와 _____ 147-148

　평가와 _____ 60

강박장애(OCD) 115

강점

　MI-CBT 통합의 훈련과 _____ 276(표)

　_____ 관련 질문 43

　자가 모니터링과 _____ 118-119

강화

　MI-CBT 통합치료의 훈련과 _____ 276

　결단[결심] 언어와 _____ 49-50

　변화대화와 _____ 40-46

　변화유지와 _____ 248

　외적 강화물과 _____ 280-281

　행동 활성화와 _____ 178

개인별 맞춤 피드백(피드백 참조) 74-75, 75(표)

개입 69-71, 78-79

거리확보질문(또한 질문 참조) 157

거절 기술(또한 기술 훈련 참조) 13, 183, 213

거짓 희망 증후군 192, 251

걱정

　_____ 관련 유인물 212

　_____에 대한 자극 통제 181-182

　자가 모니터링과 _____ 114-115

걱정에 대한 자극 통제(또한 기술 훈련, 걱정 참조)

　181-182

건강 행동 변화 278-279

결과 60, 108-109

결단(결심) 81-82, 190-192, 193

결단 언어 49-50, 82

결단의 공고화 81-82

결정저울 221

경청

　MI-CBT 통합치료의 훈련과 _____ 276

　관계 형성과 _____ 33-35

　소크라테스식 질문과 _____ 156

　_____의 걸림돌 33-34

　자가 모니터링과 _____ 112

　적극적 _____ 33-35, 43

경청의 걸림돌 33-34

계획하기(또한 변화계획, 치료계획 수립 참조)

    MI-CBT 통합치료의 훈련과 _____ 277(표)

    개관 19, 21, 46-50, 48(그림)

    _____ 관련 유인물 121(그림), 122

    기술 훈련 190-194

    변화유지와 _____ 252(그림), 253-254, 254
    (그림)

    인지 재구조화와 _____ 146-147(표), 158-162,
    159(그림), 163(그림)

    자가 모니터링과 _____ 112(그림), 121-124,
    121(그림)

    통합치료 지침서와 _____ 264-265

공감

    MI-CBT 통합치료의 훈련과 _____ 275

    개요 13

    관계형성과 _____ 33-35, 108

    인지 재구조화와 _____ 155

    회기 참석과 _____ 229

공포 순위(목록)

    기술 훈련과 _____ 192-193

    노출치료와 _____ 180-181, 182(그림)

과도한 자신감 123

과오(또한 변화유지 참조) 242-244

과제(또한 유인물 참조)

    가설 검증 33, 85

    개요 217-218

    과제 이행 220-227, 225(그림), 227(그림)

    관계 형성과 _____ 108

    _____ 관련 MI-CBT 딜레마 230

    _____ 관련 유인물 238-239

    _____ 관련 전문용어 218-220

    _____ 관련 활동 231-237

    기술 훈련과 _____ 194-195

    _____의 완수 거부 86

    _____의 효용성 222-227, 225(그림),
    227(그림)

관계 형성

    MI-CBT 통합치료의 훈련과 _____ 277

    개요 20, 29-36

    과제와 _____ 218-220

    교정반사와 _____ 20

    기술 훈련과 _____ 184-186

    유지와 _____ 242-244

    인지 재구조화와 _____ 144-153, 146-
    147(표)

    자가 모니터링과 _____ 108-115, 111-112(표)

    초기 회기들에서 MI와 CBT의 통합 그리고
    _____ 50

    통합치료 지침서와 _____ 264-265

    평가 및 치료계획 수립과 _____ 61-68,
    67-68(표)

    협동적 사정과 _____ 64-68, 67-68(표)

관계 형성 역행(또한 관계 형성 참조) 21

교정반사

    개요 20

    기술 훈련과 _____ 184

    변화유지와 _____ 247

구체적 행동계획(또한 계획하기 참조) 122

기관 요인 50

기능 분석[사정/평가](또한 사정 참조)

    개요 60

    과제 효용성과 _____ 222-224

    _____ 관련 유인물 100-105

_____ 관련 활동 87-99

기술 훈련과 _____ 186

유지와 _____ 246

통합치료 지침서와 _____ 265

기록하기(자가 모니터링 참조)

기술 훈련

_____ 관련 MI−CBT 딜레마 194-195

MI−CBT 통합치료의 훈련과 _____ 277

개요 184

거절 기술 183

걱정에 대한 자극 통제 181-182

계획하기와 _____ 190-194

관계 형성과 _____ 184-186

_____ 관련 유인물 178, 179, 188, 206-215

_____ 관련 활동 195-203

노출치료 180-181, 182(그림)

디스트레스 감내력 179-180

마음챙김 180

문제 해결 기술 177-178

유발하기와 _____ 188-190

자가 모니터링과 _____ 112(표)

자기주장 훈련 183

초점 맞추기와 _____ 186-189

행동 활성화와 _____ 178-179

기술(technology) 281


낙인(찍기) 30, 152

노출치료(또한 기술 훈련 참조) 180-181, 182
(그림), 211

누락 부분 반영(또한 반영 참조) 68

눈금(자) 57, 119-120, 139

능력 41, 189


닫힌 질문(또한 질문 참조) 34

답보대화

관계형성 35-46

기술훈련 189-190

동기면담−인지행동치료 통합 훈련하기
277(표)

인지 재구조화와 _____ 152-153

자가 모니터링과 _____ 114-115

평가 75

대인관계 과정 13

대처계획 245-246

도움이 되지 않는 사고(또한 인지 재구조화 참조)
152-153

동기 112, 118

동기면담(MI)(또한 통합치료 지침서 참조)

MI−CBT 통합치료의 훈련과 _____ 275-277,
276-277(표), 277(표)

개요 14, 263-264

_____의 네 가지 과정 19-21

의사소통 기술과 _____ 21-22

인지행동치료와의 통합과 _____ 15-18, 16
(그림)

동기면담의 정신

개요 19

치료동맹과 _____ 28

동맹(또한 치료[적]동맹 참조) 27-28

동반질환 278-279

동정[자비](또한 PACE 참조) 19, 23

디스트레스 감내력(또한 기술 훈련 참조) 179-

180, 208–210

딜레마

    MI와 CBT를 통합하기와 _____ 50, 274–277

    과제와 _____ 230

    유지와 _____ 255

    인지 재구조화와 _____ 162–164

    자가 모니터링과 _____ 115, 124

    평가 및 치료 계획과 _____ 85–86

    회기 참석과 _____ 230

따라가는 스타일 37

**ㅁ**

마음챙김(또한 기술 훈련 참조) 180

만성통증프로그램, MI–CBT 치료에서의 269–273,
    271(그림), 272(그림), 272–273(표)

모델링 188–189

목표 위반 효과 242

문제 해결

    _____ 관련 유인물

    교정반사와 _____ 20

    기술 훈련과 _____ 184–185

    자가 모니터링과 _____ 111–112(표), 112, 115

문제 해결 기술(또한 기술 훈련 참조) 177–178

    MI–CBT 통합치료의 훈련과 _____ 277(표)

    개요 22, 31–33

    계획하기와 _____ 46–50

    과제와 _____ 218–220, 222–227

    기술 훈련과 _____ 184–185, 187, 188, 195

    유지와 _____ 242–244

    인지 재구조화와 _____ 146–147(표), 145–151,
    153–154

    자가 모니터링과 _____ 112–114, 117–118,

122–123

    치료계획 수립과 _____ 79–80

    통합치료 지침서와 _____ 264–265, 274

    평가 및 치료계획 수립과 _____ 85

    피드백과 _____ 74–75, 75–77(표)

    협동적 사정과 _____ 67–68

    회기 의제 합의하기와 _____ 62–64, 110

물질사용과 물질남용 17–18

**ㅂ**

반영(또한 요약하기 참조)

    _____을 질문으로 바꾸는 것 35

    개요 21–22

    결단[결심] 언어와 _____ 49–50

    경청과 _____ 33–34

    계획하기와 _____ 46–49

    과제와 _____ 222–224, 225

    기술 훈련과 _____ 185, 186, 192, 193

    변화대화와 _____ 42

    변화유지와 _____ 243–244, 245, 248–249, 250

    실행 반영과 _____ 69–70

    인지 재구조화와 _____ 146, 148, 149, 150,
    153, 154, 155, 157, 160–161

    자가 모니터링과 _____ 110, 113, 117, 122

    점검하기[체크인]과 _____ 61–62

    치료계획 수립과 _____ 79, 81–82

    통합치료 지침서와 _____ 264

    피드백과 _____ 75–77(표)

    협력적 사정과 _____ 64–67, 67(표), 68

    회기 참석과 _____ 229

방해물 대처계획(또한 변화 계획, 계획하기 참조)

    기술 훈련과 _____ 192–193

　　유지와 _____ 253

　　인지 재구조화와 _____ 161

　　자가 모니터링과 _____ 122-123

범불안장애 17, 181

변증[법적]행동 치료 179, 221

변화(또한 변화계획, 변화대화 참조)

　　_____에 대한 욕구 41, 73

　　_____에 대한 필요 41, 73, 190

　　답보대화와 _____ 35-36

　　점검하는 동안 _____ 검토하기 61-62

변화 이유 41-42, 73, 189

변화계획(또한 변화, 방해물 대처계획[If-then plan], 계획하기 참조)

　　개요 48-50, 48(그림)

　　관계 형성과 _____ 108

　　_____ 관련 유인물 122-123, 121(그림)

　　다음 회기를 위한 _____ 82-84

　　유지와 _____ 253-254, 252(그림)

　　인지 재구조화와 _____ 161-162

　　자가 모니터링과 _____ 122-123, 121(그림)

　　점검하는 동안 _____ 검토하기 61-62

　　통합치료 지침서와 _____ 265

변화대화(또한 변화 참조)

　　MI-CBT 통합치료의 훈련과 _____ 276-277(표)

　　과제와 _____ 226

　　기술 훈련과 _____ 190-192

　　유지와 _____ 248-249

　　이끌어내고 강화하기 41-46

　　인지 재구조화와 _____ 155

　　통합치료 지침서와 _____ 265

　　평가와 _____ 72-73

　　피드백과 _____ 75-77(표)

　　회기 참석과 _____ 228

변화반대대화(또한 변화대화, 불화 참조) 220-221, 276-277(표)

변화에 대한 욕구 41, 73

변화에 대한 필요 41, 73, 190

변화유지

　　개요 241-242

　　계획하기와 _____ 251-254, 252(그림), 254(그림)

　　관계 형성과 _____ 242-244

　　_____ 관련 MI-CBT 딜레마 255

　　_____ 관련 유인물 246, 259-261

　　_____ 관련 활동 256-258

　　유발하기와 _____ 247-251

　　초점 맞추기와 _____ 244-247

보상 280-281

분노관리프로그램, MI-CBT치료에서의 265-269, 267(그림), 268(그림), 268-269(표)

분석 질문(또한 질문 참조) 156

불안

　　MI를 CBT와 통합하기 및 _____ 17-18

　　걱정과 _____ 181-182

　　노출치료와 _____ 181, 182(그림)

　　디스트레스 감내력과 _____ 179-180

불안장애 17-18

불일치감 250

불화

　　MI-CBT 통합치료의 훈련과 _____ 276-277(표)

　　과제와 _____ 221

　　관계 형성과 _____ 35-36

기술 훈련과 _____ 189-190

인지 재구조화와 _____ 152-153

자가 모니터링과 _____ 114-115

불확실성 247

비언어적 반응 76

## ㅅ

사고(또한 인지 재구조화 참조) 60, 244

사고[생각] 기록 153-154

사례 공식화 59-60, 65-68, 67-68(표)

사전연습 188

사정[평가](또한 평가, 기능 분석 참조)

관계 형성과 _____ 108

_____ 관련 유인물 100-105

치료동맹과 _____ 28

피드백과 _____ 75-77(표)

협동적 사정 64-68, 67-68(표)

사회적 지지 253

생리 증상 60

선택(또한 옵션 참조)

개요 23

과제와 _____ 220

자가 모니터링과 _____ 114

선택안[옵션] 메뉴(또한 옵션 참조)

유지와 _____ 244, 253

인지 재구조화와 _____ 161

자가 모니터링과 _____ 123

협동적 사정과 _____ 68

선행요인

관계 형성과 _____ 108-109

유지와 _____ 244-246

자가 모니터링과 _____ 122

평가와 _____ 60

협력적 사정과 _____ 64-65

성과 예측 249-250

소크라테스식 질문하기(또한 질문 참조)

_____ 관련 활동 164-165

인지 재구조화와 _____ 156-158, 159

수용(또한 PACE 참조)

MI 정신과 _____ 19

개관 19

마음챙김과 _____ 180

수용전념치료 279-280

시각화 124, 141-142

시간 표집 절차(또한 자가 모니터링 참조) 116

식욕부진증(또한 섭식 문제 및 섭식 장애 참조) 115

식이 문제/장애 115, 179, 183

신념 평가(또한 자가 모니터링 참조) 152

실수(또한 변화유지 참조) 249-250, 259-261

실습(또한 과제 참조) 195, 282-283

실행 반영(또한 반영 참조)

개요 69-70

유지와 _____ 246

인재 재구조화와 _____ 150, 151, 155

자가 모니터링과 _____ 114

## ㅇ

안내식 면담 246

안내에 의한 발견 156-157, 159

안내하는 스타일 37, 153

약물 순응 179

양가성(양가감정)

MI를 CBT와 통합하기 및 _____ 50, 274

개요 21, 22

과제와 _____ 220-227, 225-226(그림)

변화대화와 _____ 41

인지 기술과 _____ 143

자가 모니터링과 _____ 111(표), 114

평가 및 치료계획 수립과 _____ 73, 85

양면 반영(또한 반영 참조) 76(표), 250

언어요소(또한 변화대화, 결단[결심]언어,

답보대화 참조)

개요 23

유지와 _____ 248-249

통합치료 지침서와 _____ 282

언어적 사전연습

열린 질문(또한 질문 참조)

MI-CBT 통합치료의 훈련과 _____ 276(표),

277(표)

개요 21, 22

결단 언어와 _____ 49-50

과제와 _____ 222-224, 226

기술 훈련과 _____ 190, 192, 193

변화대화와 _____ 41

유지와 _____ 245, 248-249

인지 재구조화와 _____ 144, 145, 155, 161

자가 모니터링과 _____ 118-119, 122

치료계획 수립과 _____ 79

협동적 사정과 _____ 67

옵션[선택안](또한 선택, 선택안 메뉴 참조) 113,

145

왜곡된 사고(또한 도움되지 않는 생각 참조)

외적 강화물(또한 강화 참조) 280-281

요약하기(또한 반영 참조)

MI-CBT 통합의 훈련과 _____ 276

개요 21

변화유지와 _____ 245

소크라테스식 질문하기와 _____ 156

치료계획 수립과 _____ 81-82

평가와 _____ 71-72, 73(그림)

피드백과 _____ 76-77(표)

협력적 사정(평가)과 _____ 64-65

회기 참석과 _____ 229

우울

MI와 CBT를 통합하기와 _____ 19

디스트레스 감내력과 _____ 179

사례 예시 269-273, 271(그림), 272(그림),

272(표)

자가 모니터링과 _____ 116

행동 활성화와 _____ 178-179

유인물(또한 과제 참조)

CBT 모델 기능 평가 도구(유인물 3.3) 102

간단한 기능 평가 도구(유인물 3.2) 101

개인의 강점들(유인물 4.6) 138

거절 기술(유인물 6.7) 213

걱정 통제(유인물 6.6) 212

결단 눈금(자)(유인물 2.3) 57

결단 측정 눈금(자)(유인물 4.7) 139

계획을 표현하기 위한 시각화 대본(유인물

4.9) 141-142

기능 평가 도구(유인물 3.1) 100

나는 어떻게 관리했나?(유인물 4.2) 133

도움이 되는생각 / 도움이 되지 않는 생각

(유인물 5.3) 172

디스트레스(심리적 고통) 감내를 위한 간단한

작업지(유인물 6.4) 210

디스트레스(심리적 고통) 감내하기(유인물

　　6.3)　208-209

　　문제 해결하기(유인물 6.1)　204-205

　　변화계획(유인물 2.2)　56

　　변화유지를 위한 계획(유인물 8.2)　261

　　보호자 지원 자가 모니터링(유인물 4.5)　137

　　상황 및 대안적 설명(유인물 5.2)　171

　　상황, 생각, 감정, 행동(유인물 5.1)　170

　　실수 다루기(유인물 8.1)　259-260

　　음식 자가 모니터링(유인물 4.3)　134

　　인지 기술을 위한 변화계획(유인물 5.5)　175

　　자가 모니터링을 위한 지갑용 카드(유인물

　　　4.1)　132

　　자가 모니터링을 위한 변화계획(유인물 4.8)

　　　140

　　점진적 노출(유인물 6.5)　211

　　초점 맞추기 지도(유인물 2.1)　55

　　치료계획(유인물 3.5)　104

　　평가 결과에 대한 변화계획(유인물 3.6)　105

　　평가 요약(유인물 3.4)　103

　　행동 및 정서 조절 기술을 위한 변화

　　　계획(유인물 6.9)　215

　　행동 실험(유인물 5.4)　173-174

　　행동 활성화(유인물 6.2)　206-207

　　활동 자가 모니터링(유인물 4.4)　135-136

　　회기 사이의 실습을 위한 5 W's(유인물 7.1)

　　　238-239

　　회기 중 기술 훈련 단계들(유인물 6.8)　214

의견교환[대화]의 시작　29-31

의사소통 기술　21-22, 183

이끌어내기　40-46, 47

이해[하기]　33-35, 112(표)

인센티브　280-281

인정[하기]

　　MI-CBT 통합치료의 훈련과 _____　276-277(표)

　　개요　21

　　과제와 _____　222-224, 227

　　관계 형성과 _____　108

　　기술 훈련과 _____　188, 194

　　유지와 _____　245, 250-251

　　인지 재구조화와 _____　149, 153, 155, 160-161

　　자가 모니터링과 _____　121-122

　　피드백과 _____　75-77(표)

　　회기 참석과 _____　228-229

인지 왜곡(또한 도움이 되지 않는 생각 참조)

인지 재구조화(또한 인지 기술 참조)

　　개요　13, 143-144, 146-147(표)

　　계획하기와 _____　146-147(표), 158-162,

　　　159(그림), 163(그림)

　　관계 형성과 _____　144-153, 146-147(표)

　　_____ 관련 MI-CBT 딜레마　162-164

　　_____ 관련 유인물　151, 159, 170-175

　　_____ 관련 활동　164-169

　　유발하기와 _____　146-147(표), 155-158

　　초점 맞추기와 _____　146-147(표), 153-155

인지 제안(또한 실행 반영 참조)　69-70, 246

인지적 기술(또한 인지 재구조화 참조)　143-144,

　　146-147(표)

인지행동치료(CBT)(또한 통합치료 지침서 참조)

　　CBT와 동기면담의 통합　15-17, 16(그림)

　　MI-CBT 통합치료의 훈련과 _____　275-277,

　　　276-277(그림), 277(그림)

　　개요　14-15, 263-264

**ㅈ**

자가 모니터링
  MI-CBT 통합치료의 훈련과 _____ 124, 277
  (표)
  개요 13, 107-108
  계획하기와 _____ 121-124, 121(그림)
  관계 형성과 _____ 108-115, 111-112(표)
  _____ 관련 유인물 116, 119-120, 121(그림),
    122, 132-142
  _____ 관련 활동 125-131
  유발하기와 _____ 118-120
  초점 맞추기와_____ 116-118
  협력적 사정과 _____ 67(표)
  회기 의제와 _____ 109, 111(표)
자기 탐색 33
자기주장 훈련(또한 기술 훈련 참조) 183
자기통제 훈련 183
자기효능감
  변화유지와 _____ 250-251
  자가 모니터링과 _____ 119-120, 123
  질문과 _____ 43
자비(동정 참조)
자율성
  MI-CBT 통합치료의 훈련과 _____ 276(표)
  결단대화와 _____ 50
  과제와 _____ 225
  유지와 _____ 243-244
  인지 재구조화와 _____ 161
  자가 모니터링과 _____ 114
  피드백과 _____ 75(표)
  회기 참석과 _____ 228-229
작업동맹(또한 치료동맹 참조) 20

재발(또한 변화유지 참조) 242-243
저항 35-36
적극적 경청(또한 경청 참조) 33-35, 43
전형적인 하루 연습 66
정동 조절 훈련 179-180
정보 제공(또한 묻기-알려주기-묻기 절차(ATA)
  참조) 21, 22, 31-33
정상화하는 반영 243
정서 조절 기술(또한 기술 훈련 참조 참조)
  개요 177
  _____ 관련 유인물 206-215
  _____ 관련 활동 195-203
  디스트레스 감내력과 _____ 179-180
제안(또한 묻기-알려주기-묻기 절차(ATA)
  참조) 69-70,246
조언하기(또한 묻기-알려주기-묻기 절차(ATA)
  참조) 20, 22, 71
종결(또한 변화유지 참조) 254-255, 254(그림)
지시하는 스타일 37
직접질문(또한 질문 참조) 42
진단 30, 71
질문(또한 열린 질문 참조)
  MI-CBT 통합치료 훈련과 _____ 276-277
  (표), 277(표)
  결단[결심] 언어와 _____ 49-50
  계획하기와 _____ 46-49
  반영과 _____ 34-35
  변화유지와 _____ 244-246
  소크라테스식 질문 155-158
  통합치료 지침서와 _____ 264
  핵심 질문 190
  협동적 사정과 _____ 67-68(표)

질문, 열린(열린 질문 참조)

## ㅊ

참석
개요 228-230
_____ 관련 MI-CBT 딜레마 230
_____을 위한 변화대화를 이끌어내고
강화하기 44-46
치료동맹과 _____ 28
척도 119-120
청크-체크-청크 전략 195-200
초점 맞추기
MI-CBT 통합치료의 훈련과 _____ 277
개요 19-20, 37-39, 40(그림)
기술 훈련과 _____ 186, 186-188
유지와 _____ 244-247
인지 재구조화와 _____ 146(표), 153-155
자가 모니터링과 _____ 112, 116-118
통합치료 지침서와 _____ 264
평가와 _____ 68-71
초점 맞추기 지도 39, 40(그림)
초진단적 치료(또한 통합치료 지침서 참조) 14,
18, 23, 264
촉발요인(또한 선행요인 참조)
관계 형성과 _____ 108-109
문제해결 기술과 _____ 177
변화유지와 _____ 244-246
자가 모니터링과 _____ 107-108, 122
협력적 사정(평가)과 _____ 64-65
추가 회기(시간) 253, 254
추적[하기](또한 자가 모니터링 참조)
치료 과업 31-33

치료계획 수립(또한 계획하기 참조)
개요 59-60, 77-84, 80(그림), 83(그림)
관계 형성과 _____ 61-68, 67(표)
_____관련 유인물 100-105
_____ 관련 활동 87-99
요약하기와 _____ 71-72, 73(그림)
협력적 사정(평가)과 _____ 64-68, 67(표)
치료동맹(또한 작업 동맹 참조)
개요 13, 27-28
관계 형성과 _____ 20, 29-36
자가 모니터링과_____ 114
초기 회기들 동안 MI와 CBT의 통합과 _____
50
평가와 _____ 61
치료작업의 목표(또한 치료계획 수립 참조)
개요 37-39
관계 형성과 _____ 108-110
시각화와_____ 124
유지와 _____ 244-246, 248-249, 253
자가 모니터링과 _____ 123
치료계획 수립과 _____ 77-79
통합치료 지침서와 _____ 264
침묵, 의미 있는 194

## ㅌ

통증 관리, MI-CBT의 적용 269-273, 271(그림),
272(그림), 272(표)
통합치료 지침서(또한 인지행동치료, 동기면담
참조)
개요 263-264
_____ 관련 MI-CBT 딜레마 274
_____ 관련 활동 283-284

사례 예시 265-273, 267(그림), 268(그림), 268(표), 271((그림), 272(그림), 272(표)

새롭게 부상하는 이슈들 278-283

훈련과 _____ 275-277, 276-277(표), 277(표)

통합하는 질문(또한 질문 참조) 156-158


**ㅍ**

평가(또한 사정 참조)

　MI 정신과 _____ 19

　MI-CBT 통합치료의 훈련과 _____ 277

　개요 59-60

　관계 형성하기와 _____ 61-68, 67-68(표)

　_____ 관련 MI-CBT 딜레마 85-86

　_____ 관련 유인물 100-104

　_____ 관련 활동 87-99

　기술 훈련과 _____ 188-190

　실행 반영과 _____ 71

　유발하기와 _____ 73-75, 75-77(표)

　자가 모니터링과 _____ 110

　초점 맞추기와 _____ 68-71

　협동적 사정과 _____ 64-68, 67-68(표)

폭식증 115

피드백

　MI-CBT 통합치료의 훈련과 _____ 276-277

　과제와 _____ 224-227, 225(그림), 227(그림)

　관계 형성과 _____ 29-31

　기술 훈련과 _____ 188-189

　인지 재구조화와 _____ 146, 152

　평가와 _____ 74-75, 75-77

필요, 내담자의 111(표)


**ㅎ**

핵심 질문 190

행동 문제 17

행동 및 행동 변화 13-14, 22-23, 28, 60

행동 배제(또한 행동 반영 참조) 69-70, 246

행동 제안(또한 행동 반영 참조) 69-70, 246

행동 조절 기술(또한 기술 훈련 참조)

　개요 177

　_____ 관련 유인물 206-215

　_____ 관련 활동 195-203

　자가 모니터링과 _____ 116

허락, 내담자의(또한 묻기-알려주기-묻기

　절차(ATA) 참조)

　과제와 _____ 225

　인지 재구조화와 _____ 146

　치료계획 수립과 _____ 78

　협동적 사정과 _____ 67-68(표), 69

　회기 참석과 _____ 228-229

협력(PACE 참조)

협력적 사정(또한 사정 참조) 64-68, 67-68(표)

홍수법(또한 노출치료 참조) 181

환경 통제(또한 거절 기술 참조) 183

활동(전문가 실습)

　MI-CBT 통합 카드 분류(활동 1.1) 23-25

　MI-CBT 통합치료를 위한 당신의
　　변화계획(활동 9.1) 283-284

　기능 평가의 세 가지 방식(활동 3.1) 87-90

　소크라테스식 열린 질문(활동 5.1) 164-165

　실습을 위한 동기를 구축해 보는 체험(활동
　　7.2) 235-237

　실행 반영(활동 3.3) 94-96

　유지에 대한 변화대화를 이끌어내고

강화하기(활동 8.1)  256-258

자가 모니터링의 경험(활동 4.1)  125-128

작업절차: 인지 재구조화를 위한 변화대화를
　이끌어내고 강화하기(활동 5.2)  166-169

작업절차: 자가 모니터링을 위한 변화대화를
　이끌어내고 강화하기(활동 4.2)  128-131

작업절차: 치료계획수립을 위하여 변화대화를
　이끌어내고 지지하기(활동 3.4)  97-99

작업절차: 행동 및 정서 조절 기술을 위한
　변화대화를 이끌어내고 강화하기(활동 6.2)
　200-203

작업절차: 회기 사이 실습을 위한 변화대화를
　이끌어내고 강화하기(활동 7.1)  231-231

작업절차: 회기 참석을 위한 변화대화를
　이끌어내고 강화하기(활동 2.1)  51-54

청크-체크-청크(활동 6.1)  195-200

평가에서의 MI 정신(활동 3.2)  91-93

회기 목표의 근거

　과제  218-220

논의하기  63-64

인지 재구조화와 _____  145-152

자가 모니터링과 _____  111(표)

통합 치료 매뉴얼  265

회기 의제

　개요  62-63

　관계 형성과 _____  109

　기술 훈련과 _____  186-187

　인지 재구조화와 _____  146

　자가 모니터링과 _____  109, 111(표), 113

　통합치료 지침서와 _____  265

회기 진행 중 점검

　개요  61-62

　관계 형성과 _____  108

　인지 재구조화와 _____  146

　통합치료 지침서와 _____  265

회기 참석(참석 참조)

회피  115

# 저자 소개

**실비 나르 박사**Sylvie Naar, PhD

웨인주립대학교 가정의학과 교수이며, 공공보건과학과의 행동과학분과장이다. 나르 박사는 건강행동 증진을 위한 동기면담 연구와 동기면담 및 인지행동치료를 통합하는 연구를 수행하고 있고, 동기면담 교육 방법과 조직 내에서 동기면담을 실행하는 방법에 대해서도 연구하고 있다. 100편이 넘는 논문을 출판하였으며, 『청소년을 위한 동기면담Motivational Interviewing with Adolescents and Young Adults』의 공저자이기도 하다. 나르 박사는 동기면담 훈련가 네트워크 Motivational Interviewing Network of Trainers(MINT)의 회원이며, 국내외에서 동기면담의 교육 및 훈련을 제공하고 있다.

**스티븐 사프린 박사**Steven A. Safren, PhD, ABPP

마이애미대학교 심리학과 교수이며, 이전에는 하버드 의과대학 정신건강의학과에 심리학 교수 및 매사추세츠 종합병원 행동의학 부서장이었다. 저널『Cognitive and Behavioral Practice』의 편집자를 역임하였으며, 현재『Journal of Consulting and Clinical Psychology』의 부편집자이다. 사프린 박사는 국제에이즈치료제공자협회International Association of Providers of AIDS Care(IAPAC)로부터 HIV 약물치료 순응도에 대한 연구와 실천으로 탁월한 공헌을 하여 개척자상Pioneer Award을 수상하였으며, 미국심리학회 44분과Society for the Psychological Study of Lesbian, Gay, Bisexual, and Transgender Issues, 하버드 의과대학, 매사추세츠 종합병원 심리훈련분과로부터 멘토링/훈련상mentoring/training awards을 수상하였다. 그는 건강관련 행동적 개입과 성인 ADHD에 대한 연구에 관심이 있으며, 관련된 논문을 260편 이상 출판하였다.

# 역자 소개

**신인수**
서울불교대학원대학교 자아초월상담학 박사수료
현) 심리상담 온마음 대표
     한국동기면담협회 정회원
     한국인지행동치료학회 정회원
     한국상담심리학회 정회원
     국제동기면담훈련가(MINT 회원)
     MI, CBT, SP, IFS, AEDP 등 이수

〈주요 역서〉
온라인 상담의 이론과 실제(공역, 씨아이알, 2021)
내면가족체계[IFS] 치료모델(공역, 학지사, 2020)
자아초월심리학 핸드북(공역, 학지사, 2020)


**임성철**
경희대학교 대학원 교육학과(상담심리학) 박사수료
현) 경희대학교병원 사회사업팀 파트장
     의료사회복지사, 당뇨병교육자
     국제동기면담훈련가(MINT 회원)

〈주요 역서〉
의료현장과 동기면담(공역, 학지사, 2017)
당뇨병 관리와 동기면담(공역, 군자출판사, 2017)
동기면담과 사회복지실천(공역, 학지사, 2014)

**강경화**

서울대학교 대학원 간호학 박사

현) 청운대학교 간호학과 조교수

　　한국정신간호학회 부편집위원장

　　한국트라우마스트레스학회 교육위원장

　　대한간호협회 정신간호사회 특별사업이사

　　환경건강학회 이사, 중독포럼 이사

　　국제동기면담훈련가(MINT 회원)

〈주요 역서〉

중독영역에서의 슈퍼비전(공역, 학지사, 2009)

중독상담능력(공역, 한국음주문화연구센터, 2006)


**변신철**

경북대학교 대학원 심리학 박사수료

전) 한국동기면담협회장

현) 에이치엔컨설팅 대표

　　국제동기면담훈련가(MINT 회원)


**강호엽**

대구대학교 대학원 사회복지학 박사

현) 동아보건대학교 사회복지과 교수

　　한국동기면담협회장

　　한국사회복지상담학회 이사

　　생명문화학회 편집위원

　　국제동기면담훈련가(MINT 회원)

〈주요 저서〉

자살예방실천현장에서의 동기면담(공저, 학지사, 2017)

# 동기면담과 인지행동치료
## −치료효과 극대화를 위한 통합 전략−

## Motivational Interviewing and CBT:
### Combining Strategies for Maximum Effectiveness

2022년 11월 25일 1판 1쇄 인쇄
2022년 11월 30일 1판 1쇄 발행

지은이 • Sylvie Naar · Steven A. Safren
옮긴이 • 신인수 · 임성철 · 강경화 · 변신철 · 강호엽
펴낸이 • 김진환
펴낸곳 • ㈜**학지사**

　　　　　04031 서울특별시 마포구 양화로 15길 20 마인드월드빌딩
대표전화 • 02-330-5114　　팩스 • 02-324-2345
등록번호 • 제313-2006-000265호

홈페이지 • http://www.hakjisa.co.kr
페이스북 • https://www.facebook.com/hakjisabook

ISBN 978-89-997-2792-4　93180

정가 19,000원

## 출판미디어기업 **학지사**

간호보건의학출판 **학지사메디컬** www.hakjisamd.co.kr
심리검사연구소 **인싸이트** www.inpsyt.co.kr
학술논문서비스 **뉴논문** www.newnonmun.com
교육연수원 **카운피아** www.counpia.com